JN195592

Tracing Japanese History via World Heritage Sites

世界文化遺産でたどる

日本の歴史

Japan Cultural Heritage Regional Cooperative Association
世界文化遺産地域連携会議 監修

KUMAKURA Hiroyasu
熊倉浩靖 著

雄山閣

目次

日本の世界文化遺産をたどる旅に …… 3
時間軸に沿ってまずは一つずつ …… 11
〝日本という文化的空間〟の形成 13
「日本」という国家の誕生 35
千年の都と多様化する〝日本〟 57
銀の国・金の国ジパング 93
元和偃武―再建された「日本」 105
平和国家「日本」への階梯 129

照らし出された〝日本〟……151
〝日本の歴史〟を振り返る……165
あとがきに代えて 203
図・写真出典一覧 205

日本の世界文化遺産をたどる旅に

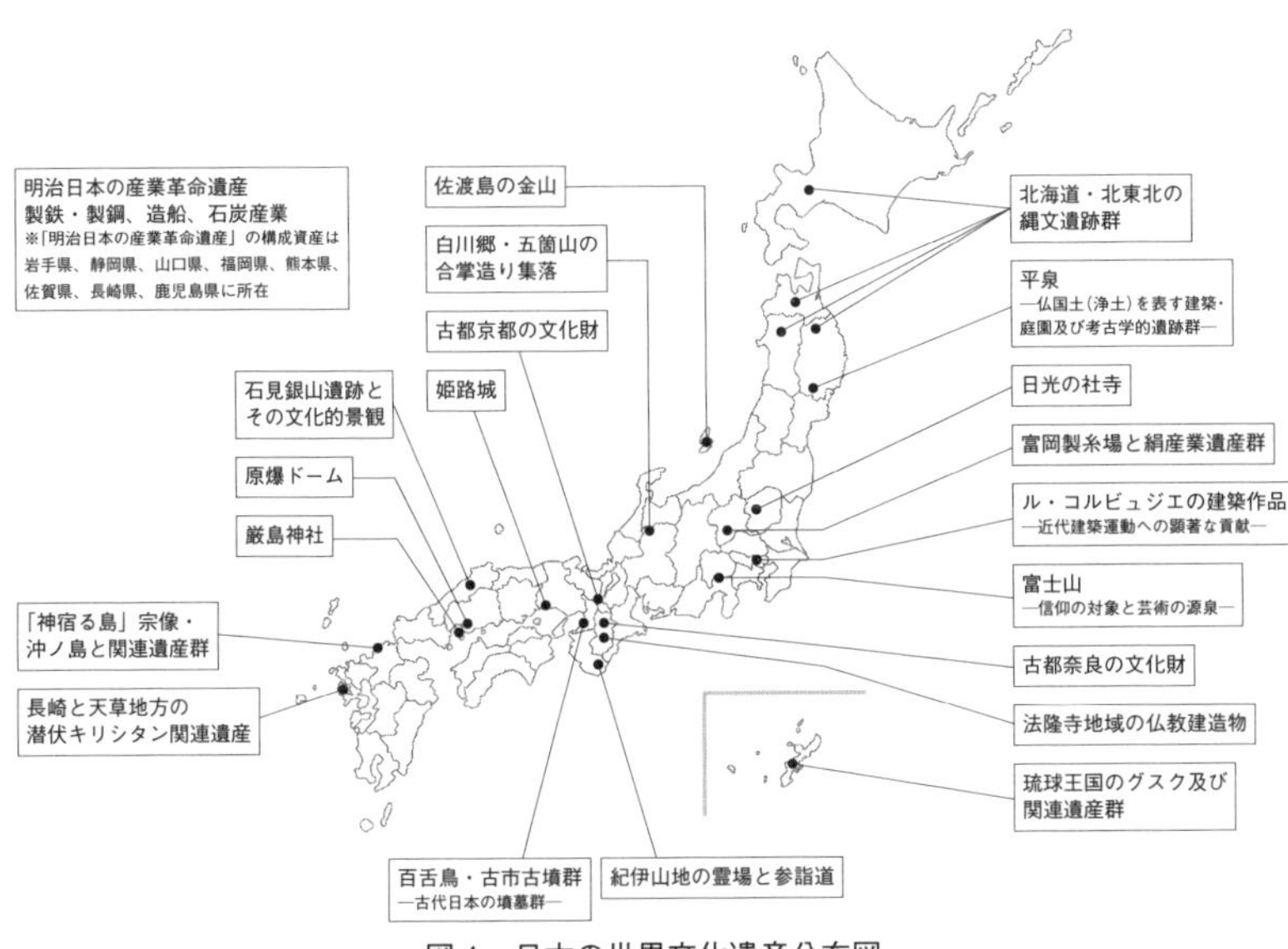

図１　日本の世界文化遺産分布図

平成五年（一九九三）十二月「法隆寺地域の仏教建造物」と「姫路城」が日本最初の〝ユネスコ世界文化遺産〟に登録されてから三十年以上が経ちました。二〇二四年七月現在、日本では二十一の〝世界文化遺産〟が登録されています。

〝世界文化遺産〟事業は、アスワン・ハイ・ダム計画で水没の危機に面したアブシンベル神殿を現代人の責任において守る事業で始まりましたが、現在では、世界の人々が他国の歴史や文化を見る窓口となっています。〝ユネスコ世界文化遺産〟から見た時、〝日本の歴史〟はどのような姿を見せてくれるのでしょうか。

〝ユネスコ世界文化遺産〟とは

ユネスコ（UNESCO）はご存知ですね。正式名は国際連合教育科学文化機関（United Nations Educational, Scientific and Cultural Organization）。UNESCO は頭文字を繋いだ略称です。

ユネスコは「人の心の中に平和のとりでを築く」（ユネスコ憲章前文）ため、教育、自然科学、人文・社会科学、文化の四つの事業に取り組んでいます。〝文化事業〟の柱が世界遺産・無形文化遺産・世界の記憶からなる〝三大遺産事業〟です。〝三大遺産事業〟と言われますが、〝世界遺産〟は無形文化遺産・世界の記憶とどう違うのでしょうか。結論から言うと、対象の違いです。

〝**無形文化遺産**（Intangible Cultural Heritage）〟は、形ある物として移動が困難な建造物や史跡に対する〝無形の〟文化遺産が対象です。捉えにくい、それこそ〝Intangible〟な言葉ですが、具体的に言えば、「口承による伝統及び表現（無形文化遺産の伝達手段としての言語を含む）」「芸能」「社会的慣習、儀式及び祭礼行事」「自然及び万物に関する知識及び慣習」「伝統工芸技術」を対象としています。二〇二四年末現在、世界で七八八件が登録されています。日本は二十三件登録されています。能楽や歌舞伎、アイヌ古式舞踊や組踊などの伝統芸能、山・鉾・屋台行事や来訪神などの祭礼行事、小千谷縮・越後上布や和紙などの匠の技、和食や伝統的酒造りが選ばれています。

〝**世界の記憶**（Memory of the World）〟は、人類の歴史にとってかけがえのない歴史的出来事を検証できる本物で完全な記録物（銘文や手書き原稿・譜面、書籍、新聞、ポスター、地図、映画・フィルム、写真、デジタル記録など）が対象です。二〇二四年末現在で国際登録四九四件（日本八件）・地域登録六十五件（日本一件）に上っています。

〝無形文化遺産〟の対象が「社会的慣習や祭礼、芸能や匠の技」、〝世界の記憶〟の対象が「歴史的出来事を検証できる本物で完全な記録物」なら、〝世界遺産（World Heritage）〟の対象は自ずと定まります。

〝**世界遺産**〟の**対象は移動困難あるいは移動すべきでない建造物や遺跡、自然地区**などとなります。世界遺産条約の言葉を使えば、世界遺産一覧表に記載された「**記念工作物、建造物群、遺跡、自然地区等で顕著な普遍的価値を有するもの**」（世界遺産条約第一〜三条）です。

世界文化遺産には〝選ばれる基準〟

このうち、〝**記念工作物、建造物群、遺跡等**〟を〝**文化遺産**〟、自然地区等を自然遺産、両者の性格を併せ持つものを複合遺産と分類しています。以上を整理したものが図2です。二〇二四年末現在での登録総数は九五二（日本は二十一）もあります。人類の歴史を構成するかけがえのない存在として、ある文化や文明の存在と交流、そして現代につながり現代を見直す、かけがえのない価値が認められた資産群です。

その価値を〝**顕著な普遍的価値**（Outstanding Universal Value）〟と言いますが、ユネスコは〝顕著な普遍的価値〟を定義する代わりに、〝世界遺産〟にふさわしい〝**登録の基準**（criteria）〟を示しています。ユネスコは、〝真実性（本来の状態を維持していること）〟と〝完全性（価値を表すものの全体が残っていること）〟を前提として、〝登録の基準〟に照らして、その〝世界遺産〟の〝顕著な普遍的価値〟を明らかにしてゆきます。

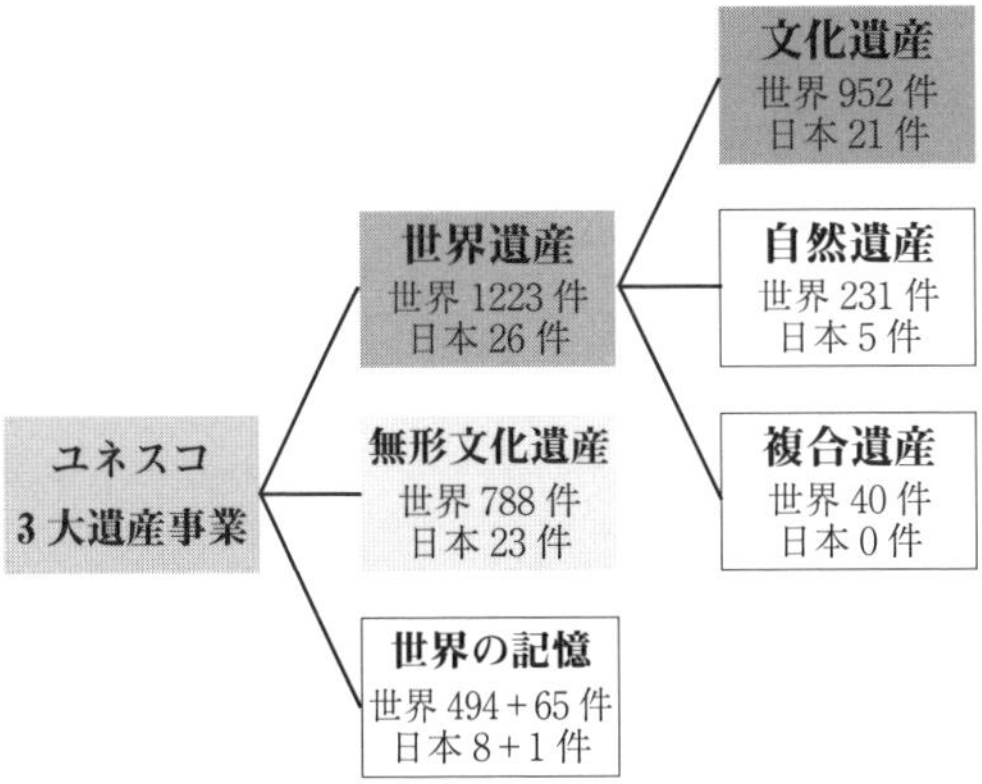

ユネスコ
3大遺産事業

世界遺産
世界1223件
日本26件

無形文化遺産
世界788件
日本23件

世界の記憶
世界494+65件
日本8+1件

文化遺産
世界952件
日本21件

自然遺産
世界231件
日本5件

複合遺産
世界40件
日本0件

図2　ユネスコ3大遺産事業における世界文化遺産の位置づけ

〝文化遺産の登録の基準〟は次のとおりです。いささか堅い言葉が続いていますが、目を通してください。世界は、どの基準で、その建造物などを評価しているかを確認することは、世界の人々と私たちの目線を合わせる上で大切なことだからです。「なるほど、同じだ」と思う場合もあれば、「えっ、そうなの」と思うこともあると思います。

ⅰ．人間の創造的才能を表す傑作である。

ⅱ．建築、科学技術、記念碑、都市計画、景観設計の発展に重要な影響を与えた、ある期間にわたる価値観の交流またはある文化圏内での価値観の交流を示すものである。

ⅲ．現存するか消滅しているかにかかわらず、ある文化的伝統又は文明の存在を伝承する物証として無二の存在（少なくとも希有な存在）である。

iv．歴史上の重要な段階を物語る建築物、その集合体、科学技術の集合体、あるいは景観を代表する顕著な見本である。
v．あるひとつの文化（または複数の文化）を特徴づけるような伝統的居住形態もしくは陸上・海上の土地利用形態を代表する顕著な見本である。または、人類と環境とのふれあいを代表する顕著な見本である（特に不可逆的な変化によりその存続が危ぶまれているもの）。
vi．顕著な普遍的価値を有する出来事（行事）、生きた伝統、思想、信仰、芸術的作品、あるいは文学的作品と直接または実質的関連がある（この基準は他の基準とあわせて用いられることが望ましい）。

〝日本の世界文化遺産〟をそれぞれの価値に即して

しかし実際は、それぞれの〝世界文化遺産〟を〝世界文化遺産〟たらしめている〝顕著な普遍的価値〟をどう伝えるか、受け止めていただくかに、〝世界文化遺産〟を持つ市町村は悩んでいます。

それどころか、観光客と呼ばれる訪問者が減ってくると批判の的に晒され、〝顕著な普遍的価値〟とは縁遠い人寄せイベントに翻弄されるという事態が日本全国で起こっています。逆に、観光地化することで観光客は増えたが、〝顕著な普遍的価値〟を伝えることはうやむやに、ゴミや交通渋滞ばかりが増え、地元の人々の暮らしに差し障りが出るという事態さえ発生しています。

そうした問題を少しでも解決し、〝世界文化遺産〟の本来的価値を伝えようと、二〇一一年、〝世界文化遺産〟を有する市町村は集まって「世界文化遺産地域連携会議」を結成しました。一般社団の法人格を取得し、現在六十六の市区町村等が参加されています。理事の末席に列なる一人として、そこでの議論や課題、提案や提唱を多くの方に共有していただきたいと願っています。

本書は、そうした思いから書き始めたものです。ですから、実感や現場の声をできるだけお伝えしようと努めたつもりですが、変に専門的な物言いになったり同じことを繰り返したりということもあろうかと思います。ご容赦くださ い。それでは、〝世界文化遺産〟を通して〝日本という文化的空間〟の歴史、〝日本の歴史〟を再発見する旅に出かけましょう。まずは、時代順に一つひとつの〝世界文化遺産〟を見てゆきましょう。

時間軸に沿ってまずは一つずつ

〝日本という文化的空間〟の形成

旅立ちは北の大地、北海道からです。現在のところ、最北の「**北海道・北東北の縄文遺跡群**」が日本列島最古の世界文化遺産です。

出立―「北海道・北東北の縄文遺跡群」へ―

縄文時代とは―日本列島特有の〝新石器時代〟―

私たち日本人は、小学生の頃から（後期）旧石器時代、縄文時代、弥生時代、古墳時代…と、時代が移り変わってきたと習ってきました。

しかし、世界の人々は〝縄文時代〟と言われても、ピンときません。世界史的には、砂などで研ぎ磨かれた〝磨製石器〟で特徴づけられる〝新石器時代（Neolithic）〟の日本列島特有の姿です。もう少し広く捉えれば文献記録のない時代、〝先史時代（Prehistory）〟の一つの時代区分です。「北海道・北東北の縄文時代遺跡群」の英文登録名も〝Jomon Prehistoric Sites of Northern Japan〟です。〝北方日本のJomon先史時代遺跡群〟と訳せますから、〝Jomon〟を民族名と受け取る人々も世界にはあるかもしれません。

しかし私たち日本人には〝Jomon〟は時代の名称として定着しています。

なぜ縄文時代と言うのでしょうか。磨製石器以上に〝土器〟の出現に注目が集まったからです。日本考古学の父、エドワード・モース（Edward Sylvester Morse：一八三八～一九二五）が大森貝塚（東京都）で発掘した土器を〝cord marked pottery（縄文土器）〟と命名したことが発端です。〝縄文土器〟に象徴される時代という意味です。

加えて、**縄文時代は他の地域の新石器時代と大きく異なる特色**があります。

世界史的には新石器時代の大きな特徴に定住生活と農耕・牧畜の開始が挙げられますが、日本列島では〝**狩猟・漁撈・採集**〟を生活の基本に置き続けたままでの〝定住生活〟が定着し、それが一万年以上も続きました。

〝定住〟に照準を据えて一万年を〝俯瞰〟

この独特な〝新石器時代〟を世界史の流れに位置づけるため、「北海道・北東北の縄文遺跡群」では、〝定住〟に照準を据え、一万五〇〇〇年前から二四〇〇年前に至る長い期間の遺跡群を構成資産としました。

〝登録の基準〟(ⅲ)(ⅴ)を選択し、次のようにまとめています。(強調＝引用者)

(ⅲ)ある文化的伝統や文明の存在を証明する無二の存在

北海道・北東北の縄文遺跡群は、**一万年以上もの長期間継続した狩猟・漁撈・採集を基盤とした、世界的にも稀な定住社会**と、足形付土版、有名な遮光器土偶等の考古遺物や墓、捨て場、盛土、環状列石等の考古遺構で明らかなように、そこで育まれた**精緻で複雑な精神文化**を伝える類まれな物証である。

(ⅴ)ある文化を特徴づける伝統的な居住・土地利用形態または環境との関係を代表する顕著な見本

北海道・北東北の縄文遺跡群は、定住の開始からその後の発展、最終的な成熟に至るまでの、**集落の定住の在り方と土地利用の顕著な見本**である。縄文人は農耕社会に見られるように土地を大きく改変することなく、**変化する気候に適応することで永続的な狩猟・漁撈・採集の生活の在り方を維持**した。食料を安定的に確保するため、サケが遡上し、捕獲できる河川の近くや汽水性の貝類を得やすい干潟近く、あるいはブナやクリの群生地など、集落の選地には多様性が見られた。それぞれの立地に応じて食料を獲得するための技術や道具類も発達した。

そこから、「北海道・北東北の縄文遺跡群」は、〝定住〟をメルクマールに、〝縄文時代〟を居住地の形成（Ⅰa）、集落の成立（Ⅰb）、集落施設の多様化（Ⅱa）、拠点集落の出現（Ⅱb）、共同の祭祀場と墓地の出現（Ⅲa）、祭祀場と墓地の分離（Ⅲb）と区分しました。従来の時代区分と比較すると、居住地の形成（Ⅰa）が草創期、集落の成立（Ⅰb）が早期、集落施設の多様化（Ⅱa）が前期、拠点集落の出現（Ⅱb）が中期、共同の祭祀場と墓地の出現（Ⅲa）が後期、祭祀場と墓地の分離（Ⅲb）が晩期とほぼ重なります。時代区分がぐっと分かりやすくなっています。時代区分に対応したそれぞれの遺跡に即して〝顕著な普遍的価値〟を見てゆきましょう（図3）。

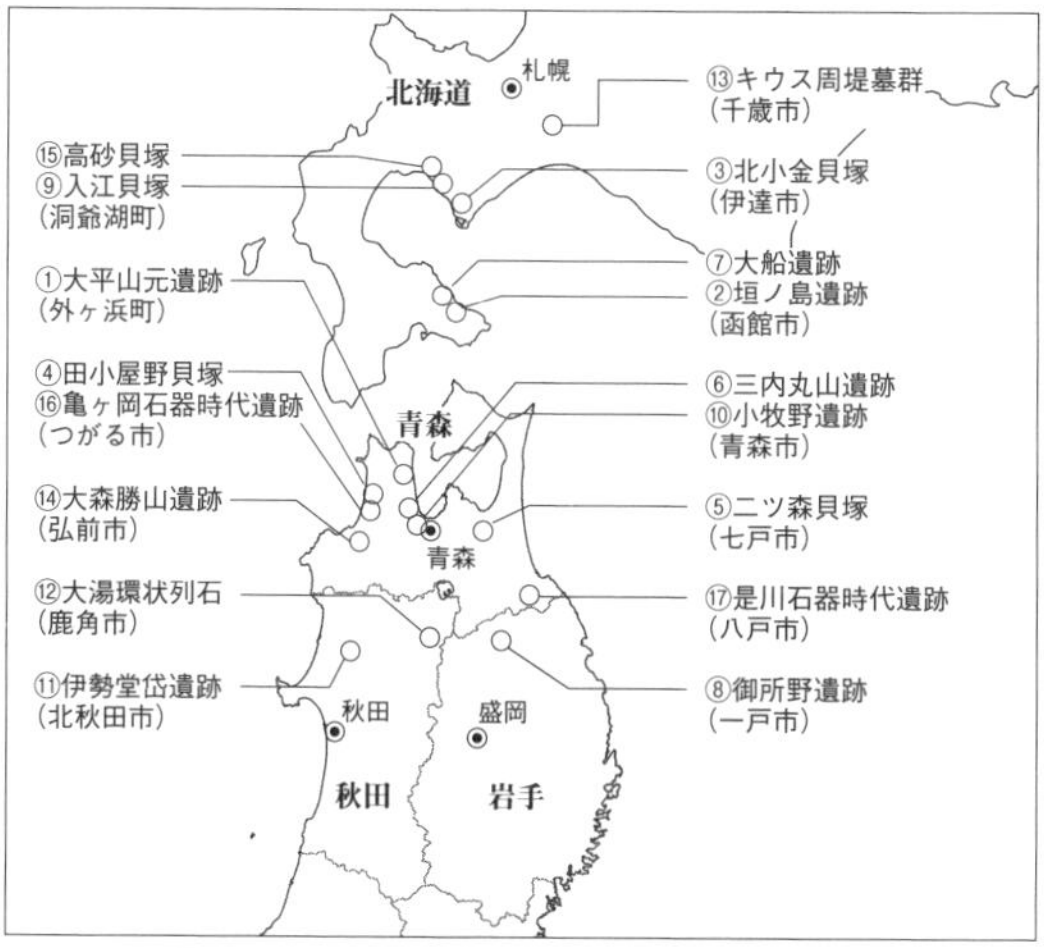

図3　「北海道・北東北の縄文遺跡群」構成資産の分布

〝土器〟の登場（Ⅰa期）・〝ムラ〟の成立（Ⅰb期）

最初の遺跡は大平山元遺跡（①：青森県東津軽郡外ヶ浜町蟹田大平）です。「居住地の形成」と定義された時代、**列島最古の世界文化遺産**です。

後期旧石器時代末期の石器群と一緒に**〝土器〟**が出土しました。土器には煮炊きの結果と見られる炭素が付着していました。その分析から一万五〇〇〇年前の製作であることが分かりました。〝北東アジア最古級の土器〟です（写真1）。

重くて壊れやすい土器の出現は〝定住〟への変化を示しています。〝定住〟とは、ある家族が一定の場所に居続けるということに止まりません。複数の家族が集まって生活・生業を分かち合い、世代を重ねて暮らし続けることが重要です。**集落、〝ムラ〟の成立**です。そ

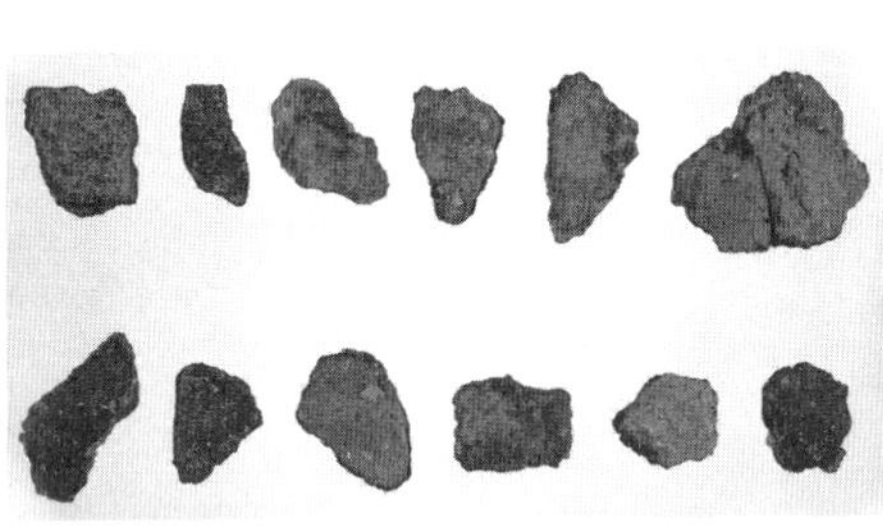

写真１　大平山元遺跡出土土器

写真２　垣ノ島遺跡出土足形付土版

の場面を見せてくれるのが垣ノ島遺跡（②：北海道函館市臼尻町）です。

垣ノ島遺跡は九〇〇〇年前に始まり三〇〇〇年前まで断続的に築かれた遺跡ですが、〝ムラ〟が成立し、竪穴建物群からなる〝暮らしの場〟と〝土坑墓〟と呼ばれる〝お墓〟が分かれ出すことを知らせています。

お墓からは**〝幼児の足形を押し付けた粘土版〟**がいくつも見つかりました。あの世に帰っていった幼児の〝魂〟を祀り、新たな生命としての蘇りを念じたのかと思うと、胸が熱くなります（写真２）。

垣ノ島遺跡では千年以上の歳月をかけて国内最大級の**〝盛土〟**が築かれました。〝盛土〟は、命をいただいた動・植物、使い尽くした道具類の**〝魂〟を送る場**と推定されています。ヒスイ製品や漆塗りの土器も見られました。地域では産出されないヒスイの存在は他地域との**交流、〝交易〟**を推測させます。

海進・海退に適応してゆく〝ムラ〟（Ⅱa期）

やがて〝ムラ〟は、海進・海退に適応して住居や貝塚の立地を変え、**淡水域・汽水域・海水域それぞれに棲む魚介類や海獣類、山野の動・植物を計画的に利用**していくようになります。

その様子を知らせてくれる遺跡群が七〇〇〇年前頃から四〇〇〇年前頃にかけての北黄金貝塚（③：北海道伊達市

北黄金町）・田小屋野貝塚（④：青森県つがる市木造館岡田小屋野）・二ツ森貝塚（⑤：青森県上北郡七戸町字貝塚）です。

出土品に目を向けると、内浦湾に面した北黄金貝塚では、墓と一体化した貝塚にシカの頭骨が並べられていました。シカの魂を送る儀礼の跡でしょう。日本海につながる古十三湖に面した田小屋野貝塚では貝輪が作られていました。〝交易〟品の可能性も指摘されています。太平洋岸に面した小川原湖西岸の段丘上に築かれた二ツ森貝塚からは精緻な鹿角製の櫛が出土しました。複雑な精神性が想定されます。

〝拠点のムラ〟の出現（Ⅱb期）

五〇〇〇年前頃から**〝拠点のムラ〟が出現**します。三内丸山遺跡（⑥：青森県青森市三内丸山）、大船遺跡（⑦：函館市大船町）、御所野遺跡（⑧：岩手県二戸郡一戸町岩館字御所野）がその例です。

多様な施設が計画的に配置された三内丸山遺跡からは土器類・石製の狩猟具や漁撈具・木の実をすりつぶす石皿やすり石などが大量に出土しました。大船遺跡からも海獣類や魚類の骨、貝類と並んでクリ・クルミやヤマブドウ・ウルシなどが大量に出土しました。山野・河川・沿岸・外洋…様々な場の多彩な自然資源を、四季を通して計画的に管理・利用し続けていた証です。

また、両遺跡の大規模な〝盛土〟や積み上げられた膨大な土器・石器類、土偶、焼土などは**長期にわたる〝祀り・送り〟**を推測させます

一方、御所野遺跡では、石を一定の形に並べた〝配石遺構〟を伴う墓と火を用いた〝祀り〟の場が発見されています。石の大部分は一〇～五〇センチほどの大きさですが、長径一メートル以上の大きな石を中心に据えた配石遺構も見つかっています。

〝共同の祭祀場〟と〝墓地〟の出現（Ⅲa期）

四〇〇〇年前頃から集落は分散・小型化し、集落の外に共同の祭祀場と墓地が出現します。入江貝塚（⑨：北海道虻田郡洞爺湖町入江）、小牧野遺跡（⑩：青森市大字野沢字小牧野）、伊勢堂岱遺跡（⑪：秋田県北秋田市脇神字伊勢堂岱）、大湯環状列石（⑫：秋田県鹿角市十和田大湯字万座）にその様子を見ることができます。

入江貝塚の墓からは筋萎縮症の成人人骨が見つかりました。〝ムラ〟内で手厚い介護を受けながら生活していたことが推測されます。

小牧野遺跡は複雑な〝配石構造〟を持つ大規模な〝環状列石〟です。〝環状列石〟はイギリスの世界文化遺産・ストーンヘンジ（Stonehenge）に代表されるストーンサークル（Stone Circle）の訳語です。一部四重となる直径五十五メートルの〝環状列石〟に隣接する墓地や捨て場を中心に土偶やミニチュア土器、様々な土製品や岩版などが出土し、成熟度を高めた縄文時代の〝祀り・送り〟の姿を知らせてくれます。

写真３　大湯環状列石と夏至の日没線

伊勢堂岱遺跡は四つもの〝環状列石〟が並ぶ遺跡です。〝環状列石〟の下部には〝土坑墓〟が見られました。共同墓地と祭祀場を兼ね備えた空間と考えられています。

大湯環状列石は万座・野中堂、二つの〝環状列石〟から成り立ちます。二つの〝環状列石〟の中心石とそれぞれに付設する日時計状組石と呼ばれる配石の中心柱、四つの石を結ぶ延長線上に夏至の太陽が沈みます（写真３）。続く段階の大森勝山遺跡（⑭：青森県弘前市大森字勝山）では冬至の日に岩木山山頂に太陽が沈む様子が見られます。暮しや生業を成り立たせてくれる**天体の動き**を意識するまでに〝祀り〟は成熟度を高めていました。

〝祭祀場〟から独立し存在感を増す〝墓地〟（Ⅲb期）

三〇〇〇年前頃から、**墓は祭祀場から独立し、存在感を増してゆきます**。この時代を示す遺跡群がキウス周堤墓群（しゅうていぼ）（⑬：北海道千歳市中央）、大森勝山遺跡（前掲）、高砂（たかさご）貝塚（⑮：虻田郡洞爺湖町高砂）、亀ヶ岡（かめがおか）石器時代遺跡（⑯：つがる市木造館岡（たておか））、是川（これかわ）石器時代遺跡（⑰：青森県八戸市是川）です。

ドーナツ状に土を盛り上げ中央の凹地に墓をつくる集団墓地を〝周堤墓〟と呼びますが、九つの周堤墓から成り立つキウス周堤墓群には、赤色顔料がまかれた墓や墓標と見られる立石が埋められた墓もあり、現代につながる高い精神性と社会の複雑化を感じさせます。

内浦湾に面した高砂貝塚の墓地は土坑墓と配石遺構で構成されますが、土坑墓からは胎児骨を伴う妊産婦の骨も見つかっています。胎児と共にあの世に帰っていった妊産婦の〝魂〟を送り生命の蘇りを祈ったのでしょう。

亀ヶ岡石器時代遺跡は**藍胎漆器**（らんたいしっき）（小割りの竹で編んだ容器を漆で固めた軽く強く水漏れしない容器）や有名な**遮光器**（しゃこうき）**土偶**（どぐう）（眼部の表現が北極圏に暮らす人々が雪目を防ぐ遮光器に似ていることから名づけられた土偶）が出土した共同墓地です。是川石器時代遺跡からも多数の**漆製品**が出土しています。

「北海道・北東北の縄文遺産群」に学ぶ

新石器革命の核心は農耕・牧畜の開始にあり、それが今日に続く人類社会の原像だと考えられてきましたが、「北海道・北東北の縄文遺跡群」は〝狩猟・漁撈・採集〟を生活の基礎に置いたままでの〝定住生活〟への移行、高度な社会組織と精神性の発揮という選択もあったことを実感させてくれます。

表１　「北海道・北東北の縄文遺跡群」ガイダンス施設一覧

①大平山元遺跡：外ヶ浜大山ふるさと資料館	②垣ノ島遺跡：函館市縄文文化交流センター
③北黄金貝塚：北黄金貝塚情報センター	④田小屋野貝塚：つがる市縄文住居展示資料館
⑤二ツ森貝塚：二ツ森貝塚館	⑥三内丸山遺跡：三内丸山遺跡センター
⑦大船遺跡：函館市縄文文化交流センター	⑧御所野遺跡：御所野縄文博物館
⑨入江貝塚・高砂貝塚：入江・高砂貝塚館	⑩小牧野遺跡：青森市小牧野遺跡保護センター
⑪伊勢堂岱遺跡：伊勢堂岱縄文館	⑫大湯環状列石：大湯ストーンサークル館
⑬キウス周堤墓群：千歳市埋蔵文化財センター	⑭大森勝山遺跡： 弘前市裾野地区体育文化交流センター
⑮亀ヶ岡石器時代遺跡： つがる市木造亀ヶ岡考古資料館	⑯是川石器時代遺跡： 八戸市埋蔵文化財センター是川縄文館

〝狩猟・漁撈・採集〟という形で自然資源を最大限に活用し続けられたのは、〝海の幸・山の幸〟という言葉に象徴される日本列島の立地性にありました。多様な堅果類に富む北方ブナ帯と寒・暖流が交差する豊かな漁場を生活の基盤とした「北海道・北東北の縄文遺跡群」は、典型的な形で、その全貌を俯瞰させてくれます。

〝japan〟の名で呼ばれる漆器がすでに見られることや、〝交流〟や〝交易〟をうかがわせる貝輪やヒスイ製品の存在も注目されます。世界の人々は、現代に繋がる日本社会の基層として、様々な立地特性が生み出す多彩な資源を絶やさぬよう計画的に管理し組み合わせて利用してきた〝独特な新石器時代〟があることを「北海道・北東北の縄文遺跡群」を通して実感してくれることでしょう。

幸いにも縄文時代の遺跡や遺物は日本各地に残されています。いずれかの遺跡や博物館に足を運ばれ、畏敬の念に包まれ、また、その造形に美意識を掻き立てられた方も多いことでしょう。その思いを胸に「北海道・北東北の縄文遺跡群」ガイダンス施設に足をお運びください（表1）。

日本列島ひとまたぎ、「『神宿る島』宗像・沖ノ島と関連遺産群」へ

最北の「北海道・北東北の縄文遺跡群」に続く世界文化遺産は、日本列島の西の玄関に位置する「『神宿る島』宗像・沖ノ島と関連遺産群（Sacred Island of Okinoshima and Associated Sites in the Munakata Region）」（福岡県宗像市・福津市）です。「北海道・北東北の縄文遺跡群」最北・最東のキウス周堤墓群から直線距離で一六〇〇キロ以上離れています。日本列島ひとまたぎの距離感です。

不言島を〝世界文化遺産〟に登録できた秘密

〝神宿る島〟。…何とも魅力的な言葉ですが、事実、沖ノ島は四世紀から現代に至るまで聖なる島“Sacred Island”として祀られ続けています。一六〇〇年以上の歳月です。

今なお特別な許可がない限り**神職以外の上陸は許されず、〝不言様（おいわずさま）〟と呼ばれ、島で見聞きしたことは語ってはならない、一木一草持ち帰ってはならないという禁忌（タブー）が守られ続けています。**

それなのに、なぜ〝世界文化遺産〟に登録できたのでしょうか。沖津宮（おきつぐう）（沖ノ島）・中津宮（なかつぐう）（大島）・辺津宮（へつぐう）（九州本土）で形作られる宗像大社で祭祀が続けられ、一九五四年以来の学術調査によって沖ノ島祭祀遺跡や沖ノ島の祭祀を司った人々に関わる古墳群（新原（しんばる）・奴山（ぬやま）古墳群）の様相が明らかとなっているからです。

現代に継承された〝古代祭祀〟

本遺産群には、〝登録の基準〟（ⅱ）（ⅲ）が適用されました。（強調＝引用者）

（ⅱ）ある期間あるいは文化圏内での価値観の交流を示す建築物等

「神宿る島」沖ノ島は、**航海安全のための祭祀**が執り行われた島で捧げられた、多様な来歴をもつ豊富な出土品によって、**四世紀から九世紀の間の東アジアの国家間の重要な交流**を示している。奉献品の配置や祭場構成の変化は祭祀の変遷を証明し、それはまた、アジア大陸、朝鮮半島、日本列島を拠点とする国々がアイデンティティの感覚を発達させた時期に起こり、日本文化の形成に本質的に貢献した活発な交流の過程を反映するものである。

(iii) ある文化的伝統や文明の存在を証明する無二の存在

「神宿る島」沖ノ島は、**古代から現在まで発展し、継承されてきた神聖な島を崇拝する文化的伝統の類い希な例である。**注目すべきことに、沖ノ島に保存されてきた考古学的遺跡はほぼ無傷であり、そこで執り行われた祭祀が四世紀後半から九世紀末にかけての五〇〇余年にどのように変化したかについての時系列的な記録を残すものとなっている。これらの祭祀では、大量の貴重な奉献品が島の様々な場所に納められており、祭祀の変化を証している。沖ノ島での直接的な奉献は九世紀に終わったが、島に対する崇拝は、大島や九州本島から沖ノ島へと開かれた眺望によって例示される「**遥拝**(ようはい)」とともに、沖ノ島の沖津宮、大島の中津宮、九州本土の辺津宮という**宗像大社の三つの異なる信仰の場における宗像三女神への崇拝という形で継続**した。

四世紀後半、岩上祭祀から出発して岩陰、露天へと展開

祭祀は、四世紀後半、巨岩上の岩上(がんじょう)祭祀として始まりました。鏡・装身具・武器・工具などが供えられました。同時代の古墳の副葬品とほぼ同じです。二十一面もの鏡が奉献されたままの状態で見つかった遺跡もありました。これほど多数の鏡が供えられた祭祀遺跡の事例は日本では他に例がありません。東西南北を四隅として方形状に礫が並べられていた遺跡もありました。祭壇の遺構と見られています。

五世紀後半から七世紀にかけては、祭祀の場が岩陰に移ります。岩上祭祀を取り囲むように十二ヶ所もの遺跡が知られています。このうちの7号遺跡からは朝鮮半島系の金製指輪が、8号遺跡からはササン朝ペルシア（イラン）産とされるカットグラス碗片が発見されました。他にも朝鮮半島との交流を示す馬具などが見つかっています。

七世紀後半になると祭祀は岩陰と露天の両所にまたがって行われるようになります。5号遺跡と20号遺跡が知られ、5号遺跡からは金銅製雛形五弦琴や雛形紡織具、中国製の唐三彩長頸瓶片や金銅製龍頭が発見されました。〝雛形〟とはミニチュアのことです。律令国家によって体系化される祭祀の奉献品に列なる品々です。

八世紀以降、巨岩から離れた平坦地での露天祭祀となります。奈良三彩小壺や弘仁九年（八一八）初鋳の富寿神宝などが発見されています。

構成資産が語る〝宗像大社〟の成立

沖ノ島祭祀遺跡が確認される四世紀後半から九世紀末、日本列島と朝鮮半島、大陸諸国間との交流は非常に活発でした。沖ノ島は、使命達成のため、文字通り命を懸けた航海の安全を祈り無事の帰還を報告する場だったと考えられています。

沖ノ島の祭祀が岩陰・露天の両所にまたがって行われるようになる**七世紀後半から大島の御嶽山**（中津宮）**と九州本島の下高宮**（辺津宮）**でも露天祭祀が始まります。今日見られる宗像大社の形が現れます**（写真4）。

この頃から**沖ノ島**に坐す神を**田心姫神**、**大島**に坐す神を**湍津姫神**、**辺津宮**に坐す神を**市杵島姫神**、合わせて**宗像三女神**と呼ぶようになったと見られ、『古事記』『日本書紀』にも記載があります。

以来、今日まで〝神宿る島〟沖ノ島をはじめとする宗像三女神への信仰が続いています。

写真４　高宮祭場

信仰の伝統を築いた人々の墳墓群

こうした祭祀・信仰を営み繋いできた人々の存在を確かな形で示す構成資産が**新原・奴山古墳群**です。世界文化遺産登録申請直後に出された小冊子『「神宿る島」―未来へ伝えていく遺産群の価値』（「神宿る島」宗像・沖ノ島と関連遺産群保存活用協議会）の紹介が簡潔明瞭です。引用しておきましょう。（強調＝引用者）

> 現代まで続く沖ノ島に対する信仰の伝統を築いた宗像氏の存在を示す物証が、五〜六世紀に築かれた新原・奴山古墳群である。（中略）新原・奴山古墳群はかつて入海だった農地に面し、本土から沖ノ島へと続く海を見渡すことができる台地上に、前方後円墳や円墳、方墳など、大小様々な墳丘が築かれている。**対外交流の舞台となった海に生き、沖ノ島に対する信仰を担い育んだ宗像地域の古代豪族**のあり方を最もよく示している。

〝生きた伝統〟を引き継ぎ、未来を創る宗像の人々

「『神宿る島』宗像・沖ノ島と関連遺産群」は、それを〝生きた伝統〟として引き継ぎ、そこに新たな価値を加えて未来を創造しようとしている人々の存在によって、輝きをいっそう増しています。

最初に紹介したいのは〝みあれ祭〟をはじめとする宗像神社の神事を復興し〝生きた伝統〟の継承を続けている人々です。『世界遺産一覧表記載推薦書』は次のように記しています。（強調・ルビ＝引用者）

> 秋季大祭は、十月一日のみあれ祭で幕が開ける。みあれ祭とは、一九六二年に宗像神社復興期成会が中世の御(み)長手(ながて)神事を再興したもので、沖津宮の田心姫神と中津宮の湍津姫神を市杵島姫神が待つ辺津宮に迎える神事であ

写真５　みあれ祭海上神幸

る。二柱を乗せた**御座船**を中心として数百艘もの船が大船団を組んで**大島から九州本土の神湊へ向けて行う海上神幸**は、宗像地域で最も壮麗な神事である。秋季大祭の最終日には、大祭を無事に斎行できたことを宗像三女神に感謝し、**高宮祭場で神奈備祭**が行われる。これも中世の八女神事を再現したものである（写真５）。

〝いい遺産の日〟を提唱

さらに宗像大社、氏子、漁業協同組合、地域住民、市民ボランティアの方々は、宗像・沖ノ島の〝生きた伝統〟の根底に**豊かな海への報恩の念**があることを踏まえて、定期的に海岸を清掃し続けています。地球環境問題の深刻化、海洋プラごみの急増に対して「海の豊かさを守る」大きなうねりとなっています。そして十一月十三日を**〝１１１３（いい遺産）の日〟**と名づけ、世界文化遺産を持つ全国の市町村に**一斉清掃活動**を呼びかけ定着させています。

そうした「『神宿る島』宗像・沖ノ島と関連遺産群」の全体像は〝海の道むなかた館〟（宗像市深田：構成資産パネル展示・沖ノ島ＶＲ映像）、〝宗像大社神宝館〟（宗像市田島：沖ノ島祭祀遺跡出土遺物（国宝）および宗像大社所蔵文化財の収蔵・展示）、〝大島交流館〟（宗像市大島：大島の歴史と文化を展示）、〝カメリアステージ歴史資料館〟（福津市津屋崎：新原・奴山古墳群の展示）、〝九州国立博物館〟（太宰府市：沖ノ島祭祀遺跡出土遺物の展示）で実感することができます。

〝沖ノ島〟岩上・岩陰祭祀と並行して…「百舌鳥・古市古墳群―古代日本の墳墓群」

〝沖ノ島〟岩上・岩陰祭祀と重なる四世紀後半から五世紀後半、使命を果たし沖ノ島の神に航海守護の御礼を捧げた船団は、大阪湾岸の巨大古墳群へと櫓を漕ぐ両手に力を込めました。

「百舌鳥（もず）・古市（ふるいち）古墳群」が波の彼方に浮かび上がって来た時、人々は達成感と安堵感に包まれたことでしょう（図４）。

「百舌鳥・古市古墳群―古代日本の墳墓群」には〝登録の基準〟（ⅲ）（ⅳ）が適用されました。（強調＝引用者）

（ⅲ）ある文化的伝統や文明の存在を証明する無二の存在

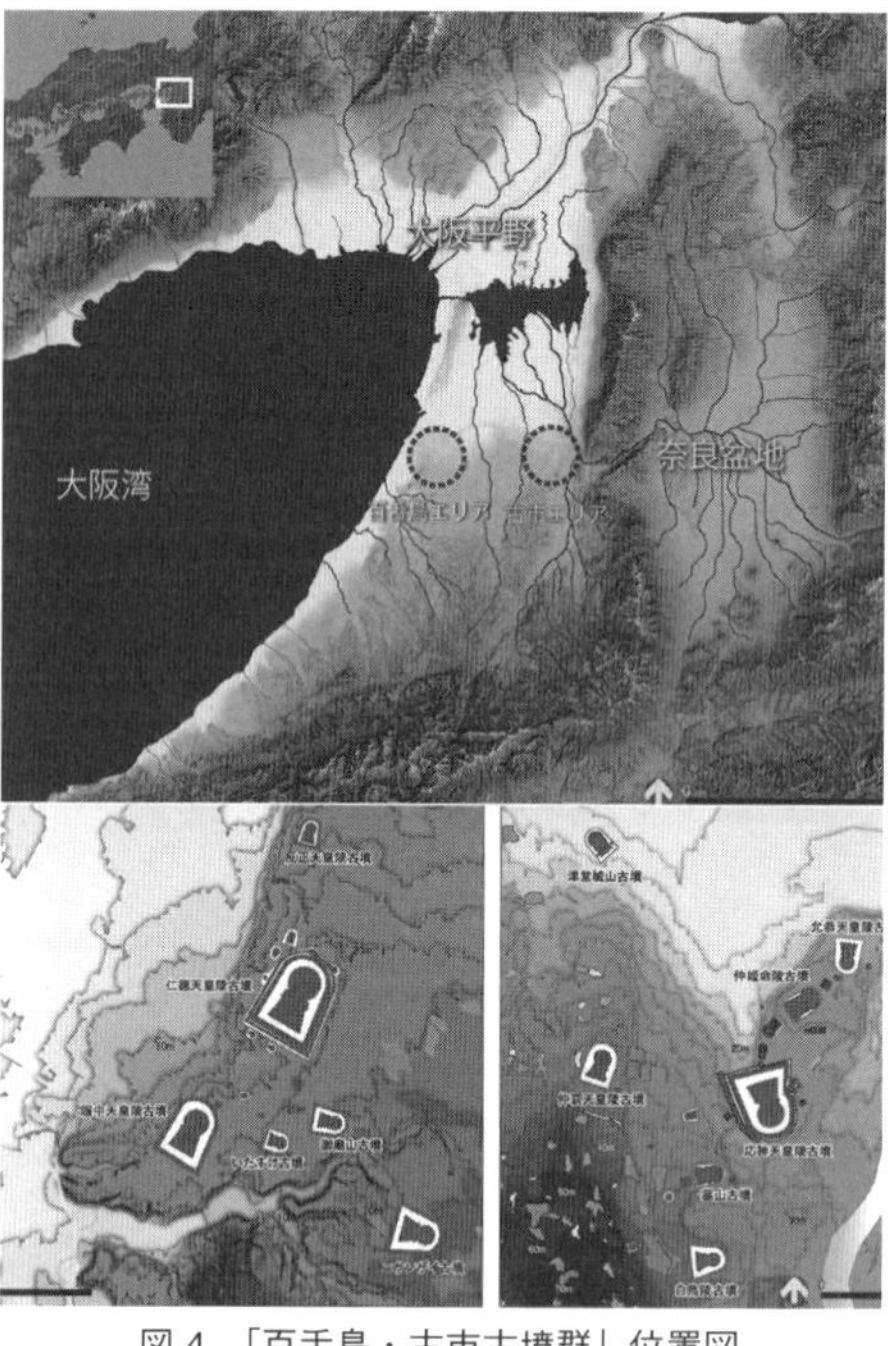

図４　「百舌鳥・古市古墳群」位置図

日本では十六万基以上の古墳が発見されているが、百舌鳥・古市古墳群は、日本古代の**古墳時代の文化を代表する類まれな物証**である。四十五件の構成資産は、**古墳時代の政治社会構造、階層、高度に洗練された葬送システムを伝えている。**

（ⅳ）歴史上の重要な段階を物語る建築物等や景観を代表する顕著な見本

百舌鳥・古市古墳群は、**古代東アジアの墳墓築造におけるひとつの典型**である。この独特かつ重要な時代における社会階層の成立に果たした古墳の役割、土製の像、濠、葺石で補強された幾何学的な墳丘といった有形の属性は、類まれである。

〝古墳時代〟は日本独特の時代区分

〝古墳時代〟という言葉は私たちにはなじみ深いものですが、世界には「古いお墓がどうして時代名になるの？」と思われる方々もおられます。世界の多くの地域では時代を治めた国や王朝、中心地や宗教が時代名となっているからです。現に日本でも飛鳥時代以降、中心地が時代名となってゆきます。

〝縄文時代〟同様、〝古墳時代〟は**日本独特の時代区分**です。

「百舌鳥・古市古墳群―古代日本の墳墓群」の英文登録名も〝Mozu-Furuichi Kofun Group:Mounded Tombs of Ancient Japan〟とあり、古代日本の墳丘墓を〝Kofun〟と特記していることが分かります。

しかし、はたして〝古墳〟は、ある時代を表現しうるほどの存在なのでしょうか。そして、〝古墳時代〟は〝日本という文化的空間〟に固有なある特定の時代を表すにふさわしい言葉なのでしょうか。その確認から始めてゆきましょう。

〝古墳〟は確かに日本独特の時代を表現しうる存在

まず〝**古墳**〟**には明確な**〝**定義**〟**と**〝**時期**〟があります。お墓一般ではありません。いつの時代にも造られたものではありません。考古学者が〝前方後円墳〟と命名した独特な形を頂点に〝帆立貝形墳〟・〝円墳〟・〝方墳〟と続く〝幾何学的な墳丘墓〟で、土製の像〝埴輪〟、〝濠〟、〝葺石(ふきいし)〟で補強されたものを指します。

そうした〝古墳〟は三世紀半ばに突然、完成した形で現れ、七世紀になると急速に消滅してゆきます。〝**明確に定義される存在**〟で〝**登場と消滅の時期が明白**〟であることは〝古墳〟を時代名とする**第一の根拠**となります。

次に〝登録の基準〟(ⅲ)適用内容に見られる「**十六万基以上**」という〝**数**〟があります。三世紀半ばから六世紀末

図５　4700基の前方後円墳分布図

までの三五〇年を対象期間とすれば毎年四五〇基以上の古墳が造られていた計算になります。当時の人口は五〇〇万人前後と見られていますから、現代に置き換えれば最低でも毎年一万基以上が造られ続けたことになります。古墳は高い技術と労力が必要な土木構築物です。**〝時期限定で膨大な数造り続けられた〟**ことは〝古墳〟を時代名とする**第二の根拠**となります。

最後に**〝分布〟**です。〝十六万基以上〟のうち日本独特の墳形である〝前方後円墳〟四七〇〇基の分布が「百舌鳥・古市古墳群」世界遺産一覧表記載推薦書に示されています。それを見ると、北海道・北東北の一部と沖縄を除く、列島全域に普く築かれていることが分かります。**〝日本全体への広がり〟**は〝古墳〟を時代名とする**第三の根拠**となります（図５）。

〝古墳時代〟を俯瞰する

〝古墳〟は三世紀半ば、全長二八〇メートル・高三〇メートルの墳丘に濠を巡らせ、葺石と特殊器台型・特殊壺形と称される埴輪でかたどられた巨大な前方後円墳という形で突如現れます。箸中山古墳（箸墓古墳・大市墓）と呼ばれています。登場の場は奈良盆地の東南部、大神神社が鎮座する三輪山の麓です。周辺に箸墓古墳を引き継ぐ巨大な前方後円墳が続々と築かれることから、研究者の多くは倭（ヤマト）王権発祥の地と見ています。

中国大陸では後漢が滅亡し魏・呉・蜀が鼎立する三国時代を迎えていました。その波を受けて日本列島でも朝鮮半島でも王権形成への動きが活発化します。「魏志倭人伝（『三国志』魏書東夷伝倭人条）」に邪馬台国と女王卑弥呼が登場する時代です。巨大な前方後円墳は奈良盆地北部の佐紀古墳群に拡大します。そして前方後円墳をはじめとする多様な墳形の古墳が列島各地に拡散してゆきます。研究者たちが〝**古墳時代前期**〟と呼んでいる時代です。列島社会の秩序が、奈良盆地の巨大な前方後円墳を頂点とした古墳の規模と型式で築かれ始めます。

四世紀後半になると、前期には見られた、前方後方墳という、後円部も四角形の古墳はほとんど見られなくなり、前方後円墳・帆立貝形墳・円墳・方墳の四類型に標準化されます。規模格差を拡大し、濠の二重化、副葬品の軍事色化を強めながら、古墳造営の中心地は奈良盆地から大阪平野に移動します。〝**古墳時代中期**〟と呼ばれる時代です。「百舌鳥・古市古墳群」の時代です（図6）。

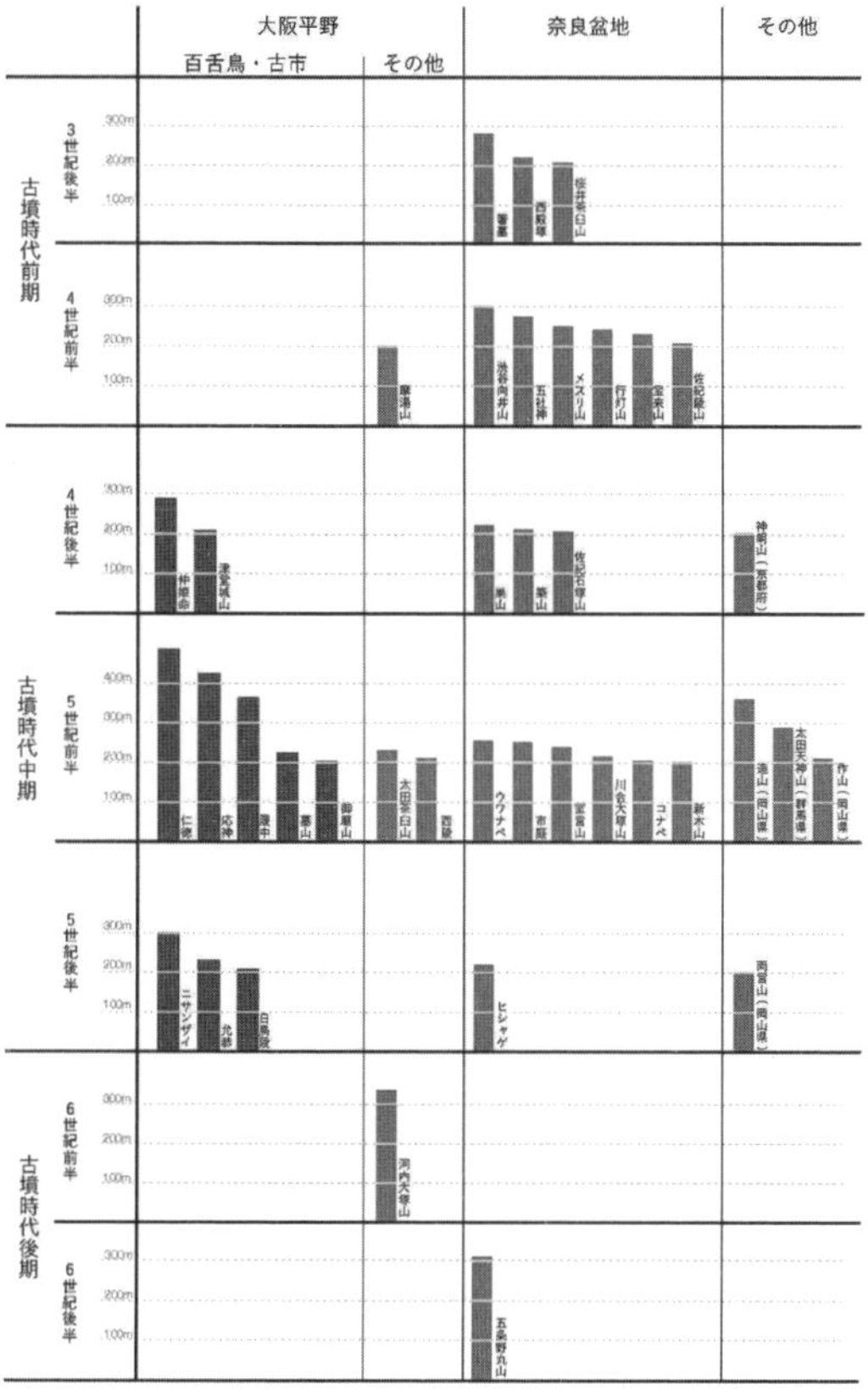

図6　地域・時代ごとに見た巨大前方後円墳の変遷

六世紀に入ると、少数の大型前方後円墳は築かれますが、小規模な古墳が密集して作られる〝群集墳〟と名づけられた形が主要な流れになります。研究者たちが〝**古墳時代後期**〟と呼ぶ時代です。

七世紀になると、群集墳と精緻な横穴式石室は残りますが、前方後円墳は姿を消します。時代も、都が置かれた飛鳥の名をもって呼ばれるようになります。

このように見てくると、**後漢の滅亡から隋・唐の成立に至る間の、〝巨**

大な前方後円墳〟を頂点とした〝古墳〟の規模と墳形をもって列島社会の秩序が形成、再生産され続けた時代を〝古墳時代〟と呼ぶのは理にかなっています。

〝古墳〟という誰の目にも明らかな構造物の形や規模を社会秩序の物指とし、その造営に関わることで社会の維持が図られていた時代と言えましょう。

東アジア情勢の中での〝古墳時代〟

そこで、私たちは、こんな疑問に捉われます。

「列島社会の安定と発展は、なぜ〝古墳〟という構造物の共有と序列化で進められたのか？」

そのことを考える一歩として、〝古墳時代〟を取り巻く東アジアの情勢と関連付けて〝古墳時代〟を見直してみましょう。おおむね次のようなことが言えそうです。

【前期】「魏志倭人伝」に「卑弥呼以(すで)（已）に死す。大いに冢(つか)を作る」とあるように〝古墳〟登場前後には魏との積極的な交渉がありましたが、倭の政治勢力と海外との関係は薄く、初期倭王権は〝古墳〟を通した国内秩序の確立と安定に尽力したと見られます。初期倭王権が内陸の奈良盆地にあり続けたことと呼応します（表2）。

【中期】中国が南北朝時代に入るなか、倭王権は南朝の宋、朝鮮諸国との交流を活発化させます。代替わり毎に宋から王としての冊封(さくほう)を受け、「軍号」を得て朝鮮半島の政治・軍事に介入しました。一方で倭王は、宋から与えられる「軍郡」「軍号」を仲介することで国内的地位を高めました。海外諸勢力から得た鉄や財宝、武器・武具に加えて、格付けされた〝古墳〟の築造は「軍郡」「軍号」を〝見える化〟する役割を果たしたと見られます。〝百舌鳥・古市古墳群〟の成立に見られるように、倭王権の中心が大阪平野に移ったことは象徴的です（表3）。

【後期】百済(くだら・ペクチェ)との関係は強化されますが、中国王朝との政治的な交流は希薄となります。王権の中心が再び奈良盆

時間軸に沿ってまずは一つずつ

表2　古墳時代“前期”の東アジア情勢

250年頃	卑弥呼没。大いに冢を作る。国に乱れ、宗女壱（臺）与を王として国定まる。 最初の前方後円墳・箸中山古墳が作られる。
265年	魏滅び西晋おこる。翌年（西晋・泰始2年）倭人、方物を献上。
280年代	馬韓・辰韓、しばしば西晋に朝貢。
313年	高句麗が漢設置の楽浪郡を、百済が後漢設置の帯方郡を併合。
318年	東晋起こる。
342年	前燕、高句麗を攻め丸都城略奪。前燕、高句麗を冊封。

表3　古墳時代〝中期〟の東アジア情勢

372年	前秦、高句麗に仏像・経文を伝える。東晋、百済を冊封。
384年	東晋、百済に仏教を伝える。
391年	倭、渡海し百済・新羅を破る（高句麗好太王碑文）。高句麗好太王即位。 以降、高句麗・百済・新羅・倭の間での複雑な戦闘・同盟続く。
413年	倭、東晋に朝貢。東晋、高句麗を冊封し416年には百済を冊封。
420年	宋起こる。翌年、倭王讃、宋に朝貢。徐授を賜る。以降も倭の讃・珍兄弟王は宋に朝貢を続け、438年、珍は安東将軍倭国王に叙され、その際、珍が挙げた倭隋ら13人にも軍号が授けられる。
443年	倭王済、宋に朝貢し安東将軍倭国王に叙され、451年に使持節都督倭新羅任那加羅秦韓慕韓六国諸軍事を加叙され23人も軍郡に封ぜられる。
460年	済没し世子の興、宋に朝貢。462年、宋、興を安東将軍倭国王に叙す。
475年	高句麗、百済を討ち、百済王斬殺される。百済、熊津（現在の公州市）に遷都。
477年	興没し弟武、宋に朝貢。翌年、宋、武に使持節都督倭新羅任那加羅秦韓慕韓六国諸軍事倭王を授ける。
479年	南斉起こり高句麗・倭を冊封し491年百済を冊封。北魏、高句麗を冊封。

表4　古墳時代後期の東アジア情勢

502年	梁起こり高句麗・百済・倭を冊封。 以後、高句麗・百済への冊封は続くが、倭の朝貢・冊封は見られない。
534年	北魏分裂。東魏起こる。百済から倭に経義・毛詩博士・工匠が伝わる。
538年	百済聖明王、倭に仏像と経論を送る。百済は翌年、泗沘（現在の扶餘郡）に遷都。
546年	高句麗に攻められた百済、倭に求援。 高句麗・新羅と百済・倭間で交戦。
560年	北斉、高句麗を冊封。 百済・新羅も冊封されるが倭は預からず。
589年	隋、陳を滅ぼし、中国を統一。
592年	法興寺起工。 蘇我馬子、崇峻天皇を弑す。 翌年、推古天皇即位。

地に戻ったことは、その一つの表れでしょう。仏教が百済から公伝され、仏教をはじめとする当代東アジア標準への対応に舵が切られます。〝古墳〟の石室は竪穴式から朝鮮半島由来の横穴式となり、〝古墳〟自体も少数の大型前方後円墳と大多数の群集墳に二分されてゆきます（表4）。

「百舌鳥・古市古墳群」は古墳時代の典型

このように見ると、**〝古墳時代中期〟**の「**百舌鳥・古市古墳群**」は**〝古墳時代〟を最も典型的な姿で表している**ことが分かります。

数ある古墳（群）のなかで「百舌鳥・古市古墳群」が世界文化遺産に登録されたのは、最大規模の古墳（大山(だいせん)古墳＝仁徳天皇陵古墳、誉田山(こんだやま)古墳＝応神天皇陵古墳）があるからだけではありません。両古墳を頂点とした**〝古墳時代〟の政治構造が最も端的な形で〝見える〟**からです。そして、その背後に倭王権と、宋を中心とする中国諸王朝や朝鮮半島諸国との深い関係が横たわっているからです（図7）。

現にこの時代は、中国南朝・宋の正史『宋書』を中心に倭国の王たちの南朝朝貢記事が度々記された時代と対応しています。世に言う「**倭の五王」の時代**です。当然のことながら、私たちの関心は、「倭の五王」は『古事記』『日本書紀』に記されるどの天皇に当るのか、その陵墓は「百舌鳥・古市古墳群」を中心とするどの古墳に当るのかに向かってきました。実に長い研究の歴史があり様々な議論が重ねられてきました。

「百舌鳥・古市古墳群」近傍の博物館巡りはそのことを実感させてくれます。百舌鳥古墳群の中に立つ〝堺市博物館〟と〝百舌鳥古墳群ビジターセンター〟、古市古墳群に近い〝大阪府立近(ちか)つ飛鳥(あすか)博物館〟から始めるのが良いでしょう。

なお、世界文化遺産登録をめざした当初、主要な大型前方後円墳は天皇・皇族の陵墓とされていて立ち入りができないことから、公開が原則の登録条件にそぐわないのではないかという懸念が出されていました。しかし事態は全く逆でした。陵墓としての保護が、大都市圏の真っただ中にありながら、これら古墳群の完全性・真正性を保証していることの評価が得られたことも付記しておきましょう。

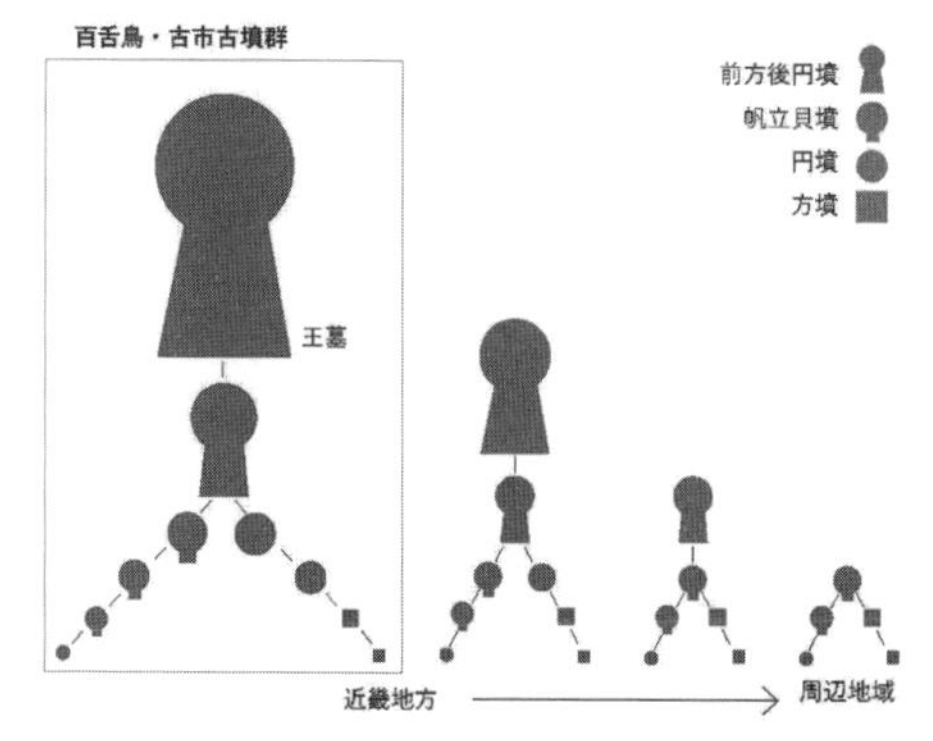

図７　百舌鳥・古市古墳群を中核とした序列的な古墳群モデル

「日本」という国家の誕生

世界宗教〝仏教〟を受け入れて…「法隆寺地域の仏教建造物」

〝古墳時代〟という日本独特の時代に続いて、東アジアに共通する国制・宗教などを受け止め〝日本〟という国家が生まれる〝とき〟がやってきます。最初の訪問地は日本の世界文化遺産第一号「法隆寺地域の仏教建造物」です。

日本仏教の起点となる建造物群

〝法隆寺〟…日本人のほとんどが一度は行ったことのある寺院です。

「修学旅行だったかな。聖徳太子が作った世界最古の木造建築。日本における世界文化遺産第一号、もっともですね。」という言葉が返ってきます。

正確に言うと、〝世界文化遺産〟に登録されたのは〝法起寺（ほうきじ）〟を含む「法隆寺地域の仏教建造物（Buddhist Buildings in the Horyu-ji area）」です。法隆寺地域四十七棟、法起寺地域一棟の計四十八棟の木造建築物群が登録資産です。法起寺は、法隆寺の東北一・四キロメートルほどの所にある、法隆寺同様、世界最古の三重塔が建つ寺院です。そして、確かに四十八棟中十一棟（法隆寺西院（さいいん）八棟・東院二棟、法起寺一棟）は〝現存する世界最古の木造建築〟です（表5）。

〝登録の基準〟（ⅰ）（ⅱ）（ⅳ）（ⅵ）が適用されました（強調＝引用者）。

（ⅰ）人間の創造的才能を表す傑作

「法隆寺地域の仏教建造物」は、全体的な意匠と細部装飾の双方の点において、**木造建築の傑作**である。

（ⅱ）ある期間あるいは文化圏内での価値観の交流を示す建築物等

表５　〝法隆寺地域の仏教建造物〟中の現存最古の木造建築物

法隆寺	西院	金堂・五重塔・中門・回廊・経蔵（きょうぞう）・東室（ひがしむろ）・食堂（じきどう）・東大門
	東院	夢殿・伝法堂（でんぽうどう）
法起寺	三重塔	

これらは、**日本に仏教が伝来した直後にまでさかのぼる当国最初期の仏教建造物**であり、**後代の宗教建築に重大な影響**を与えた。

(iv) 歴史上の重要な段階を物語る建築物等や景観を代表する顕著な見本

法隆寺の建造物は、**中国の仏教建築及び伽藍配置が日本文化に取り入れられ、後代に日本特有の様式を発展させた**ことを示している。

(vi) 顕著な普遍的価値を有する出来事や生きた伝統などとの密接な関連

日本に仏教が伝来し、聖徳太子がこれを広めたことは、この文化圏に**広く仏教が流布する上での重要な段階**であったことを示している。

一四〇〇年を超える全体像で考える

もっともな評価ですが、「法隆寺地域の仏教建造物」の〝顕著な普遍的価値〟は、一四〇〇年を超える全体像で捉えた時、いっそうの光となって私たちを包み込みます。法隆寺第一二八世住職、故・高田良信（たかだりょうしん）師の『法隆寺学のススメ』（二〇一五年初版）を基礎に、『世界遺産一覧表記載推薦書』を加味して簡略な年表を作ってみました。次のような流れが見えてきます（表6）。

【法隆寺創建】 六〇七年、厩戸皇子（聖徳太子）は、**大阪湾岸に近い斑鳩（いかるが）に法隆寺を創建**します。冠位十二階や十七条憲法の制定、遣隋使派遣に見られるように、東アジアに共通する国制や宗教を受け入れ隋を中核とする国際秩序に参加する象徴として法隆寺は建てられました（当時「聖徳太子」とは呼ばれなかったという考えもありますが、『日本書紀』が厩戸皇子を「東宮（みこのみや（皇太子を指す））聖徳（敏達天皇五年（五七六）三月条）」「更名豊耳聰（さらのなとよとみみ）聖徳（用明天皇元年（五八六）正月条）」と記していることを意識し、厩戸皇子（聖徳太子）という表現を採りました）。

表６　「法隆寺地域の仏教建造物」の 1400 年

創建	593 年、厩戸皇子、推古天皇摂政となり、冠位十二階（603）と十七条憲法（604）の制定、遣隋使の派遣（607）に続き、607 年、法隆寺建立。
危機に直面	622 年、皇子薨去。磯長陵（推定：大阪府南河内郡太子町・叡福寺内円墳）に葬る。 638 年、福亮、斑鳩の地に金堂建立（法起寺の創建） 643 年、蘇我入鹿、皇子の息子・山背大兄王らを斑鳩宮に襲う。 上宮王家滅亡。 670 年、「一屋も余すこと無く」法隆寺焼失。678 年：648 年施入の食封停止。
再建期	685 年：僧恵施、法起寺堂塔を造営（法起寺露盤銘）。 706 年：法起寺露盤（仏塔相輪の一番下にある四角い盤）なる（『目録抄』）。 711 年：法隆寺五重塔の塑像・中門の金剛力士像を造る。 この頃、法隆寺再建と見られる。 739 年：行信、上宮王院（東院）夢殿を造営。 747 年：『法隆寺伽藍縁起 并 流記資財帳』作成。 748 年：行信、聖霊会を始める。 756 年：聖武天皇遺愛品施入。770 年：百萬塔分納。
平安～ 織豊期	925 年：講堂・北室・鐘楼など焼失。990 年：講堂再建。 1023 年：藤原道長、上宮王院修理。1081 年：西室が雷火により焼失。 1232 年：西室再建。1252 年：五重塔に落雷。衆徒により消火と伝わる。 1262 年：法起寺三重塔修理。1435 年：寺内対立により南大門焼失。 この間、仏者による小寺院活動と庶民の聖徳太子信仰が盛んとなる。
江戸時代	1605 年頃、豊臣秀頼、全伽藍修理。1678 年：法起寺三重塔修理。 1690 年頃から江戸・京都・大阪出開帳、伽藍等修理勧進盛んとなる。 1696 年頃、全伽藍修理。1764 年：護摩堂・聖天堂焼失（直ちに再建）
近・現代	1868 年、神仏判然令布告。廃仏毀釈運動起こる。 法隆寺・法起寺も危機に直面。 1876 年、皇室への宝物献納を願い出る。翌年決定し 1 万円下賜される。 1895 年、夢殿修理（～ 96 年）。1897 年、法起寺三重塔修理。 1934 年、この年までに中門等修理。法隆寺昭和大修理始まる（～ 55 年）。 1949 年未明、金堂より出荷。壁画を破損。 1967 年、金堂壁画の再現事業を発願。翌年完成。1972 年法起寺修理。 1985 年、昭和の大修理完成法要。

【法隆寺全焼】 しかし聖徳太子の没後、息子の山背大兄王は蘇我入鹿に襲われて一族・上宮王家は断絶。六七〇年には「一屋も余すこと無く」法隆寺は焼失し食封（≒荘園）も停止。法隆寺は**危急存亡**の時に面します。

【法起寺創建・法隆寺再建】 危機のなか、六三八年、**福亮**が斑鳩の地に金堂を建てます。**法起寺の創建です**。法起寺は六八五年から七〇六年にかけて恵施によって整えられ、**三重塔**も建てられました。七一一年頃までには**法隆寺も再建**され、七三九年には**行信が東院に夢殿を造営**。七四八年**聖霊会**が始められます。宮中からも聖武天皇遺愛品や百萬塔が分納され、物心両面での再建が進みました。

【聖徳太子信仰による支え】 平安遷都（七九四年）から関ケ原の戦い（一六〇〇年）までの間は大きな庇護も災厄もないなか、一見地味に見えますが、僧侶たちの**子院（小寺院）活動と庶民の聖徳太子信仰で構成資産は維持**され価値を高めていきます。

【修理を重ねて価値を維持】 江戸時代に入ると御開帳や勧進による資金調達を基礎に修理・再建が続きます。この流れを受けて**現在まで日々の補修や大修理**が続けられ、「法隆寺地域の仏教建造物」は価値を維持しています。

価値の源泉…聖徳太子への敬慕と絶えざる補修・再建

このように見てくると、特別な庇護もない中で、〝子院〟と呼ばれる小寺院の活動と庶民の聖徳太子信仰、そして絶えざる補修・再建が「法隆寺地域の仏教建造物」を〝生きた信仰〟の場としてきたことが分かります。ここに「法隆寺地域の仏教建造物」の〝顕著な普遍的価値〟の真髄があります。

このように、「法隆寺地域の仏教建造物」が一三〇〇年以上も〝生きた信仰〟の場であり続けている核心は何でしょうか。高田良信師ご自身も「多くの失火や兵火によって古い堂塔を失った大和の古寺のなかで、どうして法隆寺だけが飛鳥時代の姿を守りつづけることができたのだろうか。」と自問され、『法隆寺学のススメ』の冒頭で次のように答

えられています。（強調＝引用者）

> 法隆寺は、各時代を通じて、必ずしも庇護者に恵まれた寺院ではなかった。しかし、建物を保存するとともに太子にゆかり深い寺宝を守り伝えようとする姿勢が、法隆寺にはつらぬかれていた。……その信仰を考えるとき、法隆寺にははじめから、人びとが心を寄せることのできた、**不動のもの**が存在した。それが**太子への熱烈なる信仰**である。その太子信仰こそ一三〇〇年以上にわたって法隆寺を守ってきた源泉であった。

得心のゆくお答えです。

継承された〝寺宝〟に込められた願い

そうした心が引き継がれてきたからこそ、伝えられてきた〝寺宝（仏像・仏具）〟の多くも国宝ないし重要文化財です。国宝だけでも表7の通りです。国宝・重要文化財に指定された建造物と美術工芸品の数は間違いなく日本有数です。それぞれの〝寺宝〟にはそれぞれの願いとそれを伝承し続けてきた人々の心が結晶しています。それらに対面した一人ひとりの思いもまた積み上がっています。それを語り始めれば、到底この紙面では足りません。

そこで一つ大切なことを付け加えたいと思います。法隆寺には、法隆寺地域とは別の場所で大切に守られ続けている〝寺宝〟があるという事実です。東京国立博物館法隆寺館の〝**法隆寺献納宝物**（けんのうほうもつ）〟です。

明治維新に伴う廃仏毀釈運動で存亡の危機に瀕していた法隆寺が、起死回生の策として皇室に献納した〝寺宝〟です。竜首水瓶（りゅうしゅすいびょう）・鵲尾形柄香炉（じゃくびがたえこうろ）などの国宝十一件、四十八体仏などの重要文化財一八二点が含まれています。

二〇二〇年「**伝統建築工匠の技　木造建築物を受け継ぐための伝統技術**」がユネスコ無形文化遺産に登録されたのも、法隆寺を支え続けてきた宮大工や左官をはじめとする工匠の方々の積み上げられた技が評価されてのことです。

表７　「法隆寺地域の仏教建造物」区域内の国宝（美術工芸品）

法隆寺	金堂	銅造釈迦如来及両脇侍像 止利作	飛鳥時代
		銅造薬師如来坐像	
		木造四天王立像	
		木造天蓋３箇	
		木造毘沙門天・吉祥天像	平安時代
	五重塔	塑像塔本四面具 78 躯２基	飛鳥時代
	大講堂	木造薬師如来及両脇侍坐像	平安時代
	西円堂	乾漆薬師如来坐像	鎌倉時代
	上御堂	木造釈迦如来及両脇侍坐像	平安時代
	大宝蔵院	銅造阿弥陀如来及両脇侍像（伝橘夫人念持仏）・木造厨子	飛鳥時代
		銅造観音菩薩立像（夢違観音）	
		木造観音菩薩立像（百済観音）	
		玉虫厨子	
		木造観音菩薩立像（九面観音）	中国・唐時代
		木造地蔵菩薩立像	平安時代
	聖霊院	木造聖徳太子・山背王・殖栗王・卒末呂王・恵慈法師坐像	平安時代
	夢殿	木造観音菩薩立像（救世観音）	飛鳥時代
		乾漆行信僧都坐像	奈良時代
		塑像道詮律師坐像	平安時代
	非公開	黒漆螺鈿卓	平安時代
		四騎獅子狩文錦	中国・唐時代
中宮寺（法隆寺地域内）		木造菩薩半跏像（伝如意輪観音菩薩像）	飛鳥時代
		天寿国繍帳残闕	

〝いかるが楽〟の営み…さらなる一四〇〇年へ

そうした伝統を引き継ごうと、斑鳩町は〝郷土学習・いかるが楽〟を進めています。町は、能楽・茶道・和太鼓を小学校の教育課程に位置づけて三つの小学校の特色を生かした体験学習を進め、斑鳩中学校生徒は法隆寺を訪れる外国人観光客を対象に〝英語による法隆寺案内〟を重ねてきました。その成果を踏まえて町立小・中学校の九年間をかけて「聖徳太子の〝和〟の心」と「斑鳩八景（斑鳩の文化・歴史・自然）」を学ぶ郷土学習が〝いかるが楽〟です。

法隆寺自身も戦後まもなくから〝法隆寺夏季大学〟を続けられています。

「法隆寺地域の仏教建造物」と「古都奈良の文化財」をつなぐ

「法隆寺地域の仏教建造物」の創建～再建期は〝日本〟という国家が成立する時代でした。その場は〝斑鳩〟でした。〝斑鳩〟と次の舞台〝奈良〟を繋ぐ遺産群が二〇二六年の審査を待つ「飛鳥・藤原の宮都

(Ancient Capitals of Asuka and Fujiwara)」と日本遺産「日本国創成のとき～飛鳥を翔た女性たち～」、そして遠く離れた東国の地のユネスコ世界の記憶「上野三碑(Three Cherished Stelae of Ancient Kozuke)」、九州の日本遺産「古代日本の『西の都』～東アジアとの交流拠点」です。

二〇二六年の審査を待つ「飛鳥・藤原の宮都」

世界遺産「飛鳥・藤原」登録推進協議会（奈良県・橿原市・桜井市・明日香村）は「奈良盆地南部の〝飛鳥・藤原〟で、六世紀末から八世紀初めにかけて、律令制による統治機構を整えた統一国家〝日本国〟は誕生」したことを「**宮殿・都城**をはじめ、**祭祀空間・庭園・仏教寺院・墳墓**など地下に残された**考古学的な遺跡の変遷**」で証明しています（表8）。日本人には比較的よく知られている史跡群ですが、資産が「地下に残された考古学的な遺産」で構成されているため、世界に「飛鳥時代という時代の特質をどう実感いただくか」の工夫が必要と指摘されています。そうした課題も意識しながら遺跡群やガイダンス施設を訪れましょう（表9）。

日本遺産「日本国創成のとき～飛鳥を翔た女性たち～」

「飛鳥・藤原の宮都」の時代を、女性たちに焦点を当てて組み直した日本遺産が「日本国創成のとき～飛鳥を翔た女性たち～」（橿原市・高取町・明日香村）です。三人の女帝（**推古天皇**・**皇極**［重祚して**斉明**］天皇・**持統天皇**）と日本最初の仏者・十二歳の**善信尼**、**額田王**をはじめとする万葉の女流歌人たちに焦点を据えた日本遺産です。

「古代飛鳥は女性を受容した新進の時代であったと言っても過言ではない。複数の女帝が誕生し、豊かな感性で、政治にかかわったのも古代飛鳥であり、宗教や文学においても女性たちの活躍を抜きにしては語れない。なぜ国が誕生する時に、女性の存在が大きくなるのであろうか？　なぜ、古代において女性がこのように力強く活躍したのであ

表８　「飛鳥・藤原の宮都とその関連資産群」の構成案

価値		構成資産候補	形成の過程
「日本国」の形成と成立	【宮殿と官衙】律令国家の中枢機構の形成過程	飛鳥宮跡	律令制による宮殿の形成過程
		飛鳥宮跡苑池（えんち）	
		飛鳥水落（みずおち）遺跡	
		酒船石（さかふねいし）遺跡	
		藤原宮跡・藤原京朱雀大路跡	律令制による宮殿の成立
		大和三山	
	【仏教寺院】国家宗教としての仏教寺院の成立	飛鳥寺跡	仏教の受容
		橘寺跡（橘寺境内）	
		山田寺跡	
		川原寺（かわはらでら）跡	
		檜隈寺（ひのくまでら）跡	
		大官大寺（だいかんだいじ）跡	国家寺院の成立
		本薬師寺（もとやくしじ）跡	
	【墳墓（古墳）】律令による墓制の変化	石舞台古墳	伝統的な墓制の継承と変質
		菖蒲池（しょうぶいけ）古墳	
		牽牛子塚（けんごしづか）古墳	新しい墓制への移行・展開八角墳・壁画古墳
		天武・持統天皇陵古墳	
		中尾山古墳	
		キトラ古墳	
		高松塚古墳	

表９　「飛鳥・藤原の宮都とその関連資産群」ガイダンス施設

奈良県立万葉文化館（明日香村）	飛鳥資料館（明日香村）
明日香村埋蔵文化財展示室（明日香村）	高松塚壁画館（明日香村）
桜井市埋蔵文化財センター（桜井市）	橿原市藤原京資料館（橿原市）
奈良県立橿原考古学研究所附属博物館（橿原市）	
奈良文化財研究所藤原宮跡資料館（桜井市）	

ろうか？」と問いかけ、「**〝日本国〟誕生に関わった女性の活躍をみるとき、世界の中でのこれからの新しい国の〝かたち〟に、女性の〝ちから〟が注目される。**」と現代に訴えかけています。

非常に分かりやすい、明確な主題を持った日本遺産です。離れた土地にあっても『万葉集』や『日本書紀』などを通して飛鳥を翔けた女性たちを偲ぶことができます。より現代人に密着した文化遺産と言えそうです。

ユネスコ世界の記憶「上野三碑」

〝日本誕生のとき〟を、離れた地方で民の立場から刻んだ記録物が山上碑（六八一年）・多胡碑（七一一年）・金井沢碑（七二六年）からなる「上野三碑」です。二〇一七年〝ユネスコ世界の記憶〟に登録されました。

〝上野〟は現在の群馬県と重なる地域の前近代の呼び方ですが、「上野三碑」はその地、さらに限定すれば群馬県高崎市南西部の南八幡地区・吉井地区の半径一・五キロメートルの狭い範囲に立てられました。時の幅も六八一年から七二六年の半世紀弱。驚くべき集中性を示す日本最古の石碑群です。

詳細は拙著『ユネスコ世界の記憶「上野三碑」を読んでみましょう』（二〇二四年、雄山閣）、『「日本」誕生　東国から見る建国のかたち』（二〇二〇年、現代書館）などもご覧いただきたく思いますが、完全な形で現存する日本最古の石碑・山上碑は、都が飛鳥にある段階ですでに東国に法隆寺規模・様相の寺院があり僧が居たこと、それまで日本になかった石碑という表現方法を採用し、そこに漢字を用いて日本文を書いていることなど、「日本」への歩みが、都だけでなく、列島各地で進められていたことを示唆しています。多胡碑は郡という地方制度が定着していく様子を、金井沢碑は戸籍や仏教が定着していく様子を徹頭徹尾地域からの視線で刻んでいます。**「上野三碑」は〝日本〟を築き上げてきた〝地方の民の最良の記録〟**です。三碑現地に足をお運びください。〝上野三碑ボランティア会〟や〝山上碑・金井沢碑を愛する会〟の方々が〝日本〟建国時の〝東国〟に案内してくれます。

永久の都を求めた「古都奈良の文化財」、三つの姿

藤原・新益京から奈良・平城京へ

和銅三年（七一〇）、元明天皇は、「日本」という国家を成り立たせた新益京（あらましのみや）（藤原京）から、唐の都の形に倣った奈良の都・〝**平城京**（へいじょうきょう）〟**に遷都**します。藤原にあった薬師寺などの寺社や皇族・貴族・官人の邸宅が移ってゆきました。

その奈良の都の姿を伝える世界文化遺産が「古都奈良の文化財」です。

英文登録名は〝Historic Monuments of Ancient Nara〟ですから、直訳反訳すれば「古代奈良の歴史的記念物群」となりますが、「古都奈良の文化財」のネーミングの方が私たちにはしっくりきます。海外からの訪問客の皆様も、そうした思いで奈良に足を運ばれていることでしょう。

〝登録の基準〟（ⅱ）（ⅲ）（ⅳ）（ⅵ）が適用されました。

（ⅱ）ある期間あるいは文化圏内での価値観の交流を示す建築物等

古都奈良の文化財は、**中国や朝鮮半島との文化的交流の結果としてもたらされた日本の建築及び芸術の深化を示す希有な物証**であり、その後の（当該分野における）発展にも大きな影響を与えた。

（ⅲ）ある文化的伝統や文明の存在を証明する無二の存在

古都奈良の文化遺産群のうち、**独特の建築遺産は、奈良に都が置かれていた期間における日本文化の栄華を示している。**

（ⅳ）歴史上の重要な段階を示す建築物等や景観を代表する顕著な見本

平城宮の地割・建物配置及び奈良に遺存する建造物群の意匠は、**アジア古代の宮都における建築及び計画性の顕著な事例である。**

（vi）顕著な普遍的価値を有する出来事や生きた伝統などとの密接な関連

奈良に所在する仏教寺院及び神社は、仏教や神道といった信仰が、今なお独特の精神的な力及び影響を持ち続けていることを示している。

〝八つの構成資産〟配置の不思議

構成資産は寺院（東大寺・興福寺・薬師寺・元興寺・唐招提寺）・神社（春日大社）と関連する文化的景観（春日山原始林）・考古学的遺跡（平城宮跡）の八件で形作られています。地図に落としてみましょう（図8）。

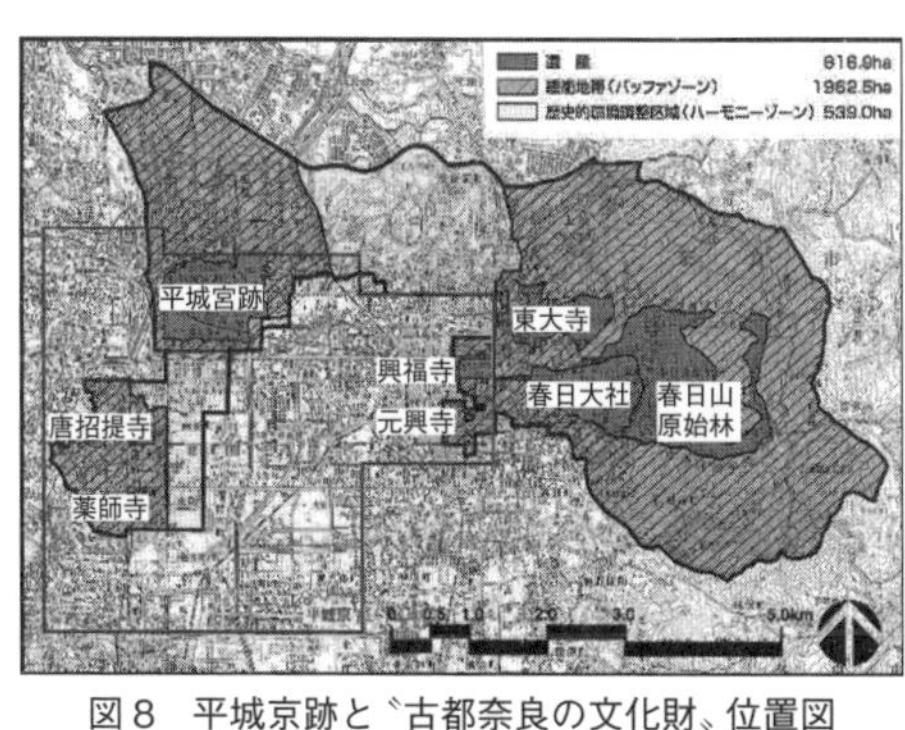

図８　平城京跡と〝古都奈良の文化財〟位置図

地図を見ると、不思議なことに気づきます。平城京は、唐の都・長安をモデルに、朱雀大路と呼ばれる大道を軸に左右対称に作られたはずなのに、東大寺・春日大社・春日山原始林は大きく東に外れ、興福寺・元興寺も京域の東に突き出ています。**私たちが〝古都奈良〟の中心と思って訪れる場は、実は平城京の〝東のはずれ〟**という事実です。

一方で「西の京」と呼ばれて都の西郊と思っている薬師寺・唐招提寺の方が京域にきちんと収まっています。どうしてこんなことになったのでしょうか。

実に不可解です。知的好奇心を掻き立てられます。構成資産、特に社寺は、多くの方が訪れておられるでしょうし、社宝・寺宝を含む紹介・解説には到底紙面が足りません。そこで、ここでは配置の不可思議さに焦点を絞って謎解きを進めてゆきましょう。〝古都奈良〟を見る目が変わってくるかもしれません。

謎解きは「古都奈良の文化財」一三〇〇年の俯瞰から

謎に迫る一歩として「古都奈良の文化財」の一三〇〇年を俯瞰してみましょう（表10）。構成資産の〝来歴〟が三つに分かれることに気づきます。

①**元々あった資産**：春日山原始林。京都に都が移った後の承和八年（八四一）改めて勅命で狩猟・伐採が禁じられた〝神宿る山〟です。

②**遷都により飛鳥・藤原の地から移ってきた資産**：興福寺・元興寺・薬師寺。

③**新たに作られた資産**：平城宮・東大寺・唐招提寺・春日大社。

しかし、地図と見比べても〝来歴〟と〝配置〟は符合しません。特に〝東のはずれ〟に重心が置かれるようになった理由は霧の中です。

鍵となる春日山原始林・春日大社・興福寺の立地

なぜ〝東のはずれ〟が〝中心〟となり、今に引き継がれているのでしょうか。

〝東のはずれ〟には〝来歴〟を異にする三つの資産、春日山原始林・春日大社・興福寺が展開しています。その関係に謎解きの答えがありそうです。結論を先取りすれば〝藤原氏つながり〟です。

興福寺が**藤原氏の氏寺**（うじでら）であることは有名ですが、**春日大社**は、神護景雲二年（七六八）称徳天皇の勅命により春日山原始林の麓に武甕槌命（たけみかづちのみこと）・経津主命（ふつぬしのみこと）・天児屋命（あめのこやねのみこと）・比売神（ひめがみ）四柱を勧請して造営されました。

鍵を握っているのは天児屋命です。天照大御神（あまてらすおおみかみ）が岩戸に隠れた際、祝詞（のりと）を唱え、それを聞いて大御神が僅かに岩戸を開けた時、鏡を差し入れた神と伝わりますが、**藤原氏・中臣氏の祖先神**として生駒山（いこまやま）西麓の枚岡（ひらおか）神社（大阪府東大阪市）で祀られていた神だからです。比売神は天児屋命の夫人と言われ、春日大社は**藤原氏の氏神**（うじがみ）となります。

表10 「古都奈良の文化財」の1300年

時代	年	出来事
平城創建	和銅3年(710)	遷都 藤原不比等、大和国高市郡の厩坂寺を現在地に移し興福寺と号す 714年金堂供養。
	養老2年(718)	藤原京にあった薬師寺、飛鳥にあった元興寺を現在地に移す。
	4年(720)	不比等薨去。造興福寺仏殿司を置き、不比等ゆかりの歴代の天皇・皇后により堂塔・諸仏の造立が続く。
	神亀5年(728)	聖武天皇、1年足らずで夭折した皇太子のため山房(金鐘寺、東大寺の現在地)を建てる。
	天平2年(730)	薬師寺東塔建立(現存)。
	13年(741)	聖武天皇、恭仁京で国分寺・国分尼寺建立の詔。金鐘寺を大和国分寺(金光明寺)とする。
	15年(743)	聖武天皇、紫香楽宮で大仏(毘盧遮那仏)造顕の詔。
	17年(745)	平城還都。大和国分寺を総国分寺とし造東大寺司設置。大仏建立協力の薬師寺僧行基に大僧正位。
	天平勝宝4年(752)	大仏開眼供養会。その後、西塔・東塔等造営。東大寺七堂伽藍整う。
	天平宝字3年(759)	754年来日の鑑真のために、現在地に唐招提寺建立開始。如法が伽藍を整備。
	神護景雲2年(768)	藤原氏の祖先神を祀る春日大社創建(現在地、以降ほぼ20年ごとに式年造替)。
平安時代	承和8年(841)	勅命により春日山における狩猟・伐採禁止(現在に至る)。
	長承4年(1135)	春日大社若宮創建。
	平安時代末期	元興寺、僧房の一部を改造して極楽坊開設。以降、庶民の〝生きた信仰〟の場となる
兵火焼失→鎌倉再建	治承4年(1180)	東大寺の伽藍大半、興福寺の全伽藍、平重衡の兵火により焼失。
	養和元年(1181)	俊乗坊重源、東大寺復興着手。興福寺も再興始まる。
	文治元年(1185)	後白河法皇を導師に大仏開眼。10年後に大仏殿落慶。東大寺復興には宋移入の大仏様適用。
	建久2年(1194)	興福寺、伝統様式(和様)でほぼ元通りに伽藍復活。その後、慶派仏師により諸仏造立。
	鎌倉時代	唐招提寺、平安時代末に荒廃したが鎌倉時代に修造・再建が続き、五重塔を雷火で失った以外は現存。
兵火焼失→江戸再建	宝徳3年(1451)	元興寺、大半焼失(その後、十分な再建は叶わなかった)。
	享禄元年(1528)	薬師寺、金堂・西塔・講堂等、兵火により焼失(その後の再建には時間と経費を要した)。
	永禄10年(1567)	東大寺、二月堂・法華堂・正倉院等わずかな建物を残して三好・松永の乱の兵火により焼失。
	元禄5年(1692)	公慶上人の諸国勧進をもとに大仏開眼。17年後に大仏殿落慶
	享保2年(1717)	興福寺、中金堂・南円堂等焼失。南円堂は再建できたが、篤志家寄進による中金堂仮堂再建は1819年。
近・現代	明治5年(1872)	元興寺極楽坊無住となり西大寺預かりとなる。
	39年(1906)	東大寺、明治の大修理(～1912)。昭和48～55年にも昭和の大修理。
	大正11年(1922)	平城宮跡を史跡指定(1952年特別史跡指定、宮跡内の東院庭園は2010年特別名勝指定)。
	13年(1924)	春日山原始林を天然記念物指定(1955年特別天然記念物指定)。
	昭和34年(1959)	興福寺国宝館建設。以降、各建物の解体修理を重ね平成30年(2018)中金堂再建落慶。
	41年(1966)	古都における歴史的風土の保存に関する特別措置法制定。京都・鎌倉とともに適用。
	43年(1968)	薬師寺、お写経勧進による白鳳伽藍復興を開始。
近・現代	51年(1976)	薬師寺、写経百万巻達成し金堂落慶(1981年西塔、1984年中門、2003年大講堂、2017年食堂落慶)。

武甕槌命・経津主命は、葦原中国を大己貴神から天孫に譲らせる大役を果たしたと伝わる神々ですが、武甕槌命は鹿島神宮（茨城県鹿嶋市）、経津主命は香取神宮（千葉県香取市）で祀られてきました。明治以前に〝神宮〟と呼ばれたのは伊勢・鹿島・香取の三神宮だけでした。二柱の神は**藤原氏の守護神**と位置づけられてゆきます。東国の二神は白い鹿に乗って来臨したと言われ、**奈良公園の鹿は天然記念物**に指定されています。

山房が東大寺となったことで〝東のはずれ〟が〝中心〟に

現在目にする大仏と東大寺の威容、正倉院の聖武天皇遺愛の品々から、社会は安定し東大寺は国の大寺として現在地に計画的に整備されたと思いがちです。しかし実際は、北九州で起こった藤原広嗣の乱制圧の知らせも聞かぬまま、聖武天皇は天平十二年（七四〇）平城京を突然捨てて東国に向かい、新規に建設した恭仁京（京都府木津川市）・紫香楽宮（滋賀県甲賀市）、さらには難波宮（大阪府大阪市中央区）を転々とします。世に〝彷徨五年〟と呼ばれています。

国分寺・国分尼寺建立の詔は天平十三年、恭仁京で発せられ、大仏（毘盧遮那仏）造立の詔は天平十五年、紫香楽宮で出されました。天平十七年、奈良に戻った聖武天皇は、一年足らずで夭折した皇太子のために建てた山房を総国分寺（金光明四天王護国之寺＝東大寺）とし造東大寺司を設置します。

山房が総国分寺とされたことと山房を〝藤原氏の聖地〟が取り巻くこととには深い関わりがありました。聖武天皇は母も妻も藤原不比等の娘です。夭折した皇太子も姉の孝謙天皇（重祚して称徳天皇）も不比等の娘・安宿媛（光明皇后）の出生でした。こんな関係です。

かくして、春日山原始林という〝神宿る山〟を核に、〝東のはずれ〟は〝奈良の都〟の中心となりました。天皇家と藤原氏の崇敬が続くことで平安時代以降もその勢威を維持し続けました。

そのようにたどってみると、遣唐留学生として唐に渡り、唐王朝高官となって、かの地で没した阿倍仲麻呂（六九八

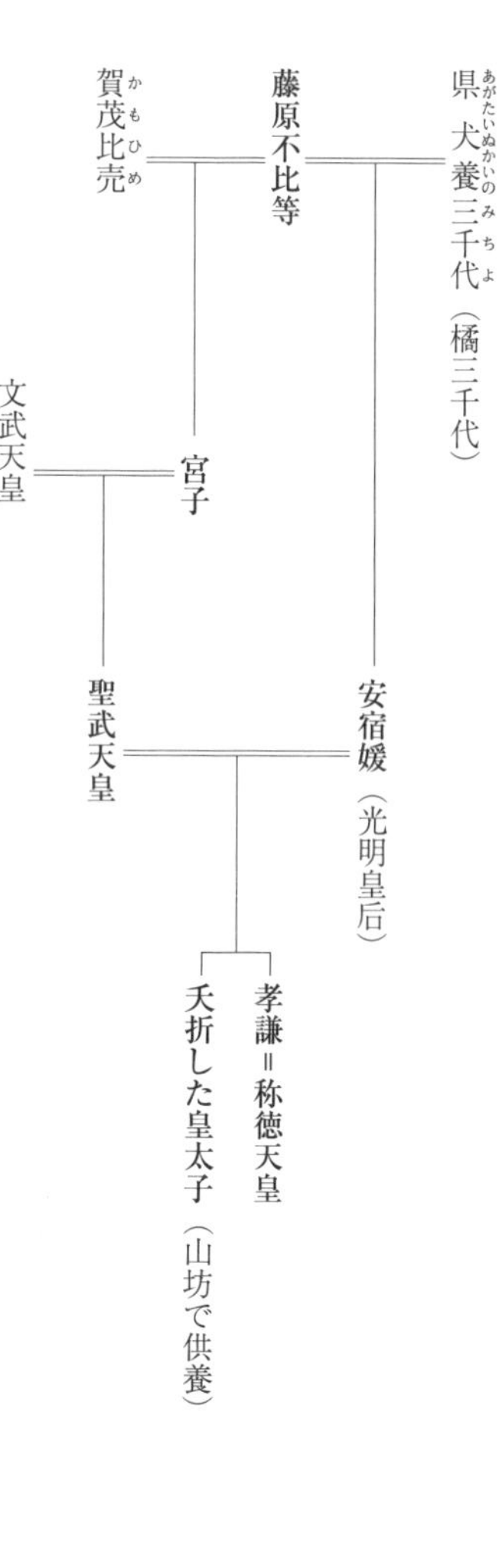

〜七七〇）作と伝わる一首「天の原　ふりさけみれば　春日なる　三笠の山に　出でし月かも」には〝古都奈良〟の成り立ちと展開の妙が歌い込められていると言えそうです。

〝信仰〟によって〝暮らしと景観〟を生んだ元興寺・薬師寺・唐招提寺

〝東のはずれ〟が中心となっていく一方で、**国家の庇護に頼ることなく、民衆の信仰と暮らしの場、奈良らしい都市景観を生み出し今に繋がっているのが元興寺・薬師寺・唐招提寺です。**

日本最初の寺・飛鳥寺に起源する元興寺は平安時代半ばから衰退し始めますが、僧房の一部を改造した極楽坊が**浄土信仰の場**となり、元興寺敷地の大半は奈良に暮らし働く人々の拠点〝**ならまち**〟となっています（図9）。

薬師寺・唐招提寺も平安時代以降は自力での維持を基本とし、平城京の跡地のほとんどが田畑か住宅地となっているなか、両寺は「**西の京**」**と呼ばれる独特の地域景観**を生み出しました。唐招提寺は、五重塔を雷火で失った以外は、

図９　元興寺と〝ならまち〟

創建時ないし鎌倉期再建時の伽藍を維持しています。**鑑真和上敬慕の念**に支えられてのことでしょう。薬師寺も、享禄元年（一五二八）の兵火による焼失で甚大な損失を被りましたが、**地道な復興の努力**が重ねられてきました。時を経た昭和四十三年（一九六八）、当時の管主、故・高田好胤師が発した「お写経勧進による白鳳伽藍復興」には多くの民が結集し、創建時の東塔と調和した完全復興を達成しつつあります。

「古都奈良の文化財」第三の姿・平城宮跡

春日山原始林と春日大社・興福寺・東大寺が形作る政治的な空間を「古都奈良の文化財」の第一の姿、元興寺・薬師寺・唐招提寺が成り立たせてきた民衆的な世界を第二の姿とすれば、遺跡復元が生んだ**第三の姿が平城宮跡**です。都が遷るなか、平城京は田畑に戻り平城宮は遺跡となりましたが、丁寧な調査・研究・復元で往時を実感できるまでになっています。この過程自体も日本の世界文化遺産の特徴の一つです。

奈良時代と言うと、正倉院に伝わる絢爛優美な聖武天皇遺愛品や大仏の威容と、権謀渦巻く政争の連鎖という両極端の姿を思い浮かべがちですが、世界文化遺産登録の〝八つの構成資産〟が見せてくれる世界は一味違うことを実感していただけたでしょうか。ご自身の目と足で改めてご確認ください。

日本及び日本文化を象徴する山…「富士山—信仰の対象と芸術の源泉」

紫式部が『源氏物語』絵合帖で「物語の出で来はじめの祖なる」と称えた『竹取物語』最後の場面を覚えておら

れるでしょうか。かぐや姫が月に還ってしまった後の憔悴しきった帝（天皇）の行動を次のように描き出しています。

大臣・上達部を召して「何の山か天に近き。」と問はせ給ふに、ある人奏す。「駿河の国（静岡県）にあるなる（あるという）山なむ、この都も近く、天も近く侍る。」と奏す。

これを聞かせ給ひて、

逢ふことも なみだに浮かぶ わが身には 死なぬ薬も 何にかはせむ

かの奉る**不死の薬**、御文、壺具して（＝添えて）御使に賜はす。勅使には調石笠といふ人を召して、駿河の国にあんなる**山の頂**に持て着くべきよし仰せ給ふ。嶺にてすべきやう教へさせ給ふ。御文・不死の薬ならべて火をつけて燃やすべきよし仰せ給ふ。そのよし承りて、士どもあまた（富）具して山へ登りけるよりなん、その山を富士の山とは名づけける。**その煙いまだ雲の中へ立ち昇る**とぞ言ひ伝へたる。

（強調＝引用者）

『竹取物語』最後の場面が駿河にある「天近き煙立つ山の頂」であることは、富士山が「信仰の対象」にして「芸術の源泉」と位置づけられるにふさわしい描写です。また、『竹取物語』の時代設定を考えると、遅くとも「日本」という国家が誕生する前後から富士山がそう見られていたことが理解されます。

〝信仰と芸術〟を生み出す〝文化的存在〟

「自然遺産」ではないのかと問われる人もいますが、〝天近き〟と言っても、三七七六メートル以上の山は世界には無数と言ってよいほどあります。アルプス山脈だけで四〇〇〇メートル以上の山は四十八座も聳えています。富士山にはここだけと言い切れる生態系があるわけでもありません。

私たちが富士山を〝美しい〟と感じ〝愛着〟を持つのは私たちのアイデンティティの源だからです。そこから、登録

の基準（iii）（vi）が適用されました。（強調＝引用者）

（iii）ある文化的伝統や文明の存在を伝承する証明する無二の存在

独立成層火山としての荘厳な富士山の形姿は、間欠的に繰り返す火山活動により形成されたものであり、古代から今日に至るまで山岳信仰の伝統に息吹を与えてきた。**山頂への登拝と山麓の霊地への巡礼を通じて、巡礼者はそこを居処とする神仏の神聖な力が我が身に吹き込まれることを願った。**これらの宗教的関連性は、その完全な形姿としての展望を描いた無数の芸術作品を生み出すきっかけとなった富士山への深い憧憬、その恵みへの感謝、自然環境との共生を重視する伝統と結び付いた。**一群の構成資産は、富士山とそのほとんど完全な形姿への崇敬を基軸とする生きた文化的伝統の類い希なる証拠**である。

（vi）顕著な普遍的価値を有する出来事や生きた伝統などとの密接な関連

湖や海から立ち上がる独立成層火山としての富士山のイメージは、**古来、詩・散文その他の芸術作品にとって、創造的感性の源泉であり続けた。**とりわけ十九世紀初頭の葛飾北斎や歌川広重による浮世絵に描かれた富士山の絵は、西洋の芸術の発展に顕著な衝撃をもたらし、今なお高く評価されている富士山の荘厳な形姿を世界中に知らしめた。

英文登録名も〝Fujisan, sacred place and source of artistic inspiration〟とあって、富士山（及び周辺地域）の聖性とそれが芸術的感性を呼び覚まし続けてきたことを端的に表現しています。

〝文化的存在〟を表す構成資産の内訳

こうした〝文化的存在〟である富士山を形作る構成資産は一県十二市町二十五件にも上っています。葛飾北斎の「富嶽三十六景」や山部赤人の和歌に惹かれて「芸術の源泉」としての富士山を表す構成資産が多いと思いがちですが、世界文化遺産は有形物が対象ですので、神社や信仰の道（登山道）・水垢離（みずごり）の場（忍海八海等（おしみ））が集中的に選ばれています。二十五件全てが「信仰の対象」として選ばれ、うち二件が「芸術の源泉」との重複選定です（図10）。

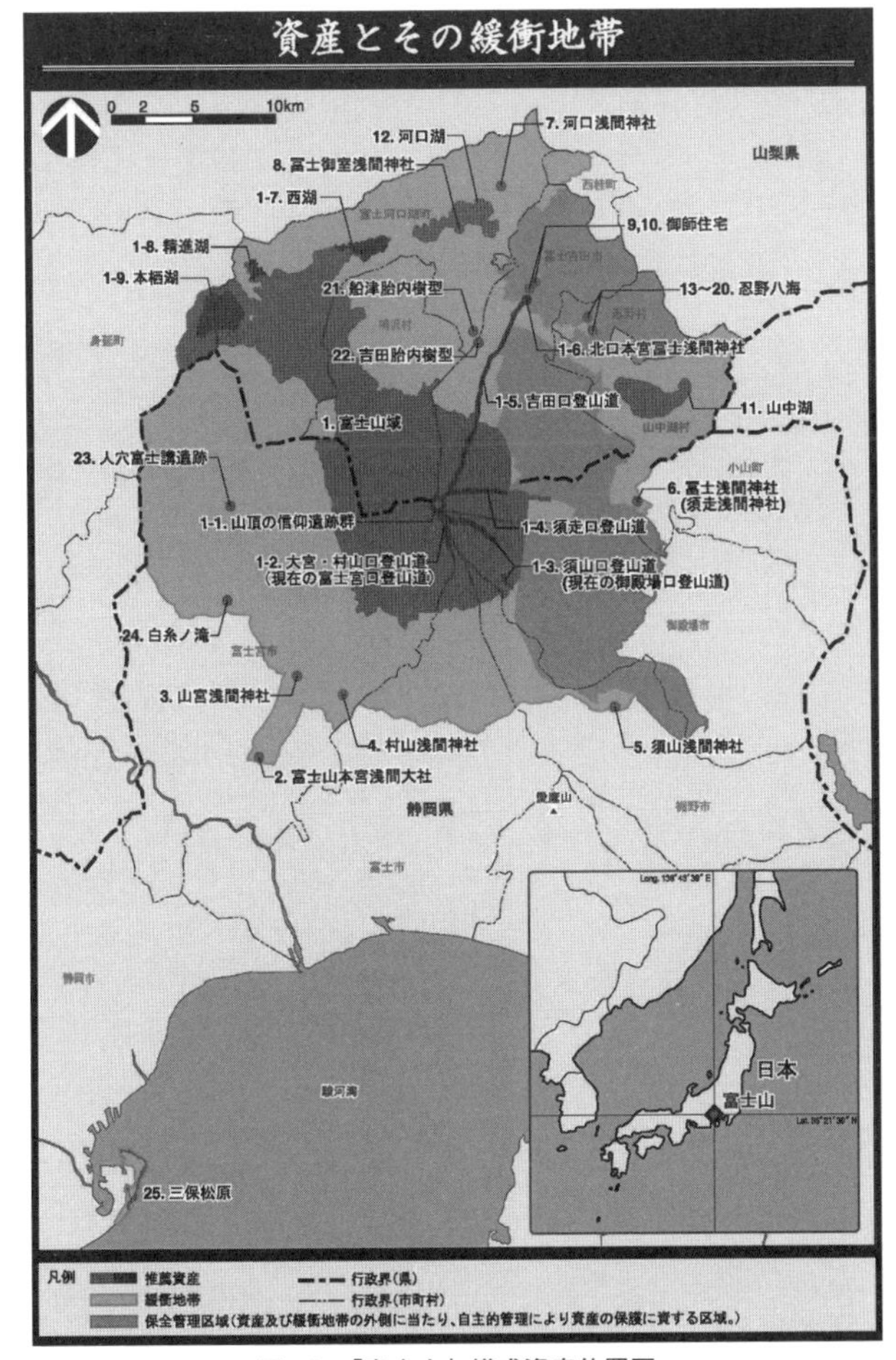

図10 「富士山」構成資産位置図

構成資産から辿る「富士山」信仰の歴史

構成資産に従って「富士山」信仰の歴史を辿ってゆきましょう。

【起源は遥拝】『常陸国風土記』に「福慈」、『万葉集』に「不盡」と書かれた富士山は、奈良時代末の天応元年（七八一）から**噴火を繰り返す〝火の山〟の顔**を見せ始めます。〝火の山〟への畏敬と鎮めの祀りは本格化し、遠くから富士山を拝む**〝遥拝〟**が始まったと見られています。拝殿も本殿もない山宮浅間神社（富士山本宮浅間大社の元宮・山宮）は当時の面影を残す貴重な構成資産です。本宮・山宮ともに静岡県富士宮市に所在します。

【駿河・甲斐両国一の神社に】延長五年（九二七）完成の法令集『延喜式』に駿河・甲斐（山梨県）両国のそれぞれ唯一の名神大社として浅間神社が載せられています。天応元年（七八一）、延暦十九～二十一年（八〇〇～八〇二）、貞観六～八年（八六四～八六六）と続いた**大噴火を鎮める国家的祈り**が求められたからでしょう。富士山本宮浅間神社が駿河側の名神大社です。河口浅間神社（山梨県富士河口湖町）が甲斐側の名神大社候補と見られています。

【遥拝から登拝へ】その後も承平七年（九三七）、長徳五年（九九九）、長元六年（一〇三三）と噴火が続きましたが、永保三年（一〇八三）の噴火後、活動は休止状態となり、**修験者たちが浅間大神の霊力を求めて山中に**入るようになります。この頃までには古来の神祭りと仏教は習合し、陰陽道・神仙思想も組み合わされた日本独特の信仰形態が生まれていました。富士山山頂は大日如来が神の姿〝浅間大菩薩〟として現れる場所とみなされ、**山頂部到達が特別な意味**を持つようになります。**〝登拝〟**が重視され出しました。山頂の信仰遺跡群はその証です。十五世紀には登山道の原形が形成され、修験者に引率されての庶民の信仰登山も増えてゆきます。構成資産である一連の〝登山道〟や富士山を取り巻く〝浅間神社群〟は、それ以来の〝生きた信仰〟を伝える構成資産群です。

【富士講の成立と展開】江戸幕府の成立による治安の安定、経済の発展を受け、庶民の富士山登拝は活況を呈してゆきます。富士山は江戸の街から一際高く見えます。富士山が民と国とを守っているという感覚に人々は誘われます。

〝富士講〟が各地で組まれ、**人々は〝御師(おし)〟に導かれて山頂を目指しました。**人々はまた山麓の風穴や溶岩樹形、湖沼・湧水・滝などの巡礼を重ねました。御師住宅、人穴(ひとあな)富士講遺跡、船津・吉田の胎内樹型(たいないじゅけい)、富士五湖、忍海八海、白糸の滝などがその様子を伝えくれる構成資産です。そこで最も重要なことは、そうした資産は**〝生きた信仰〟の場としてあり続けていることです。**

富士なのにどうして浅間神社？…意外と深い謎！

そのように見てきたとき、薄々感じていた疑問が頭をもたげてきます。神社が全て浅間神社で、富士神社ではないことです。〝富士〟や〝富士〟を被っていても〝浅間神社〟です。また、現在は〝浅間〟を〝せんげん〟と呼んでいますが、『延喜式』などは〝あさま〟の読みを伝えています。これだけの聖山、まさに〝信仰の対象〟なのに、どうして富士神社ではないのでしょうか。

〝あさま〟と聞いて思い出すのは群馬・長野県境の火山・浅間山です。ところが、ここでまた不思議なことに出会います。群馬側にも長野側にも『延喜式』以来の浅間神社は見当たりません。それだけではありません。『延喜式』二八六一社のうち浅間神社は駿河・甲斐の名神大社二社と但馬(たじま)国養父(やぶ)郡の小社一社（兵庫県養父市八鹿町(ようかちょう)）だけです。

〝あさま〟は〝火の山〟を指す言葉で〝あそ〟とも通ずるという説があります。しかし阿蘇山の近くに浅間神社はありません。それどころか、全国の火山の近くに古くからの浅間神社は見当たりません。

もしかすると、富士山の本来の呼び名が〝あさま〟だったのかもしれません。火の山だから、今の浅間山も〝あさま〟と呼ばれるようになり、元々の〝あさま〟は富士に、新しい〝あさま〟が浅間になったのかと妄想してしまいます。まるで樹海に紛れ込んだような妄想ですが、そんなことも考えながら、富士の浅間神社をお参りし続けるのも一興かもしれません。

列島に広がる〝富士山〟と〝遥拝〟

江戸時代に戻りましょう。富士講で富士山に参れるのは何年に一度のこと。この場で〝遥拝〟はできないものか。人々は名案を実行します。

第一は富士山に似た近くの山を**〝ご当地富士〟**と呼ぶ案。北海道から沖縄まで四百以上の〝ご当地富士〟があります。頭に浮かぶ山もありますでしょう。

第二の案は富士山や〝ご当地富士〟が見える場を**〝富士見台〟**と称して**〝遥拝〟の地**とする案。二十五以上の市町村に地名として生きています。〝富士見○○〟にまで広げれば、それは膨大な数の地名となります。「そう言えば、家の近くにも」と思われる方はきっと多いことでしょう。

第三は、関東中心ですが〝ミニ富士〟築造案。**〝富士塚〟**と呼ばれ、富士山山開きの日に富士講結社が登拝する風習が続いている所もあります。

それほどまでに私たちは**〝富士〟を愛し〝遥拝〟**し続けています。まさに「信仰の対象」です。**富士山周辺だけでない点に根の深さ**が感じられます。

それだけに〝富士〟は歌に詠まれ絵に描かれ芝居の舞台とされてきました。建造物や自然、文化的景観という構成資産の性格から〝芸術の源泉〟を代表する構成資産は三保松原(みほのまつばら)と富士山域(特に本栖湖(もとすこ))だけですが、〝富士山〟はまさに「芸術の源泉」の宝庫です。

千年の都と多様化する〝日本〟

千年の都…「古都京都の文化財」

〝永久の都〟を目指した平城京でしたが、七十四年で長岡京（京都府長岡京市）に遷都しました。桓武天皇の延暦十三年（七九四）のことです。爾来、平安京は明治元年（一八六八）までの一〇七四年の間、日本の〝首都〟であり続けました。まさに〝千年の都〟です。この〝千年の都〟を表現している世界文化遺産が「古都京都の文化財（Historic Monuments of Ancient Kyoto）」です。

「古都京都の文化財」は**賀茂別雷神社**（以下、上賀茂神社）・**賀茂御祖神社**（以下、下鴨神社）・**清水寺**・**教王護国寺**（以下、東寺）・**延暦寺**・**醍醐寺**・**仁和寺**・**平等院**・**宇治上神社**・**高山寺**・**西芳寺**（苔寺）・**天龍寺**・**鹿苑寺**（金閣寺）・**慈照寺**（銀閣寺）・**竜安寺**・**本願寺**（以下、西本願寺）・**二条城**の十七の構成資産で成り立っています。なるほどと思う反面、伏見稲荷大社、広隆寺、八坂神社、北野天満宮、三千院…は、なぜ入っていないのかと思われる方もあるでしょう。

もっともですが、その点については後で考えるとして、こんなことを言う方もあります。

「京都市中に平安時代の建物なんかない。」

再建・修復が生んだ〝千年の都〟の景観

「えっ！」と思うのですが、構成資産を地図に落とすと、京都の中心市街にあるのは二条城・西本願寺・東寺だけ。清水寺は鴨川の東。高山寺・鹿苑寺・龍安寺・仁和寺・天龍寺・西芳寺は西北に外れ、上賀茂神社は北に、下鴨神社と慈照寺は東に外れ、醍醐寺は伏見（京都市編入は昭和六年［一九三一］）。平等院と宇治上神社は宇治市。延暦寺の寺域の

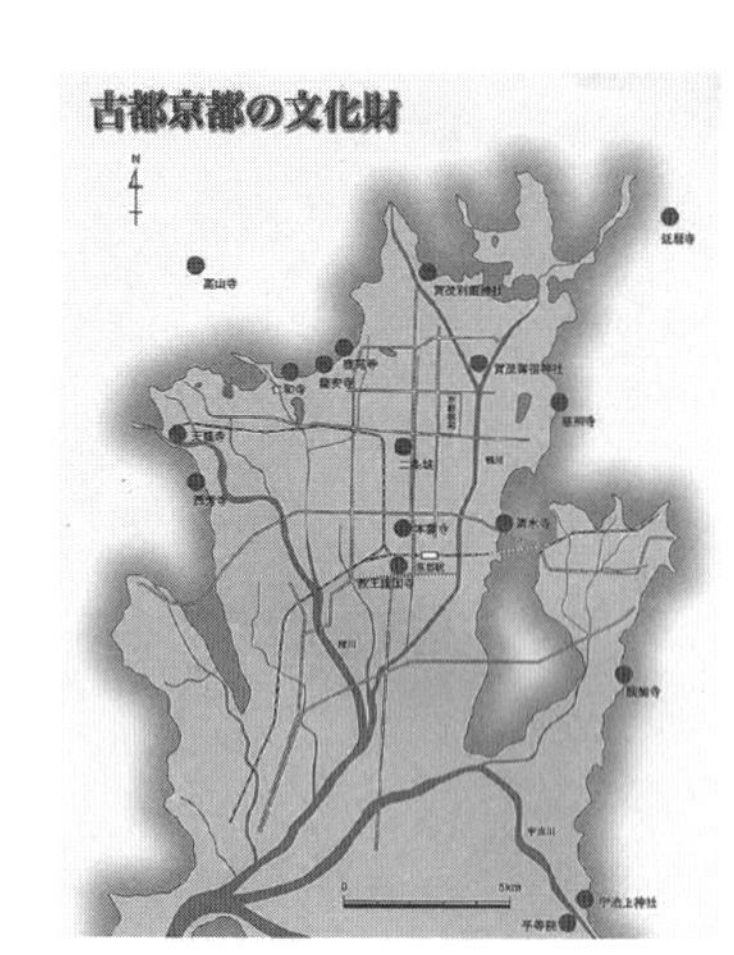

図 11　「古都京都の文化財」構成資産位置図

大部分は滋賀県大津市に属しています。一理ありそうです（図11）。

そこで改めて十七の構成資産の所在、創建事情とその後の経緯、それぞれの現存建造物の建設年代を一覧にまとめてみました（表11）。**創建年代**は平安遷都以前（上賀茂神社・下鴨神社・清水寺）、平安時代（東寺～平等院・宇治上神社）、一二〇六年（高山寺）、室町時代（西芳寺～龍安寺）、江戸時代初頭（西本願寺・二条城）と続いています。**ほぼ全時代にまたがっています。**まさに〝千年の都〟です。**平安時代創建の建造物も半数に上ります。**

対して、**現存建造物**は天暦五年（九五一）の**醍醐寺五重塔が最古**で、天喜元年（一〇五三）の平等院鳳凰堂、同時期の宇治上神社が続きますが、**他はほとんどが寛永年間**（一六二四～一六四四）**を中心とする江戸時代初期の再建ないし造替**です。平安時代創建のままの建造物は伏見に一棟、宇治市に二件ですから、確かに京都市街地にはありません。

つまり、**創建は全時代にわたるが、〝千年の都・古都京都〟と見ている風景は江戸時代初期に再建・修復された景観**です。それでは価値がないのかと言うと、全く逆です。そこにこそ価値があります。

〝首都〟ゆえに他地域以上に兵火や延焼を受けやすい状況のなかで、**創建当初の価値を失うことなく、時に新しい価値を付け加えての再建・修理が続いた**ということです。特に江戸幕府は、〝江戸〟を実質的な首都としながらも京都を内実ともに〝日本の中心〟とし続けるために莫大な富と時間を注ぎ込みました。

このことに早くから気づいていた碩学がいました。戦後京都学派の中心人物の一人、故・林屋辰三郎（一九一四～一九九八）です。半世紀も前に書かれた岩波新書『京都』で次のように述べられていました。

表11 〝古都京都の文化財〟の所在・創建等・現存最古建造物一覧

構成資産	所在	創建等	焼失等	現存最古
賀茂別雷神社（上賀茂神社）	北区	七世紀末にはすでに有力な寺院としてあったと伝わる		寛永五年（一六二八）造替の細殿 文久三年（一八六三）造替の本殿・権殿も現存
賀茂御祖神社（下鴨神社）	左京区	八世紀中ごろ、賀茂別雷神社（上賀茂神社）から分立したと伝わる		寛永五年（一六二八）造替の祝詞舎 文久三年（一八六三）造替の東本殿・西本殿も現存
教王護国寺（東寺）	南区	延暦一五年（七九六）官寺として創建 弘仁一四年（八二三）空海に下賜される	文明一八年（一四八六）文明の土一揆で金堂・講堂・南大門など焼失	康暦二年（一三八〇）再建の大師堂 金堂は慶長八年（一六〇三）・落雷で焼失した五重塔は寛永二一年（一六四四）の再建
清水寺	東山区	宝亀一一年（七八〇）私寺として創建 延暦二四年（八〇五）桓武天皇勅願寺となる	康平六年（一〇六三）の火災以来、寛永六年（一六二九）の焼失まで、記録に残るだけで九回焼失	寛永一〇年（一六三三）再建
延暦寺	大津市・左京区	延暦七年（七八八）最澄建立	火災の度に再建が繰り返されてきたが、特に元亀二年（一五七一）の織田信長の兵火で伽藍の大半焼失	根本中堂は寛永一七年（一六四〇）再建 それ以前の堂舎もあり
醍醐寺	伏見区	貞観一六年（八七四）山上伽藍（上醍醐）・延喜四年（九〇四）平地伽藍（下醍醐）整備開始と伝わる	応仁・文明の乱で荒廃	天暦五年（九五一）五重塔 安土・桃山期に入り豊臣秀吉・秀頼により再建・復興がなされた
仁和寺	右京区	仁和四年（八八八）宇多天皇勅願寺として完成	応仁の乱（一四六七－一四七七）の東軍（細川方）の兵火で全伽藍焼失	寛永一八（一六四一）～正保三年（一六四六）に再興
平等院	宇治市	藤原道長の別荘を永承七年（一〇五二）息子の頼通が寺院に改める	建武三年（一三三六）の兵火で大半の伽藍焼失	永承八年（一〇五三）創建の阿弥陀堂（鳳凰堂）は現存
宇治上神社	宇治市	元々の創建年代は不明だが、平等院の鎮守として平安時代後期に整備される		本殿は平安時代後期、拝殿は鎌倉時代初期と見られ、現存する最古の神社建築
高山寺	右京区	宝亀五年（七七四）創建と伝わる寺を元に建永元年（一二〇六）明恵上人創建	中世戦乱期に荒廃	寛永一一年（一六三四）再興
西芳寺（苔寺）	西京区	天平三年（七三一）創建と伝わる寺を元に暦応二年（一三三九）夢窓疎石禅寺創建	文明元年（一四六九）兵火により全建物焼失	庭園は全面苔に覆われた形で暦応二年（一三三九）創建時以来の姿を伝える
天龍寺	右京区	建長七年（一二五五）創建の離宮を暦応二年（一三三九）禅寺に改める	度々の兵火で主要伽藍焼失	明治三二・三三年（一八九九・一八九〇）再建、庭園の一部は暦応二年（一三三九）創建時の姿を伝える

鹿苑寺（金閣寺）	北区	応永四年（一三九七）足利義満別邸を応永二九年（一四二二）禅寺に改める	昭和二五年（一九五〇）金閣焼失	庭園は応永年間（一三九四－一四二八）創建時の姿を伝える。金閣は昭和三〇年（一九五五）復元的に再建
慈照寺（銀閣寺）	左京区	文明一四年（一四八二）足利義政造営の別邸を死後、延徳二年（一四九〇）禅寺に改める	戦国時代に荒廃	文明一七年（一四八五）建築の東求堂・長享三年（一四八九）建築の銀閣現存
龍安寺	右京区	貴族別邸を宝徳二年（一四五〇）禅寺に改める	寛政九年（一七九七）方丈焼失	長享二年（一四八八）復興の方丈庭園は創建時の姿を伝える。方丈焼失を受け慶長一一年（一六〇六）造営の西源院を移築
本願寺（西本願寺）	下京区	天正一九年（一五九一）豊臣秀吉寺地寄進 寛永一〇年（一六三三）完成		創建時の形ほぼそのまま現存
二条城	中京区	慶長八年（一六〇三）造営開始 寛永三年（一六二六）天守・本丸御殿・二の丸御殿拡張・修復工事		二の丸御殿等は創建時のまま現存

応仁・文明の乱が京都を焦土となし、古都は滅び去ったはずであるのに、なおも千年の古都と称し得る理由は、いったいどこにあったのだろうか。わたくしは、**王朝の遺跡のことごとくが、桃山の遺産によって復興されている事実をつきとめ、慶長・元和・寛永という時期が京都の歴史に占める位置**を確認することによって、その解答を得ることができたように思う。（「はしがき」強調＝引用者）

〝庭園と建築の意匠〟に焦点

一方で、表からは、西芳寺・天龍寺・鹿苑寺・慈照寺・龍安寺などの庭園が創建当時の姿をほぼそのままの形で維持していることが分かります。

この事実を考えると、〝登録の基準〟（ⅱ）（ⅳ）が適用されたことが理解されます。

（ⅱ）ある期間あるいは文化圏内での価値観の交流を示す建築物群

京都は、**八世紀から十七世紀にかけて、宗教及び非宗教の建築及び庭園の意匠における発展の中心**であった。そのため、京都は日本の文化的伝統の形成に決定的な役割を果たし、その結果、**十九世紀以降には、特に庭園の分野において世界の他の地域に重大な影響を与えた**。（強調＝引用者、以下同）

(ⅳ) 歴史上の重要な段階を物語る建築物等や景観を代表する顕著な見本

京都に残された記念工作物に見る**一群の建築及び庭園の意匠は、近代以前の日本の物質文化のこの側面における最高の表現がある**。

〝登録の基準〟と構成資産を比べてみると、「古都京都の文化財」は**〝千年の都〟を舞台に〝建築と庭園の意匠（デザイン）〟に焦点を当てた歴史絵巻**と言えそうです。〝庭園と建築の意匠（デザイン）〟に注目しつつ、京都市情報館公式サイトの端的な詞書きを導きに「古都京都の文化財」絵巻を紐解いてゆきましょう。

典型的な意匠〝流造〟を創造…上賀茂・下鴨両神社

一幅目は上賀茂・下鴨、両神社です。古くから存在していましたが、平安建都以降、国家鎮護の神社として朝廷の崇敬を集め、戦国の世を経た十六世紀の後半以降、平安期の再現が図られてきました、現在の上賀茂神社本殿・権殿、下鴨神社東本殿・西本殿は全て文久三年（一八六三）の造替時に建て替えられたもので、古代の神社建築意匠を現在に繋いでいます。両社の中心となるこの四つの建物は全て〝**流造**（ながれづくり）〟と呼ばれる形式です。神社建築には神明造（しんめいづくり）（伊勢神宮など）、春日造（かすがづくり）（春日大社など）、大社造（たいしゃづくり）（出雲大社など）、住吉造（すみよしづくり）（住吉大社など）、八幡造（はちまんづくり）（宇佐神宮など）などがありますが、〝流造〟は日本の神社の中で最も多い型式です。

多様性と豊穣を生み出した五つの寺院

二幅目には清水寺・東寺・延暦寺・醍醐寺・仁和寺の五つの寺が描かれています。遷都直前から平安時代前葉創建の諸寺ですが、意匠ばかりでなく、政治・仏教両面でその後の**日本の多様性と豊かさを生み出した原点**となりました。

清水寺と言えば〝清水の舞台〟と呼ばれる本堂の〝懸造り〟。現本堂は寛永年間の再建ですが、十三世紀にはその景観は成立していたと見られています。また境内には江戸時代初期の借景技法を用いた庭園が設けられています。

東寺は平安京南端を押さえる国家鎮護の官寺として建てられましたが、四半世紀後の弘仁十四年（八二三）弘法大師・空海に下賜され真言密教の道場となります。五重塔は寛永年間の再建ですが、復古的意匠を持ち、京都現存塔の中では最高の高さを示しています。

延暦四年（七八五）、伝教大師・最澄が開いた延暦寺は日本天台宗の総本山であると共に法然、栄西、親鸞、日蓮ら仏教各派の始祖修行の寺でもありました。唐で学んだ最澄は、天台教学を柱としつつも戒律・密教・禅の〝四宗相承〟の考えに立って延暦寺を総合大学化し、最澄の継承者である慈覚大師・円仁が、唐土での学びの後、その方向をいっそう強めた成果でしょう。

醍醐寺は〝上醍醐〟〝下醍醐〟に分かれ、上醍醐薬師堂は平安時代初期の仏堂形式を伝え、下醍醐には**京都府下最古の五重塔**が立っています。豊臣秀吉増改築の下醍醐三宝院庭園は池泉回遊式と枯山水の折衷様式と評価されています。

仁和寺は宇多天皇の勅願寺です。皇族が住職を務める**〝門跡寺院〟の筆頭**とされ〝御室御所〟とも呼ばれてきました。寛永年間の再建時には当時の御所の建物を移築して金堂・御殿とし、桃山時代の宮殿建築の趣を伝えています。

宇治と栂尾の地で…平等院・宇治上神社と高山寺

三幅目は**宇治**の平等院と宇治上神社です。平等院は藤原道長の別荘を息子の頼通が寺院に改めたもの。**阿弥陀堂**

（鳳凰堂）は**天喜元年**（一〇五三）**創建の姿**を伝えています。また、鳳凰堂前面には池を配した庭園が広がっています。自然景観を取り入れた日本固有の庭園型式〝**浄土庭園**〟の**原型**となりました。

平等院の鎮守社となったのが宇治上神社です。本殿・拝殿ともに**現存する最古の本殿・拝殿**として国宝に指定されています。本殿が神の場であるのに対し、拝殿は住宅風の建物で、神を人が拝する場であることを明確に伝えています。

四幅目は**栂尾**（とがのお）の高山寺です。建永元年（一二〇六）明恵上人（みょうえしょうにん）によって中興されました。石水院（せきすいいん）が当時を伝える遺構です。「自然と調和した建築である石水院は、訪れる者に安堵感を与え、日本文化のひとつのあり方を示す」と紹介されています（京都市情報館公式サイト）。高山寺は鳥獣人物戯画四巻を所蔵する寺としても有名です。

焦点が絞り込まれた五つの寺と庭園

五幅目には西芳寺・天龍寺・鹿苑寺・慈照寺・龍安寺の五つの**寺とその庭園**が描かれています。「古都京都の文化財」の焦点が絞り込まれた構成資産群です。

〝苔寺〟の名で知られる西芳寺は、暦応二年（一三三九）禅僧・夢窓疎石（むそうそせき）が復興した禅寺です。文明元年（一四六九）の兵火で建物は全て焼失したものの、庭園は夢窓疎石設計の地割・石組が苔に覆われたまま残り、**日本庭園の基礎**となりました。

天龍寺は、離宮を、同じ暦応二年禅寺に改めたもの。方丈（住職居室）に、夢窓疎石が、自然の地形を大きな築山に見立てた庭を作りました。伽藍は度々の兵火で焼失したものの、庭園は残され、枯山水庭園や護岸石組に影響を与えました。

〝金閣寺〟の名で親しまれている鹿苑寺は、足利義満の別邸・北山殿を、義満の死後、夢窓疎石を開山とする禅寺に改めたもの。「衣笠山（きぬがさやま）を借景に、既存の池にさまざまの名石を据え、池に向かって三層の豪華な舎利殿金閣を建て、山上に展望所を建てています。」と紹介されています（京都市情報館公式サイト）。

度々登場する**夢窓疎石**（一二七五～一三五一）は後醍醐天皇、足利尊氏・直義（ただよし）兄弟から崇敬を受けた禅僧です。禅と真言・天台などとの融和を図る思想・行動をもって幅広い支持を得た方でした。歌人としても著名ですが、特に禅庭・枯山水の作庭者として高い評価を受けています。禅・庭園・能・茶などが日本文化として世界に紹介されてきた近・現代においては、各宗宗派祖師以上に世界的知名度は高いかもしれません。

鹿苑寺と並んで〝銀閣寺〟の名で親しまれている慈照寺は、足利義政の別邸東山殿を、義政の死後、禅寺に改めたもの。西芳寺をモデルに、池を囲むように観音堂（銀閣）と持仏堂（東求堂）が配されました。

龍安寺の方丈庭園は十五世紀中期には造られていたと考えられています。「自然を狭い空間に圧縮し、抽象化して表現する枯山水庭園の極限的な姿であり、世界的にも著名です。」と紹介されています（京都市情報館公式サイト）。

掉尾を飾る本願寺と二条城

六幅目は西本願寺です。浄土真宗の宗祖親鸞聖人が開いた本願寺派の本山です。天正十九年（一五九一）豊臣秀吉から寺地の寄進を受け寛永十年（一六三三）完成しました。建物は書院造の形式を踏襲し、虎渓（こけい）の庭と呼ばれる枯山水庭園は「色石やソテツを用いるなど派手で大胆な桃山時代の豪華さが表れています。」と紹介されています（京都市情報館公式サイト）。

最後の七幅目が二条城です。慶長八年（一六〇三）京都御所の守護と将軍上洛時の宿泊所として造営されました。家康の将軍宣下（せんげ）に伴う賀儀に始まり、最後の将軍・慶喜の大政奉還の表明が行われた場です。江戸時代を始まりから終わりまで見届けてきた城と言えます。明治維新後は皇室離宮となり、その後、国から京都市に下賜され、現在は京都市財産「元離宮（もとりきゅう）二条城」となっています。〝建築と庭園の意匠〟の視点からは、二の丸御殿の武家風書院造などが特に注目されています。

〝世界文化遺産都市〟京都

〝建築と庭園の意匠〟に焦点があるとすれば、これで十分かもしれませんが、〝古都京都〟の全体像を表現するには、さらに構成資産が必要だという方もあるでしょう。しかし、構成資産を丁寧に調べ、真正性と完全性を確認し、他の構成資産と共に組み立てられる〝登録の基準〟を明らかにし、法的な保護措置と、保全を危うくする事態への対処を図るには、手間も労力も、したがって経費もかかります。大変なことです。

そうした現場で日々格闘されている方々には頭が下がりますが、世界を見回すと、京都のような、あまたの構成資産とその候補を持つ都市は、〝世界文化遺産都市〟として手を携えあって進むという動きを強めています。世界遺産都市機構（The Organization of World Heritage Cities, OWHC）と言います。世界遺産を抱える都市間で保護などの相互協力を促進することを目的とした非政府組織です。一九九三年九月八日モロッコのフェズで発足し、日本は京都と奈良が参加しています。日本国内版が世界文化遺産地域連携会議です。

まずは〝南〟へ…「紀伊山地の霊場と参詣道」

京都が度重なる争乱や天災を乗り越えて復興・再建を重ね、〝千年の都〟の礎を着実に築き上げていく間、日本列島は実に多彩な発展を生んでいました。その様子を各地の世界文化遺産の中に訪ねてゆきましょう。

まずは〝南〟に。都が飛鳥・藤原、奈良、京都に置かれたどの時代においても日本独特の聖なる空間であり続けた〝紀伊山地〟です。

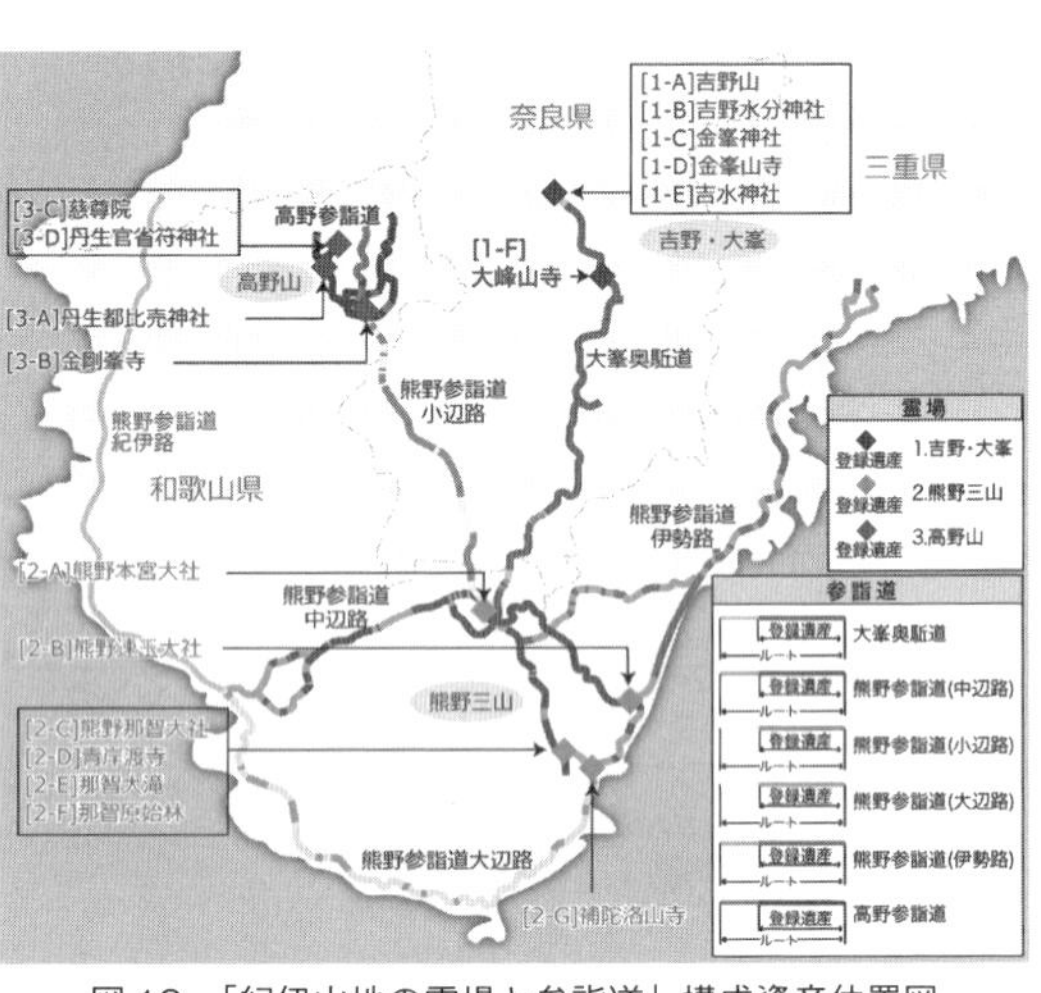

図12　「紀伊山地の霊場と参詣道」構成資産位置図

三つの霊場と三つの参詣道

「紀伊山地の霊場と参詣道（Sacred Sites and Pilgrimage Routes in the Kii Mountain Range）」は**吉野・大峯**、**熊野三山**、**高野山**の三霊場と、それぞれに対応した**大峯奥駈道**、**熊野参詣道**（中辺路・小辺路・大辺路・伊勢路）、**高野参詣道**の三参詣道で成り立っています。構成資産二十三件、資産面積五〇六ヘクタール、参詣道延長三四八キロメートル、三県二十六市町村に渉っています（図12）。

修験道の聖地…〝吉野・大峯〟と〝大峯奥駈道〟

〝吉野〟の名は『古事記』『日本書紀』から頻繁に現れ「吉野宮」という記述も相当数見られます。飛鳥・藤原に都が定められた七世紀には、**都と対をなす〝神聖な場〟**と意識されていたようです。

特に〝吉野〟が強く意識されたのは**持統天皇の時代**（在位六九〇～六九七）です。〝吉野〟という地名は『日本書紀』に七十八例出てきますが、持統天皇の巻だけで五十例に及んでいます（吉野宮は全四十五例中三十七例）。持統天皇の時代は、宗教面でも東アジア標準を受け入れ日本古来の祭祀と融合させることを図っていた時代でした。そのことを思うと、〝聖地〟としての吉野の重みが伝わってきます。

奈良時代に入ると〝吉野〟は山岳修行の場としての重要度を増します。特に、〝修験道〟の開祖とされる〝**役行者**（役小角）〟**の誓願に応えて蔵王権現が出現した聖地**とみなされます。日本第一の霊山、最高位の修行の場となってゆきました。**大峰山寺**本堂地下で発見された大量の宗教遺物は、その過程を示唆しています。

吉野山・吉野水分神社・金峯神社・金峯山寺・吉水神社が大峰山寺と並ぶ吉野・大峯の〝霊場〟です。大峯奥駈道が〝参詣道〟に当ります。

吉野山の白山桜も、役行者が本尊を刻んだという伝承にちなんで十世紀頃から植樹され続けてきました。新芽の芽吹きと共に花開く様を愛でる営みに〝生きた信仰〟が引き継がれています。本居宣長が「敷島の 大和心を 人とはば 朝日に匂ふ 山桜花」と詠んだ桜は吉野の桜のことでしょう。

吉野水分神社は里や都に〝水〟をもたらす地主神です。面白いことに、「みくまり」は「みこもり（御子守）」と訛り、清少納言『枕草子』やユネスコ世界の記憶に登録された藤原道長『御堂関白記』に「子守明神」の名で登場しています。

写真６　修験者と行く大峰奥駈道

金峯神社は金などの鉱産資源に対する信仰の場です。吉野山の地主神である金山毘古神を祀る、修験道の修行拠点です。鉱産資源の発見・採掘・精錬は修験者や密教行者の神秘的な技術と見られていましたが、神仏習合が進み、境内からは藤原道長埋納の金銅製経筒（国宝）を納めた経塚が出土しています。

〝山上蔵王堂〟大峰山寺本堂に対し〝山下蔵王堂〟と呼ばれる**金峯山寺**本堂は、七メートルの蔵王権現三体を本尊とする高さ三十四メートルの木造建築です。蔵王権現は日本生まれの仏です。釈迦如来（過去仏）・千手観音（現在仏）・弥勒菩薩（未来仏）の合体とされています。本尊に御神木の山桜の開花を報告し人々の罪を懺悔する〝花供懺法会〟は千年続く最も重要な儀式です。

吉水神社は明治初めの神仏分離・修験宗廃止で神社とされましたが、元々は金峯山寺の附属寺院でした。行者や参詣者の滞在所・宿泊所として、我が国住宅型式の基本である〝書院造〟の原初の姿を見せています。

吉野・大峯と熊野三山を結ぶ修験者修行道が大峯奥駈道です（写真6）。全長八〇キロメートル。標高二〇〇〇メートル弱の山々を越える、起伏に富んだ険しい尾根道です。随所に行を行う場・行場（ぎょうば）が設けられました。『世界遺産一覧表記載推薦書』は「十二世紀の史料によると、道の途中の行場で〝**宿**（しゅく）〟と呼ばれる信仰上の拠点が約一二〇ヵ所定められ、十七世紀以後になると七十五ヵ所の〝**靡**（なびき）〟に整理された。この中で、五十七ヵ所が推薦資産に含まれる」と記しています。多くの修験集団が今日も行きかい、修行に全身全霊を傾けています。

大峯奥駈道に接する**仏経嶽**（ぶっきょうがたけ）**原始林**（シラビソ自然林）、**天女花**（オオヤマレンゲ）**自生地**、**玉置**（たまき）**神社**（杉の巨樹群）は〝**文化的景観**〟として構成資産に位置づけられています。〝文化的景観〟という言葉、初めて耳にされた方もあるでしょう。後ほどまとめて考えましょう。

神仏習合の典型…熊野三山と熊野参詣道

〝熊野参詣道〟は熊野本宮（ほんぐう）大社・熊野速玉（はやたま）大社・熊野那智（なち）大社・青岸渡寺（せいがんとじ）・補陀洛山寺（ふだらくさんじ）の三社二寺と那智大滝・那智原始林という〝文化的景観〟、中辺路・大辺路・伊勢路・小辺路の四参詣道で構成されています。

熊野本宮大社は〝熊野坐（くまのにいます）神社〟と呼ばれて崇敬を得ていましたが、十世紀後半には速玉大社・那智大社の主祭神を勧請、合祀して〝熊野三社権現〟と称すようになります。その様相は社殿にも見られ、速玉大社・那智大社主祭神を合祀する一棟、元々の熊野坐神社主祭神を祀る一棟、若宮の一棟が東西横一列に並んでいます。付近一帯に巨岩の露頭が点在することから巨岩への神の降臨が祀りの原点と見られていますが、旧社地対岸には七ヘクタールにも及ぶ〝備崎（そなえざき）経塚群〟が築かれ、神仏習合の様相を示しています。

背後の山や熊野川上流一キロメートルの〝御船島（みふねじま）・御旅所（おたびしょ）〟を含む熊野速玉大社社地は十二世紀以来の姿を保っていると見られ、背後の権現山中腹の〝神倉（かみくら）神社〟は古来の巨岩信仰を伝えています。神倉神社で熾（おこ）した神火（しんか）を松明に移して山を駆け下る〝**御燈祭り**（おとうまつり）〟は原初以来の信仰を受け継ぐ豪壮な祭りです。

那智大滝を拝する配置に見られるように、熊野那智大社は那智大滝の祀りを起源とし、**青岸渡寺**も神仏分離前は那智大社と一体でした。そのように出発した青岸渡寺ですが、応保元年（一一六一）観音菩薩が三十三の姿に変化して人々の願いを聞き届けることに基づく〝西国（さいごく）三十三ヵ所観音巡礼〟が成立すると第一番札所となりました。那智大滝と共に宗教空間〝那智〟の原点を形成しているのが**那智原始林**です。三十二ヘクタールに及ぶ照葉樹林です。〝文化的景観〟と位置づけられています。

熊野本宮大社
熊野速玉大社
熊野那智大社
那智青岸渡寺

写真７　霊場〝熊野三山〟

那智大滝の下流六キロメートルの海岸近くに位置する**補陀洛山寺**は極めて特異な寺です。「小舟に乗って南方洋上の観音浄土・補陀落山を目指す僧侶により、九世紀から十八世紀までの間に二十数回の〝補陀落渡海〟が試みられ」ました（『世界遺産一覧表記載推薦書』）。

熊野参詣道は、紀伊半島西海岸の田辺から半島を東に横断して〝熊野三山〟を巡る〝**中辺路**〟、〝中辺路〟から分かれて海岸線に沿って〝熊野三山〟に至る〝**大辺路**〟、〝伊勢神宮〟と熊野三山を結ぶ〝**伊勢路**〟、紀伊半島中央部を南北に通り〝熊野三山〟と〝高野山〟を最短距離で結ぶ〝**小辺路**〟の四つの道があります。

『世界遺産一覧表記載推薦書』は、中世の熊野詣が近世の西国巡礼へと展開したことを踏まえて、我が国宗教空間がどのように形成されていったかを実に分かりやすく表現しています。（強調＝引用者）

熊野三山への参詣は十世紀前半から始まり、十五世紀頃まで盛んに行われた。多数の参詣者が列をなして進んだことから、「蟻の熊野詣」と形容された。その後、熊野三山だけを目的とする熊野詣は衰退するが、民衆の社寺参詣が盛んになる十七世紀以後は、多い年で年間三万人ともいう西国巡礼者が訪れた。…**中世に「熊野三山」への参詣に利用された熊野参詣道は、近世には「熊野三山」への参詣をも含む西国巡礼の経路とされ**、引き続き盛んに利用されてきた。

真言密教の道場…高野山と高野参詣道

高野山と言えば、誰しもが真言密教の大本山〝**金剛峯寺**〟を思い描きます。金剛峯寺は弘仁七年（八一六）空海によって開かれ、現在でも高野山上に一一七の寺院が密集しています。**壇上伽藍・奥之院・大門・金剛三昧院・徳川家霊台・本山の六地区**から成り立っています。

根本大塔・金堂・御影堂などからなる〝壇上伽藍〟の本堂と多宝塔を組み合わせた型式は真言宗寺院の規範となりました（写真8）。〝奥之院〟は即身成仏を遂げた空海が修行を続けているとされる聖地です。縁を結ぼうと願った多くの人々が建てた石塔や経塚の密集には圧倒されます。十八世紀初頭再建の〝大門〟は高二十五・八メートルの木造二層門。国内最大級を誇っています。〝**金剛三昧院**〟**多宝塔**は、多宝塔発祥の地である高野山でも最古。中世多宝塔の代表例です。〝徳川家霊台〟は日光東照宮と並び称される霊廟建築の代表例です。金剛峯寺本坊が置かれた〝本山〟は、高野山上最も規模の大きな木造建築群を形作っています。

空海は高野山を開くにあたって地主神を大切にしました。〝**丹生都比売神社**〟は、高野山へと空海を導いたと言われる〝丹生明神〟〝高野明神（狩場明神）〟を祀る神社です。残る二つの構成資産に〝**慈尊院**〟と〝**丹生官省符神社**〟があります。〝慈尊院〟は金剛峯寺の建設と運営のために、高野山を下ること二十キロメートルの地に設けられた管理機関に端を発し、参詣道〝町石道〟登り口として参詣者滞在の拠点となりました。〝丹生官省符神社〟は、金剛峯寺

写真８　壇上伽藍根本大塔

の荘園が納税免除の特別の許可を得た荘園（官省符荘）であることから、その鎮守として祀られました。

〝町石道〟〝三谷坂（みたにざか）〟〝京大阪道不動坂〟〝黒河道（くろこみち）〟〝女人道（にょにんみち）〟が〝高野参詣道〟です。

空海自身が開いた〝町石道〟は〝壇上伽藍〟から一町（一〇九メートル）、一里（四キロメートル）ごとに町石（ちょういし）（石製道標）が建てられました。一部現存している町石は、一二〇〇年の歳月、自らや家族、知人・友人の病や悩みを癒し回復しようと、生き続ける空海の元での修行を求めて歩き続けた人々を思い出させます。それが〝霊場と参詣道〟という世界文化遺産を訪ねる旅の原点でありましょう。

「文化的景観」という考え方

〝霊場と参詣道〟という非常に鮮明な構成ですが、世界の理解を得るため、〝登録の基準〟（ⅱ）（ⅲ）（ⅳ）（ⅵ）が適用されました。（強調＝引用者）

（ⅱ）ある期間あるいは文化圏内での価値観の交流を示す建築物群

紀伊山地の**文化的景観**を呈する記念工作物群及び遺跡は、**神道と仏教の融合による独特の所産**であり、**東アジアにおける宗教文化の交流と発展**を良く表している。

（ⅲ）ある文化的伝統や文明の存在を証明する無二の存在

紀伊山地の社寺の境内と関連する儀礼は、**一〇〇〇年以上にわたる日本の宗教文化の発展を示す希有な証拠**

である。

（iv）歴史上の重要な段階を物語る建築物等や景観を代表する顕著な見本

紀伊山地は、日本各地の社寺建築に深い影響を与えた**独特な寺院建築様式、神社建築様式**が生まれる場となった。

（vi）顕著な普遍的価値を有する出来事や生きた伝統などとの密接な関連

紀伊山地の**遺跡群及び森林景観は、ともに、**一二〇〇年**以上にわたり辛抱強く維持され、また非常に良く記録が残されている聖なる山の伝統**を映している。

「文化的景観」という聞き慣れない言葉が冒頭から現れています。仏経嶽原始林、天女花（オオヤマレンゲ）自生地、玉置神社、那智原始林で出会った言葉です。実は二〇〇四年登録の「紀伊山地の霊場と参詣道」が「文化的景観」という言葉が日本に登場した最初の世界文化遺産でした。

「文化的景観」とはどういうことでしょうか。

ユネスコは一九九二年の世界遺産委員会で次のように定義しました。（強調＝引用者）

（i）人類の意思により設計され、創出された景観　例：**庭園や公園**

（ii）有機的に進化してきた景観

残存している（あるいは化石化した）景観　例：**遺跡**

継続している景観　例：**田園・棚田・牧場など**

（iii）自然的要素と宗教的、審美的、文化的な意義が関連づけられた景観　例：**聖地とされた山や岩**

簡潔な表現ですが、例示を見ると、なるほどと理解できます。

「紀伊山地の霊場と参詣道」では、先の例に加えて、**熊野川**、熊野の**鬼ヶ城附獅子岩**（おにがじょうつけたりししいわ）などが「文化的景観」に挙げられていますから、〝宗教性〟と関連づけられて〝**聖地とされた山や岩、川**〟を指しています。

このような視点から〝自然〟を見直すことは、私たちの直観とも符合します。登録段階では概念が定着していなかったため「文化的景観」という表現は採られませんでしたが、「古都京都の文化財」の焦点である〝庭園〟や「古都奈良の文化財」の〝春日山原始林と春日神社・興福寺の関係〟などは「文化的景観」そのものでしょう。

日本の文化財保護行政も、文化遺産をそうした見方で捉えることに早くから気づいていたと見られます。〝史跡・名勝〟と一部の天然記念物などはまさに「文化的景観」です。一方で、〝継続例〟の〝田園・棚田・牧場など〟の位置づけができていませんでした。そこで「地域における人々の生活又は生業及び当該地域の風土により形成された景観地で我が国民の生活又は生業の理解のため欠くことのできないもの」を〝文化的景観〟として文化財保護法に位置づけました（文化財保護法第二条第一項第五号、二〇〇四年改正）。

次は西へ…「厳島神社」

次は〝西〟へ。〝安芸の宮島〟とも呼ばれる厳島神社（広島県廿日市市（はつかいち））です。

彌山を背に青海原に立ち上がる朱き社殿

「厳島神社」構成資産は〝**厳島神社**〟と〝**厳島**〟**だけ**。いたって明確です。英文登録名は〝Itsukushima Shinto Shrine〟。資産区域は「厳島神社の建造物群と、それと一体となって資産の価値を形成している背後の彌山を中心とする森林」四三一・二ヘクタールです。「これら資産をとりまく厳島全島及び厳島神社前面の海面の一部」二六三四・三ヘクタールが緩衝地帯として設定されています。

四季折々の顔を見せる瀰山(みせん)を背負って海上から立ち上がる朱塗りの大鳥居、宮島に近づくにつれて見えてくる朱塗りの社殿…。前面の海の色が一際、その崇高さを高めています。自然条件と宗教空間が響き合う「文化的景観」そのものです。そこに厳島神社の〝顕著な普遍的価値〟が集約されています。〝登録の基準〟(ⅰ)(ⅱ)(ⅳ)(ⅵ)が適用されました。(強調＝引用者)

(ⅰ)人間の創造的才能を表す傑作

「厳島神社」の社殿群の構成は、**同時代の貴族の住宅様式の流れを汲み**、**人の手と自然の要素が結合**した顕著な作品である。その建造物群は**印象的な山容を背景として海上に建ち**、芸術・技術における熟練の高さを示す。

(ⅱ)ある期間あるいは文化圏内での価値観の交流を示す建築物群

「厳島神社」の社殿群は日本の神社の一般的な伝統を示しており、日本人の精神文化、すなわち山水の美に係る日本人の観念の発展を理解する上で貴重な情報を提供している。**「厳島神社」の最も重要な側面は、三者の中心に位置する社殿、前面の海、背後の山という景観**であり、他の日本の景勝地を評価する上で対比すべき**日本人の美意識の一基準**として認識されてきた。

(ⅳ)歴史上の重要な段階を物語る建築物等や景観を代表する顕著な見本

「厳島神社」の建造物群は、精緻な再建が行われたことから**十二世紀後期から十三世紀初期にかけての神社建築の様式を保持**しており、**周囲の景観と一体をなす社殿は自然崇拝の物理的表現**とも言えるものであり、日本の古式の社殿を知る上での顕著な見本である。

(ⅵ)顕著な普遍的価値を有する出来事や生きた伝統などとの密接な関連

日本人の精神生活は、主として自然に宿る多くの神々を崇拝する古来の神道に深く根ざしている。「厳島神社」は、**この日本の宗教の特徴を理解する上での重要な手がかり**を提供している。

時間軸に沿ってまずは一つずつ

表 12　厳島神社の歴史

<table>
<tr><td>推古天皇元年（593）</td><td colspan="2">創建と伝わる（社伝）。</td></tr>
<tr><td>大同元年（806）</td><td colspan="2">空海、唐からの帰国の途次、彌山（みせん）開基と伝わる。</td></tr>
<tr><td>弘仁 2 年（811）</td><td colspan="2">速谷神（はやたにのかみ）と共に名神（みょうじん）に列せられ、祈年祭（きねんさい）・月次祭（つきなみさい）・新嘗祭（にいなめさい）に官より幣帛（へいはく）を受ける社とされる。</td></tr>
<tr><td>貞観元年（859）</td><td colspan="2">速谷神と共に神階従四位下を授けられる。</td></tr>
<tr><td>仁平元年（1151）</td><td colspan="2">平清盛､安芸守となる（すでに久安 2 年 [1146] 安芸守兼任との史料もある）仁平 3 年、平家の棟梁となり、保元（1156）・平治（1159）の乱に勝利して武家の第一人者となる。</td></tr>
<tr><td>永暦元年（1160）</td><td colspan="2">清盛、厳島神社参詣。</td></tr>
<tr><td>長寛 2 年（1164）</td><td colspan="2">清盛、平家一門の写経「平家納経」（法華経 30 巻・阿弥陀経 1 巻・般若心経 1 巻）を奉納。</td></tr>
<tr><td>仁安 2 年（1167）</td><td colspan="2">清盛、太政大臣にまで昇り詰めるが 3 ヶ月で辞任、福原（現在の兵庫港・神戸港辺り）開拓に傾注。</td></tr>
<tr><td>仁安 3 年（1168）</td><td colspan="2">厳島神社神主佐伯景弘、清盛の後援を得て社殿をほぼ現在の形に造営。</td></tr>
<tr><td>文治元年（1185）</td><td colspan="2">平家、壇ノ浦に滅亡。</td></tr>
<tr><td>文治 5 年（1189）</td><td colspan="2">源頼朝、神楽料を奉納。</td></tr>
<tr><td>承元元年（1207）</td><td colspan="2">厳島神社炎上。朝廷、安芸国に寄進し翌年再建。</td></tr>
<tr><td>貞応 2 年（1223）</td><td colspan="2">厳島神社炎上。翌年、朝廷、安芸国に寄進し仁治 2 年（1241）再建。</td></tr>
<tr><td>弘安元年（1278）</td><td colspan="2">一遍上人社参。</td></tr>
<tr><td>正中 3 年（1326）</td><td colspan="2">足利尊氏、造営料として安芸国造果保を寄進。</td></tr>
<tr><td>応永 14 年（1407）</td><td>五重塔建立</td><td rowspan="4">瀬戸内海の商業・交通にとっての要地であったことから、室町時代後期にはすでに島内で市が立つようになり市街地にも発達し、彌山山頂付近の寺院も民間の信仰を集め参詣する民衆の往来も頻繁となったと伝わる。</td></tr>
<tr><td>嘉吉元年（1441）</td><td>荒胡子（あらえびす）神社建立</td></tr>
<tr><td>大永 3 年（1523）</td><td>多宝塔･大元（おお）神社本殿建立</td></tr>
<tr><td>弘治 2 年（1556）</td><td>毛利隆元、天神社（てんじんじゃ）建立</td></tr>
<tr><td>元亀 2 年（1571）</td><td colspan="2">毛利元就、血の汚れがあったことを理由に、本社本殿を建替。</td></tr>
<tr><td>天正 15 年（1587）</td><td colspan="2">豊臣秀吉社参し、安国寺恵瓊に命じ大経堂（千畳閣）を造営させる。</td></tr>
<tr><td>寛永 20 年（1643）</td><td colspan="2">林鵞峰（春斎）『日本国事跡考』で陸奥松島・丹後天橋立と並んで「三処ノ奇観」と記す。</td></tr>
<tr><td>延宝 8 年（1680）</td><td colspan="2">広島藩主浅野綱長、能舞台・楽屋・橋掛を造立。</td></tr>
<tr><td>元文 4 年（1739）</td><td colspan="2">藩主浅野吉長、大鳥居を再建（享和元年 [1801] にも藩主浅野斎賢、大鳥居を再建）。</td></tr>
<tr><td>嘉永 3 年（1850）</td><td colspan="2">大風により大鳥居・社殿大破。</td></tr>
<tr><td>明治 8 年（1875）</td><td colspan="2">大鳥居再建。</td></tr>
<tr><td>明治 34 年（1901）</td><td colspan="2">明治・大正の大修理起工（大正 8 年［1919］完成）。</td></tr>
<tr><td>昭和 24 年（1949）</td><td colspan="2">水害と山津波で大破。昭和大修理起工（昭和 32 年［957］完成）。その後も被災と修理が続く。</td></tr>
</table>

平清盛安芸守就任が契機だが…

私たちの実感とも合致しますが、改めて社伝等から厳島神社の全体像を俯瞰し、厳島神社の世界文化遺産としての価値を確認してゆきましょう（表12）。

【画期は平清盛の安芸守就任】平清盛登場以前においては、当時の政府が安芸国（現在の広島県西部）で重視した神社三社の一つでした。仁平元年（一一五一）**安芸守に清盛**が任じられます（久安二年［一一四六］安芸守兼任という史料もあります）。清盛の安芸守任官は厳島神社にとっての画期となりました。『平家物語』によれば、清盛は「**厳島神社を造営すれば位階を極める**」という夢のお告げを受けたとのこと。

保元・平治の乱に勝利を収めて武家の第一人者となった清盛は永暦元年（一一六〇）厳島神社に**参詣**し、長寛二年（一一六四）には国宝となっている**平家納経**（**法華経三十巻・阿弥陀経一巻・般若心経一巻**）**を奉納**します。納経に際しての清盛願文も残されています。

仁安二年（一一六七）清盛は太政大臣（だいじょうだいじん）にまで昇り詰めますが、三ヶ月で辞任。福原・大輪田（おおわだ）の泊（現在の兵庫港・神戸港辺り）の開発・整備に邁進し、翌年の仁安三年（一一六八）出家します。この年、清盛の信任厚い厳島神社神主・佐伯景弘（さえきかげひろ）は、清盛の後援を得て**厳島神社社殿をほぼ現在の形に造営**します。清盛の夢がかなった瞬間です。厳島神社は日本を代表する神社となりました。

【鍵は日宋貿易ルート】なぜ清盛は厳島神社を重視したのでしょうか。鍵は日宋貿易ルートにあります。清盛は福原・大輪田泊と宋王朝とを瀬戸内海航路で結ぶことで莫大な富と権力を得、地域の有力武家を家臣として組み込んでいったからです。厳島は、音戸（おんど）の瀬戸（呉市）と並ぶ**日宋貿易ルートの一つの要衝**でした。その様子を広島県教育委員会編『郷土ひろしまの歴史Ⅰ』は分かりやすく示しています。図を引用させていただきましょう（図13）。

【平家は滅んでも】清盛の死後、文治元年（一一八五）平家は壇ノ浦（山口県下関市）の藻屑と化しました。しかし

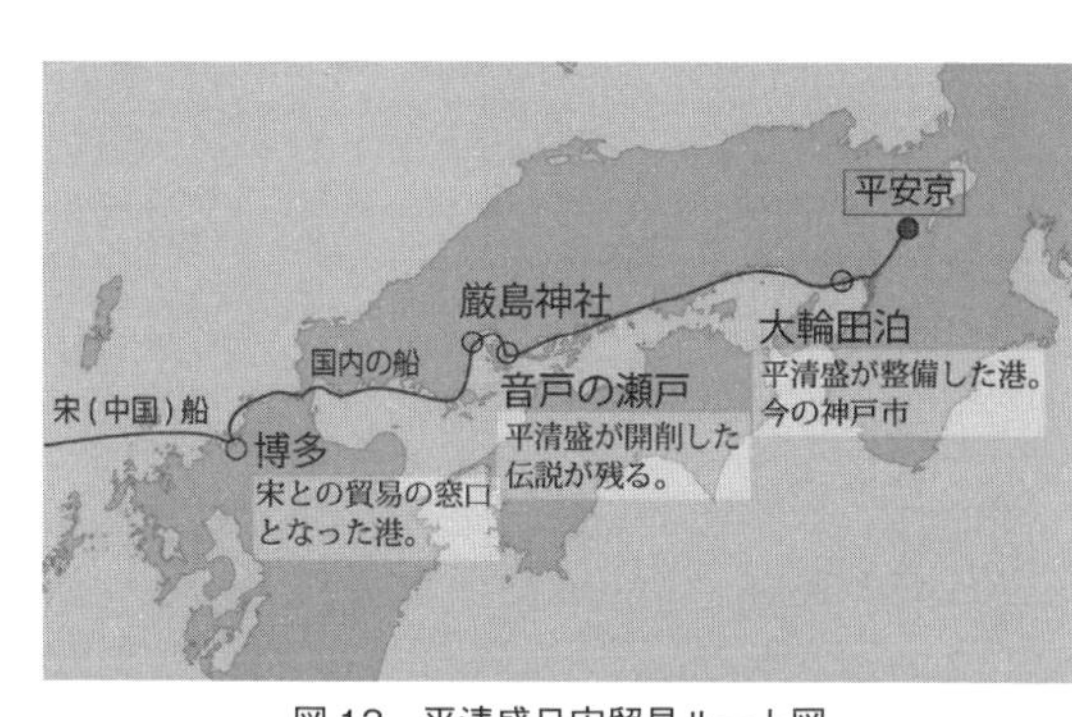

図13　平清盛日宋貿易ルート図

直後の文治五年（一一八九）平家を滅ぼした源頼朝は神楽料を奉納しています。平家の象徴的な神社だから破却するのではなく、平家・西国の武家や民衆を慰撫し取り込む要と考え、崇敬・厚遇策を採用しました。その後の僅か半世紀の間に厳島神社は二度も全焼してしまいますが（承元元年［一二〇七］・貞応二年［一二二三］）、朝廷の寄進で再建されます（建保三年［一二一五］・仁治二年［一二四一］）。

十五・十六世紀に入ると、神仏習合のもと、五重塔や多宝塔、様々な摂社が建てられ、毛利元就による本社本殿再建（元亀二年［一五七一］）、豊臣秀吉による大経堂（豊国神社・千畳閣）造営（天正十五年［一五八七］）へと続きます。江戸時代には広島藩主・浅野家による大鳥居の再建が重ねられ、近代には明治・大正の大修理（一九〇一～一九一九）、昭和の大修理（一九四九～一九五七）が行われました。

山を背に海上に向かって建つだけに台風や山津波などの直撃を受けやすいなかで、一二〇〇年前後にわたって姿を保ち続けられたのは、こうした**修理が続けられてきた**からです。日本の世界文化遺産に共通する姿です。

庶民の厳島詣で日本三景の一つに

こうした庇護や修理と並行して**庶民信仰が厳島神社を守り続けてきたこと**がさらに重要です。『世界遺産一覧表記載推薦書』は「資産の内容　a歴史　厳島の庶民化」で次のように記しています。（強調＝引用者）

厳島は瀬戸内海の商業・交通にとって要地を占めるところから、**室町時代後期にはすでに、島内で市が立つようになり、市街地も発達していた。**厳島神社は各時代の権力者から崇敬を受けてきたが、近世になると空海が開

> いたとされる彌山山頂付近の寺院も民間の信仰を集め、参詣する民衆の往来が頻繁となった。…こうして古代の御神体としての神聖な島から、一般民衆も参詣する開放的な信仰の島へと徐々に脱皮していったと考えられる。庶民による厳島詣が盛んになるにつれ、彌山の山腹を背景として、海岸から海上へと展開する厳島神社社頭の景観は、わが国でも出色の景勝地として評判をとるほどの名所となり、すでに江戸時代中期には日本三景のひとつとして賞賛されるようになっていた。

受け継ぐべきは、この流れにありましょう。**表参道商店街や町家通りは構成資産近接の緩衝地帯**です。街並みを形成してきた町の衆や参詣者に連なり、後の世の人に「継承者の一角」と言われる参詣者でありたいものです。

置かれているだけの大鳥居

厳島神社の地を離れるに当たって、印象深い大鳥居についての要点を確認しておきましょう。

満潮時には海に浮かんでいるように見え干潮時には柱の元まで歩いて行ける大鳥居の要点は、海中に置かれているだけという点にあります。**海中に打ち込まれてはいません**。

笠木・島木と呼ばれる、大鳥居屋根下の棟は箱状に作られ、約四トン分の小石が詰め込まれています。それらを加えて総重量六十トンになる自重によって大鳥居は支えられています。そのため、自重に耐えうるよう地面を固める必要がありました。それが、それぞれの柱の下に打ち込まれた〝千本杭〟と呼ばれる松の丸太です。

また、柱は傷みにくい楠ですが、海水によって浸食され海虫も生息しやすいため、昭和二十五年（一九五〇）からは傷んだ部分を新しい楠に取り替える〝根継ぎ（ねつぎ）〟が行われています。価値を継承し創意工夫を加えた典型例です。

〝北〟へ…「平泉—仏国土（浄土）を表す建築・庭園及び考古学的遺跡群」

〝西〟の〝厳島神社〟に続くのは〝北〟の「平泉」（岩手県西磐井郡平泉町）です。

金鶏山を取り囲む多彩な資産構成

西の「厳島神社」が十二世紀半ばの平家台頭を契機に姿を整えたように、北の「平泉」は**十一世紀末からの奥州藤原氏の躍進**で形作られました。また、「厳島神社」が厳島という一つの島で完結しているように、「平泉」も北を衣川、東を北上川、南を太田川、西を奥羽山脈の山裾で区切られる、たかだか三キロメートル四方ほどの平坦地と小高い丘で成り立っています（図14）。

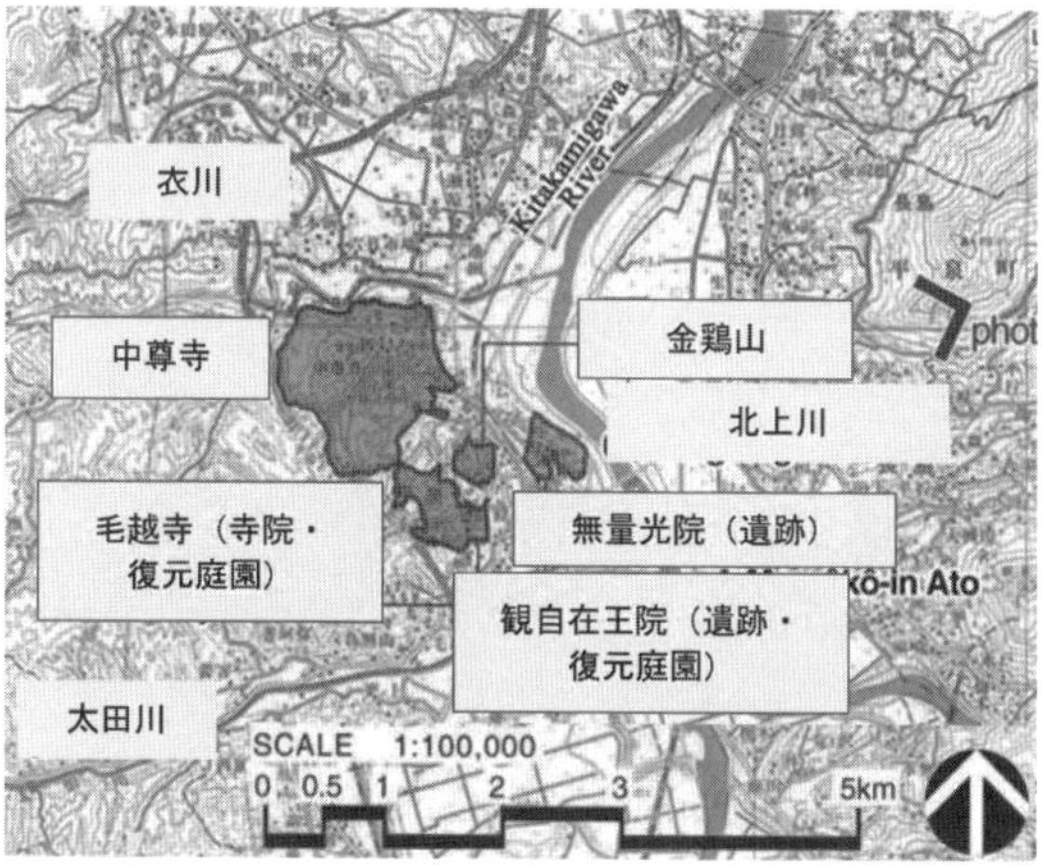

図14　「平泉」構成資産の配置図

一方で、「厳島神社」が瀰山を背景に青海原に立ち上がる神社一つで完結しているのに対し、「平泉—仏国土（浄土）を表す建築・庭園及び考古学的遺跡群（Hiraizumi - Temples, Gardens and Archaeological Sites Representing the Buddhist Pure Land）」の構成資産は**山**（金鶏山）、**寺院**（中尊寺）、**寺院と復元庭園・遺跡**（毛越寺）、**復元庭園と遺跡**（観自在王院跡）、**遺跡**（無量光院跡）と多彩あるいは少し複雑です。

時代を追って構成資産を見る

「平泉」の真ん中に位置する金鶏山から見てゆきましょう。

【金鶏山】 金鶏山は標高九八・六メートル。山裾との比高六十メートルほどの小高い山です。円錐形の実にきれいな山容を示しています。山頂からは経塚の遺構・遺物が、東裾には寺院と考えられる礎石群が発見されています。起源は十二世紀前半に遡ると見られています。〝仏国土（浄土）平泉〟の原点が金鶏山にあることは明らかでしょう。「文化遺産オンライン」は、次のように説明しています。（強調・ルビ＝引用者。）

基衡（もとひら）が造営した毛越寺境内の東辺は、金鶏山の山頂から真南に位置し、同時に幅三十メートルの南北道路の西端に当たる。この道路に直交する東西道路は毛越寺の南辺に面し、近年の発掘調査により東に延びて平泉の基幹道路となることが確認されている。これにより、金鶏山は**毛越寺の寺域及び基幹道路を設定する際の基準点**となったことが知られる。

さらに、秀衡（ひでひら）が造営した無量光院は、宇治の平等院鳳凰堂を模した阿弥陀堂であるが、東面する本堂とその正面にある中島の中軸線を西に延長すると金鶏山の山頂に達する。中島から本堂を望むとその背景に金鶏山が横たわり、春秋の彼岸頃にはその頂にまさに夕日が没し、西方に極楽浄土を想念する**日想観を試みる場**でもあったと考えられる。

【中尊寺】 中尊寺は、奥州藤原氏**初代・清衡**（きよひら）（一〇五六～一一二八）が〝北の都〟を造営するにあたり、「平泉」北側の関山丘陵に十二世紀初頭から四半世紀をかけて整備した寺院です。『世界遺産一覧表記載推薦書』は「〝蝦夷〟の征討以来、奥州での多くの戦で亡くなったものの霊魂を敵味方の区別なく浄刹（浄土）へと導くとともに、**辺境の地とされた奥州に法華経に基づく現世の仏国土（浄土）を造ろうとした**」と紹介しています。建武四年（一三三七）の火災でほとんどの堂宇は焼け落ちましたが、**焼失を免れた金色堂は天治元年（一一二四）創建の姿**を保ち続けています。

【毛越寺】 毛越寺は**二代・基衡**（一一〇五？～一一五七）が造営した寺院です。白河天皇が承保三年（一〇七六）平安京東郊の白河に建てた法勝寺（ほっしょうじ）を模範としたと見られています。基衡造営の円隆寺（えんりゅうじ）、三代・秀衡造営の嘉勝寺（かしょうじ）などが甍を並べ、堂宇南側には「**主に薬師如来の仏国土（浄土）を表す浄土庭園**」（『世界遺産一覧表記載推薦書』）が造られました。その様は、鎌倉幕府の歴史書『吾妻鏡』が「霊場荘厳、吾朝無双」と記すほどでしたが、ほとんどが焼け落ちてしまいました。しかし、寺地内の遺跡が良好な状態で残っていることから丁寧な調査が重ねられ、昭和六十三年（一九八八）庭園が復元されました。そして現在、本堂も再建され、重要無形民俗文化財「毛越寺の延年」が〝生きた伝統〟として受け継がれています。

【観自在王院跡】 観自在王院跡は**基衡の妻が建立**した寺院跡です。「**阿弥陀如来の仏国土（浄土）を表現した独特の浄土庭園を伴う考古学的遺跡**」（『世界遺産一覧表記載推薦書』）と評されています。発掘調査などを踏まえて「舞鶴が池」と呼ばれる園池や遺構の修復・整備が続けられ、平成十七年（二〇〇五）名勝に指定されました（写真9）。

写真９　毛越寺と観自在王院復元模型
（岩手県立博物館蔵）

【無量光院跡】 無量光院跡は**三代・秀衡**（一一二二?〜一一八七）が建立した寺院跡です。「頂部に経塚が位置する金鶏山を背景として、**阿弥陀如来の仏国土（浄土）を表現した独特の浄土庭園を伴う寺院跡であるとともに、その最も発展した形態を示す考古学的遺跡**」（『世界遺産一覧表記載推薦書』）と評されています（写真10）。

現世における仏国土（浄土）を象徴的に明示

こう見てくると、構成資産が多彩あるいは複雑な理由に得心がゆきます。

金鶏山を「文化的景観」の核として〝北の都〟に〝仏国土（浄土）〟を建てるという願いのもと、中尊寺や毛越寺で修行・参詣が営々と続けられている一方で、遺跡となってしまった寺院等でも綿密な調査と実証的な復元が進んでいるからです。〝登録の基準〟（ⅱ）（ⅲ）が適用されました。

写真10　無量光院復元CG

（ii）ある期間あるいは文化圏内での価値観の交流を示す建築物群

平泉の寺院と浄土庭園は、日本独特の自然信仰である神道に基づき進化を遂げた仏教とともに、**アジアから作庭の概念がどのようにもたらされ、結果的にそれが日本に独特の計画、庭園の意匠設計の概念へとどのように発展を遂げたのかを顕著に明示している。**平泉の庭園と仏堂は、その他の都市の庭園・仏堂にも影響を与え、特に鎌倉には中尊寺に基づく仏堂のひとつが存在する。

（iii）ある文化的伝統や文明の存在を証明する無二の存在

平泉の浄土庭園は、東アジアへの仏教の普及、日本に固有の自然信仰の精神及び阿弥陀如来の極楽浄土思想と仏教との特有で固有の融合を明確に反映している。平泉の仏堂と庭園の複合体から成る遺跡群は、**現世における仏国土（浄土）を象徴的に明示している。**

仏国土（浄土）表現の変遷を〝見える〟化

〝仏国土（浄土）〟つまり清らかな理想世界を現世に実現したいと思うのは世の常ですが、十一・十二世紀の人々にとっては差し迫った願いでした。

永承七年（一〇五二）をもって仏の教えのみが残り悟りと正しい行いがなくなる〝末法の世〟に入ったと説かれ、それを証明するかのように、里内裏（さとだいり）で火事が相次ぎ、至る所で騒乱・戦乱の芽が吹き始めていたからです。特に奥州にあっては、前九年合戦（一〇五一～一〇六二）・後三年合戦（一〇八三～一〇八七）を通して中央政府から派遣された源氏によって在地の有力氏族である安倍（あべ）氏・清原（きよはら）氏が滅ぼされるという事態が生じていました。

混乱の中で台頭してきた奥州藤原氏は、中央政府の役職を受けつつも中央政府とは一定の距離を保ち、陸奥・出羽の安定を求めました。一つの方策が〝**仏国土（浄土）〟の光景を現世に実現**でした。

第一歩は金鶏山頂の経塚です。経塚は、法華経納経が多いことから法華経を根本経典とする天台の教えにつながるとも、「末法の世の到来は定めだから致し方ない。それなら五十六億七千万年の後に出現する弥勒菩薩の下生に参加したい」との信仰とも見られています。

続いて初代・清衡が、比叡山延暦寺第三代座主（ざす）・円仁（七九四〜八六四）を開山に、「**法華経に基づく現世の仏国土**」として**中尊寺を建立**します。

二代・基衡も開山を円仁に求めて**毛越寺を建立**しますが、〝浄土〟の光景を「**薬師如来の仏国土を表す浄土庭園**」**に求めた**点は注目に値します。**奥州こそ、東方＝日本のさらなる東方、浄瑠璃世界と念じていた**のでしょう。中尊寺が伽藍配置で仏国土を表現しようとしたのに対し、京の法勝寺を範とした毛越寺は「浄土庭園」という形で仏国土を表現した典型となりました。

三代秀衡は毛越寺境内に嘉祥寺を造営すると共に、基衡の妻が阿弥陀如来の西方浄土を造営しようとしたのに続いて、**金鶏山を阿弥陀如来と諸菩薩が降りて来られる山と見立てて西を仰ぐ無量光院**を築きます。範とした宇治の平等院が、その立地から山を東に拝さなくてはならないのに対し、金鶏山を西に拝す無量光院は浄土庭園としていっそう完成しています。それだけに消滅が残念です。

中尊寺金色堂の特別な価値

「消滅の無念」を思う時、中尊寺金色堂が原初の姿を保ち続けていることの重要性が身に沁みます。「平泉」＝金色堂は、印象を越えた特別な価値があります。『世界遺産一覧表記載推薦書』は次のように記しています。（強調・ルビ

＝引用者）

中尊寺境内の北西側に位置する金色堂は、**阿弥陀如来の仏国土**（浄土）を表す**仏堂建築**である。創建年代を示す棟木銘（一一二四年）から、**国内に現存する数少ない同形式の阿弥陀堂建築の中でも最古のもの**であることが判明した。同時に、**藤原氏四代**（清衡・基衡・秀衡・泰衡）の**遺体及び首級をそれぞれミイラとして安置した霊廟**であり、政治・行政上の拠点である平泉において信仰の起点となった建築である。それは、今なお**地域における精神的な拠り所**ともなっている。

松尾芭蕉（一六四四〜一六九四）のあまりにも有名な二句、

五月雨の　降りのこしてや　光堂

夏草や　兵（つはもの）どもが　夢の跡

その深みと重みを感じずにはいられません。

もう一つの〝国家〟…「琉球王国のグスク及び関連遺産群」

京都を中心に本州から九州に至る列島各地で多彩な文化が展開していた時、沖縄ではもう一つの国家〝琉球王国〟が誕生していました。その様相を示す世界文化遺産が「琉球王国のグスク及び関連遺産群」です。

東アジア交流が生んだ〝琉球王国〟への流れ

「琉球王国のグスク及び関連遺産群（Gusuku Sites and Related Properties of the Kingdom of Ryukyu）」の構成資産は二つの記念工作物（**玉陵・園比屋武御嶽石門**）と七つの遺跡（**今帰仁城跡・座喜味城跡・勝連城跡・中城城跡・首里城跡・識名園・斎場御嶽**）で成り立っています。

その〝顕著な普遍的価値〟を感じる旅に出る一歩として、沖縄の歴史をおさらいしておきましょう。

沖縄では三万二〇〇〇年前の山下洞人(やましたどうじん)、一万八〇〇〇年前の港川人(みなとがわじん)という後期旧石器時代人の存在が知られています。そして沖縄県公式サイト「沖縄の考古」によれば、列島他地域と同様の〝縄文時代〟が営まれました。しかし列島他地域では水田稲作や鉄器を受け入れて国家への歩みを進めたのに対し、**沖縄では十一〜十二世紀頃まで狩猟・採集・漁撈を中心とした生活**が続きました。そこで、この時代を**〝弥生〜平安並行時代〟**と呼んでいます。

〝弥生〜平安並行時代〟に続く時代が世界文化遺産に登録された「琉球王国のグスク及び関連遺産群」の時代です。そこで、これ以降の簡単な年表を作成してみました。表を元に〝琉球王国〟の前史を整理してみましょう（表13）。（強調＝引用者）

【グスク時代】 十二〜十六世紀あたりを〝グスク時代〟と呼んでいます。しかし城塞としての〝グスク〟の出現は十四世紀以降と見られることから、「沖縄の考古」は、**農耕生産の開始と、別個の文化圏であった奄美・沖縄・先島三地域における物質文化の共有**（徳之島産カムィ［亀］ヤキ陶器［類須恵器］・長崎産滑石(かっせき)製石鍋、中国産陶磁器［白磁］とこれらを模倣した土器など）**をもって〝グスク時代〟を定義し直しています。**背景に「**東アジア間の広域交流に琉球列島も組み込まれた**」ことを上げています。

【三山(さんざん)時代】十四世紀に入ると、〝グスク〟の語で思い描く城塞が出現します。そして沖縄本島は北部（北山(ほくざん)［山北］）・中部（中山(ちゅうざん)）・南部（南山(なんざん)［山南］）の**三つの大きな勢力にまとまり始めます。**三勢力はそれぞれに明王朝に対する朝貢を繰り返しました。明への入貢は中山四十二回・南山二十四回・北山十一回に及んでいます。中山王は高麗(こうらい・コリョ)、そして高麗を倒した朝鮮(ちょうせん・チョソン)とも通交していました。

表13　〝グスク時代〟以降の沖縄歴史略年表

		参考（日本）	参考（中国）	
↓三山時代	1314	正和3年	元・延祐元年	この頃から三山対立と伝わる。
	1350	観応元年	至正10年	中山王察度（浦添按司）、王位に就く。
	1372	応安5年	明・洪武5年	察度、明に進貢。
	1380	康暦6年	洪武13年	南山（山南）王承察度、明に進貢・
	1383	永徳3年	洪武16年	北山（山北）王怕尼芝、明に進貢。
	1389	康応元年	洪武22年	中山王察度、高麗に通交。
	1392	至徳3年	洪武25年	中山王察度、朝鮮に通交。
	1404	応永11年	永楽2年	明・永楽帝、冊封使を派遣し察度の息子、武寧を冊封。
第一尚氏時代	1406	応永13年	永楽4年	尚巴志（佐敷按司）、中山王武寧を滅ぼす。
	1416	応永23年	永楽14年	尚巴志、今帰仁城の北山を滅ぼす。
	1422	応永29年	永楽20年	尚巴志、王位に就き、今帰仁城に北山監守配置。
	1429	永享元年	宣徳4年	尚巴志、山南王・他魯毎を滅ぼす。琉球統一と伝わる。
	1453	享徳2年	景泰4年	志魯・布里の乱起こり首里城焼失
	1458	長禄2年	天順2年	尚泰久、万国津梁の鐘を首里城正殿にかける。 護佐丸・阿麻和利の乱。
第二尚氏時代	1470	文明2年	成化6年	金丸、第一尚氏王統を倒し尚円と号して王位に就く。
	1477	文明9年	成化13年	尚真13歳で即位（～1527）。
	1492	明応元年	弘治5年	円覚寺創建。
	1501	文亀元年	弘治14年	玉陵築造。
	1519	永承16年	正徳14年	園比屋武御嶽石門創建
	1524	大永4年	嘉靖3年	六色の帕（冠）の制を制定。
	1529	享禄2年	嘉靖8年	守礼門創建。
	1531	享禄4年	嘉靖10年	『おもろそうし』第1巻編集。
	1579	天正7年	万暦7年	守礼門に「守礼之邦」の扁額を掲げる。
	1609	慶長14年	万暦37年	島津の琉球侵入、尚寧王捕虜となる。
	1610	慶長15年	万暦38年	尚寧王、家康・秀忠に拝謁。
	1611	慶長16年	万暦39年	島津氏より掟十五条を通達。 翌々年から薩摩への年頭使者始まる。
	1613	慶長18年	万暦41年	『おもろそうし』第2巻編集。
	1637	寛永14年	明・清拮抗	宮古・八重山に人頭税を賦課。
	1650	慶安3年	清・順治7年	羽地朝秀『中山世鑑』編集。
	1709	宝永6年	康熙48年	首里城失火で全焼。
	1719	享保4年	康熙58年	組踊をはじめて上演。
	1799	寛政11年	嘉慶4年	識名園完成。
	1853	嘉永6年	咸豊3年	ペリー来琉。翌年も来琉。琉米修交条約調印。
近・現代	1871	明治4年		廃藩置県。翌年、琉球国は琉球藩とさせられる。
	1879	明治12年		琉球処分。琉球藩を拝して沖縄県となり首里城明け渡し。
	1945	昭和20年		国内唯一の地上戦・沖縄戦で20万人を超える死者。 太平洋戦争敗戦後、米軍軍政下に置かれる。
	1950	昭和25年		「対日講和と原則」により沖縄の日本からの分離を取り決め。
	1952	昭和27年		日本の主権回復後も米国主導下で琉球政府設置。
	1972	昭和47年		日本復帰。なお、米軍軍政下以来の基地問題等が政治課題。

第一尚氏王統…日・明を強く意識した国是〝万国津梁

一四〇六年、佐敷（現・南城市あたり）按司（豪族）・**尚巴志**は、二年前に永楽帝から琉球中山王に冊封された浦添（現・浦添市あたり）の武寧を倒して中山の覇権を獲得します。一四一六年には〝今帰仁グスク（城）〟（国頭郡今帰仁村）の北山王・攀安治を滅ぼして一四二二年に即位します。**第一尚氏王統の成立**です。一四二九年には山南王・他魯毎を打倒し**琉球統一**を達成しました。

尚巴志は〝首里グスク（城）〟（那覇市首里）の大規模な改修と周辺整備を進めて首里を王都とします。泊・那覇港を門戸に中国・福建からの文化人や日本からの仏僧を厚遇・重用して礼制や外交、経済や道路・庭園、寺社の整備を進めました。

しかし一四五三年には王位継承をめぐって王子・志魯と王弟・布里が争い首里グスク（城）は焼失してしまいます。志魯・布里の乱と呼ばれます。志魯は死に、布里も王宮を追われ、翌年、布里の弟・**尚泰久が即位**します。

尚泰久は首里グスク（城）を再建し、一四五八年、首里グスク（城）正殿に「琉球国は南海の勝地にして三韓の秀を鍾め、大明を以て輔車と為し、日域を以て唇歯と為す。この二（明王朝と日本）の中間に在りて湧出する蓬莱の島也。舟楫を以て万国の津梁と為り異産の至宝十方刹（寺院）に充満せり。地霊人物（琉球の人々のこと）、遠く和（日本）夏（中国）の仁風を扇ぐ」で始まる〝**万国津梁の鐘**〟を架けました。

しかし、その年、今度は護佐丸・阿麻和利の乱が発生します。護佐丸は北山攻略で戦功を上げ〝座喜味グスク（城）〟（中頭郡読谷村）を拠点に中部地域に君臨していました。一方、阿麻和利は勝連半島の〝勝連グスク（城）〟（うるま市）を居城に勢力を固め、尚泰久が娘の百度踏揚を嫁つがせたほどでした。両者は覇権を巡って壮絶な戦いを繰り広げ両者ともに命を失いますが、両者の戦いに振り回されるほどに王権は揺らいでいました。

琉球王国の黄金時代…尚真王の五十年

一四六九年、第一尚氏は王朝内の実力者・金丸(かなまる)によって倒されます。翌一四七〇年、金丸は尚円(しょうえん)と称して即位し**第二尚氏王統が成立**します。

七年後の一四七七年、十三歳で即位した**第三代尚真王**(しょうしんおう)の治世は五十年に及び〝**琉球王国の黄金時代**〟を築きます。「琉球王国のグスク及び関連遺産群」の構成資産〝**玉陵**〟(一五〇一年・那覇市首里)、〝**園比屋武御嶽石門**〟(一五一九年・那覇市首里)は尚真王の創建です。〝**斎場御嶽**〟(南城市)も尚真王によって整備されました。刊行は次代以降となりましたが、王府編集の歌集『おもろさうし』も尚真王の発案によると見られています。

〝沖縄学の父〟伊波普猷(いはふゆう)(一八七六〜一九四七)らの先行研究を受けて沖縄学を大成させた外間守善(ほかましゅぜん)(一九二四〜二〇一二)は、尚真王の治績として次の三点を挙げています(『沖縄の歴史と文化』中公新書65〜66頁。ルビ=引用者)。

①地方のアヂ(豪族)たちを首里に集居させ、位階制を編成し、政治組織をととのえた。
②固有信仰に根ざす神女たちを国家的に再編成し、聞得大君(きこえおおぎみ)を頂点とする宗教組織をととのえた。
③明国への進貢を二年一貢から一年一貢に改め、親交を積極的に推進したほか、シャム、マラッカなどとも交易をして国力を伸ばした。

官制と宗教の整備、外交と経済の推進…〝日本国〟が飛鳥・藤原・奈良を通して実現していった**国家統治の完成**を彷彿とさせる改革です。

苦難の時代の中でも…

しかし十六世紀半ばにはヨーロッパ勢力の東南アジアや中国・日本への進出が本格化し、中継貿易に生きてきた琉球王国にもかげりが見えるようになります。そこにより大きな衝撃が走りました。一六〇九年の〝**薩摩の琉球入り**〟

です。「**外見上独立国でありながら、政治の内実は薩摩と幕府の厳しい統制を受けている**」(外間守善『沖縄の歴史と文化』。強調＝引用者）という状況におかれます。

そうした状況が二六〇年も続きましたが、**その過程でも歴史書『中山世鑑（ちゅうざんせがん）』などの編纂、〝識名園〟の造成、組踊（くみおどり）の上演などが進められ、今日、琉球・沖縄文化と考える多くの文化要素が育まれていきました**。

しかし**明治維新によって琉球王国は解体**され、明治十二年（一八七九）沖縄県とさせられます。〝**琉球処分**〟と呼ばれています。首里城は明治政府に明け渡されました。以降、沖縄県は〝国内植民地〟的な扱いを受け、太平洋戦争においては国内唯一の地上戦かつ最大の激戦である沖縄戦の舞台とされました。非戦闘員である県民を中心に二十万人を超える方々が殺され、戦後は米軍軍政下に置かれました。昭和二十七年（一九五二）サンフランシスコ平和条約で日本の主権が回復された後もなお米国主導下での琉球政府が設置されました。昭和四十七年（一九七二）日本復帰がなされましたが、米軍軍政下以来の基地問題等が主要な政治課題として続いています。

構成資産は〝琉球王国〟史の主要舞台

改めて思い描けば、構成資産は全て〝琉球王国〟史の主要舞台となっていることに気づかされます。そう考えると、適用された〝登録の基準〟が（ⅱ）（ⅲ）（ⅵ）であることも得心がいきます。（強調＝引用者）

（ⅱ）ある期間あるいは文化圏内での価値観の交流を示す建築物群

残存する記念工作物は、**数世紀にわたって、琉球列島が東南アジア・中国・朝鮮半島、及び日本との間の経済的・文化的交流の中心としての役割を担った**ことを鮮明に証明している。

（ⅲ）ある文化的伝統や文明の存在を証明する無二の存在

琉球王国の文化は、特殊な政治的・経済的環境の下に進化・繁栄を遂げ、その結果、**独特の性質**を持つものとなった。

（vi）顕著な普遍的価値を有する出来事や生きた伝統などとの密接な関連

琉球の神聖なる遺跡群は、浸透した他の世界的な宗教（仏教）とも並行しつつ、**現代にもその本質が継承された自然と祖先崇拝の固有の形態**の希に見る事例であることを示している。

『世界遺産一覧表記載推薦書』と『琉球歴史ロマン探訪〜九つの世界遺産めぐり』に従って、それぞれの構成資産が〝琉球王国〟史の主要舞台としてどのような歴史劇を展開したのか、建造物の特色は何かを見てゆきましょう。

【今帰仁城跡（国頭郡今帰仁村）】 最初の舞台は**北山王の居城**だった今帰仁城です。尚巴志が今帰仁城を落とすことで三山統一、第一尚氏王統が始まり、**北山監守の常駐で第一尚氏王統は安定と繁栄の基礎が築かれました**。今帰仁城の城壁は古期石灰岩と呼ばれる硬い石で築かれており、その硬さ、荒々しさを和らげるように、城郭全体は美しい曲線で構成されています。

【座喜味城跡（中頭郡読谷村）】 次の舞台・座喜味城は、北山攻略の功績で第一尚氏時代の実力者となった**護佐丸が築いた城**です。土の丘陵という弱い地盤を補うため、城壁の幅を厚くすることで強度を高めました。城内に入るアーチ門は琉球最古の城門で、その後のグスク建築の規範となりました。城内には「火神（ひぬかん）」などを祀る拝所（うがんじょ）があり、今なお多くの人が参詣に訪れています。

【勝連城跡（うるま市）】 勝連城は、第一尚氏王統に最後まで抵抗し、尚泰久が娘・百度踏揚を嫁がせるほどの力を持った**阿麻和利の居城**でした。『おもろさうし』の中では、勝連城は太陽と月に向かって城門を開き、京・鎌倉に並ぶほどの繁栄を謳歌していると歌っています。阿麻和利は気高い人〝肝高（きむたか）〟と呼ばれ、民衆に愛された徳の高い人物として今日も慕われ続けています（写真11）。

【中城城跡（中頭郡北中城村・中城村）】 中城城は、**阿麻和利を牽制するため護佐丸が布陣・増築した城**です。一八五三年来琉したペリー探検隊が、琉球石灰岩を巧みに積み上げた築城技術の高さに驚嘆し、報告書に書き記したほどです。

保存状態も最もよく、沖縄独自の石造技術の高さが実感されます。

【首里城跡（那覇市）】 首里城は第一尚氏時代から琉球王国の**首都**であり続けました。二〇一九年の失火全焼は衝撃的でしたが、それ以前にも、**王宮だけに度々焼失**しました。一四五三年、一六六〇年、一七〇九年には全焼し、一九四五年五月の沖縄戦では艦砲射撃で壊滅的被害を受けました。しかし、奈良・京都の文化財などと同様に、**その都度再建**されてきました。日本の世界文化遺産に共通する特徴です。

【玉陵（那覇市）】 首里城の西に位置する玉陵は**尚真王により一五〇一年頃造られた王陵**です。墓室は中室・東室・西室に区分され、中室は洗骨前の遺骸を安置し、東室は洗骨後の王と王妃を、西室はその他の王族を納骨しています。

写真 11　勝連城跡

写真 12　玉陵

首里城の正殿を範とした意匠で、**琉球王国の精神文化を象徴**している記念建造物と評価されています（写真12）。

【園比屋武御嶽石門（那覇市）】 園比屋武御嶽石門も尚真王によって創建された石門です。**背後の樹林地が園比屋武御嶽と呼ばれる聖域**です。国家安泰祈願や祭礼時祈願だけでなく、国王が首里城を出て各地に巡行する際に、道中の安全を必ず祈願しました。王国最高の女神官である聞得大君が、就任儀式〝御新下り（おあらおり）〟を行うために首里城から斎場御嶽に出かける際にも祈願が行われました。

【斎場御嶽（南城市）】 斎場御嶽も、尚真王が、宗教組織の整備に対応する**国家的祭祀の場**として整備した場ですが、琉球の開闢神〝アマミク〟創設の御嶽の伝えを持ち、十五世紀前半にはすでに国王の巡幸が行われていました。〝御新下り〟や〝神宿る島〟久高島（くだかじま）遥拝に係る様々な神秘的な祭礼をはじめとして、沖縄固有の祭祀・信仰が続けられています。

【識名園（那覇市）】 識名園は、**十八世紀末に造営された王家別邸の庭**です。中国皇帝の使者である冊封使（さくほうし（さっぷうし））接待の場としても使われました。全体的な意匠や構成は琉球独自のものですが、地割には十七～十八世紀の日本庭園の影響が見られ、庭園施設の一部には中国の影響が見られます。

銀の国・金の国ジパング

銀の国ジパング…「石見銀山遺跡とその文化的景観」

〝黄金の国ジパング〟。十三世紀の末に、ヴェネツィアの商人マルコ・ポーロが書き記した中国東方海上にある〝謎めいた国〟の伝えは、ヨーロッパ人の探訪心を掻き立てました。

そうしたヨーロッパ人の一人にフランシスコ・ザビエルがいました。一五四九年、ザビエルは日本にやって来ます。彼は、周防・長門（現在の山口県）を中心に中国地方西部・九州北東部に勢力を張っていた大内義隆（おおうちよしたか）の知遇を得、山口で日本最初のキリスト教会を建てます。その時、大内氏の元で〝黄金の国〟ならぬ〝**銀の国**〟が息づいていました。「**石見（いわみ）銀山**」です。〝石見〟は島根県西部の旧国名です。緩衝地帯を含む「石見銀山遺跡とその文化的景観（Iwami Ginzan Silver Mine and its Cultural Landscape）」三六六三ヘクタールは全て島根県大田（おおだ）市に含まれます。

大内氏が博多の商人と結んで日明貿易を行っていたことが「石見銀山」の本格的な出発点となりました。「しまねバーチャルミュージアム」は生き生きとした筆遣いで書いています。（強調・ルビ＝引用者）

大航海時代を支えた世界最大の銀鉱山

その商人の中に神谷寿禎（かみやじゅてい）という人物がいて、彼は中国で銀の需要があることを耳にしていました。当時、中国との貿易（日明貿易）では、銅が主要な輸出品でした。寿禎はその銅を鷺（さぎ）銅山（島根県出雲市・出雲大社の近くの銅山）で購入するために日本海を航海していましたが、その途中はるか南の山が輝くのを見つけました。驚いた寿禎が船頭にたずねたところ、それは銀峯山（ぎんぷせん）（仙ノ山（せんのやま））という名で、かつて多くの銀が産出されたことを聞きました。そして寿禎は技術者を引き連れて、一五二六年に仙ノ山で銀鉱石の採掘を行いました。二年後、大内義隆は矢滝城（やたき）を築いて石見銀山を支配下に置きました。一五三三年、寿禎は〝灰吹法（はいふきほう）〟と呼ばれる、当時東アジア最先端の銀精錬技術を導入します。

石見銀山で確立された〝灰吹法（砕いた銀鉱石を一度鉛との合金［貴鉛（きえん）］にした後、灰吹床（はいふきどこ）という炉で加熱して鉛を灰に吸着させる精錬法）〟は瞬く間に日本全土の鉱山に拡大し、一六〇〇年前後の日本銀の産出量は二百トンに達していました。「しまねバーチャルミュージアム」の記載によれば「世界の銀生産量の三分の一に相当しました」。この銀の裏付けで大航海時代の世界経済は動いていました。

それだけの世界性を持っていたことから「石見銀山遺跡」は世界文化遺産に登録されましたが、続いて「その文化的景観」とあるところに、この世界文化遺産の大きな特質があります。

なぜ〝その文化的景観〟が世界文化遺産の内実となったのか

表にまとめたように、「石見銀山」の最盛期は十六世紀の第２四半期からの百年ほどの期間でした。寛永元年（一六二四）あたりから銀産出は減少し始め、十七世紀後半には年産一トンを割るまでになりました。

軌を一にするように、江戸幕府は寛永十年（一六三三）奉書船（ほうしょせん）以外の海外渡航を禁じ、十二年（一六三五）には海外渡航と在外日本人の帰国を全面的に禁止します。また、バテレンと呼ばれるキリスト教宣教師には秀吉政権下の天正十五年（一五八七）に追放命令が出されていました（表14）。

銀の減産と海外流出の抑制、海外との人的・技術的交流の希薄化の結果、「石見銀山遺跡」は、「ほぼ四百年間に行われた銀の生産から搬出に至る鉱山運営の全体像を不足なく明確に示し…銀鉱山に関わる独特の土地利用の在り方を示す文化的景観」となりました。

表 14　石見銀山の略年表

延慶 2 年（1309）	初めて石見銀山が発見されたという（『銀山旧記』）
大永 6 年（1526）	博多の商人・神屋寿禎、石見銀山を発見する（『銀山旧記』）
享禄元年（1528）	大内義隆が矢滝城を築き、石見銀山を支配下におく（『銀山旧記』）
天文 2 年（1533）	石見銀山で灰吹法による銀精錬はじまり、以後、国内の他鉱山に広まる。大内氏、銀山を奪回（『銀山旧記』）
永禄 11 年（1568）	ポルトガル人ドラードの日本図に「銀鉱山王国」の記載がある
慶長 5 年（1600）	関ケ原の戦いの後、徳川氏が領有
慶長 6 年（1601）	大久保長安、初代奉行となる
寛永元年（1624）	銀山全体の銀産出量が減少し始める（年間 2200 貫＝ 8.2 トン）
寛永 10 年～ 12 年（1633 ～ 35）	海外渡航と在外日本人の帰国の禁止
延宝元年～天和 2 年（1673 ～ 1682）	銀産出量がさらに減少する（10 年間の平均産出高 261 貫＝ 980 キログラム）
延宝 3 年（1675）	石見銀山領は代官統治へ格下げ

以上から、〝登録の基準〟（ⅱ）（ⅲ）（ⅴ）が適用されました。（強調・ルビ＝引用者）

（ⅱ）ある期間あるいは文化圏内での価値観の交流を示す建築物群

十六世紀～十七世紀にかけての大航海時代、石見銀山における銀の大生産は、**日本と東アジアやヨーロッパの貿易国の間の重要な商業と文化の交流**をもたらした。

（ⅲ）ある文化的伝統や文明の存在を証明する無二の存在

日本の金属採掘・生産における技術発展は、**採掘から精錬にいたる一連の段階を含んだ効果的な労働集約型小規模生産システムの発展**をもたらした。江戸時代における鎖国制度は、産業革命を経て発展したヨーロッパの技術の導入を遅らせたが、このことは銀資源の枯渇による十九世紀後半のこの地域の伝統的技術を用いる生産活動の停止ともあわさって、その生産活動の痕跡を良好に残すこととなった。

（ⅴ）ある文化を特徴づける伝統的な居住・土地利用形態または環境との関係を代表する顕著な見本

石見銀山遺跡には**ほぼ当時のまま残っている鉱山・製精錬の場所・街道・港の施設など銀生産を示す多くの痕跡は、再び森林に広く覆われている。**銀生産に携わった人々の集落を含む残存景観は、結果としての顕著で普遍的価値を持つ歴史的土地利用を劇的に証明している。

「石見銀山遺跡とその文化的景観」を概観する

構成資産は図のとおりとなります。島根県教育庁編集・発行のパンフレットに従って「石見銀山遺跡とその文化的景観」を概観しましょう（図15）。

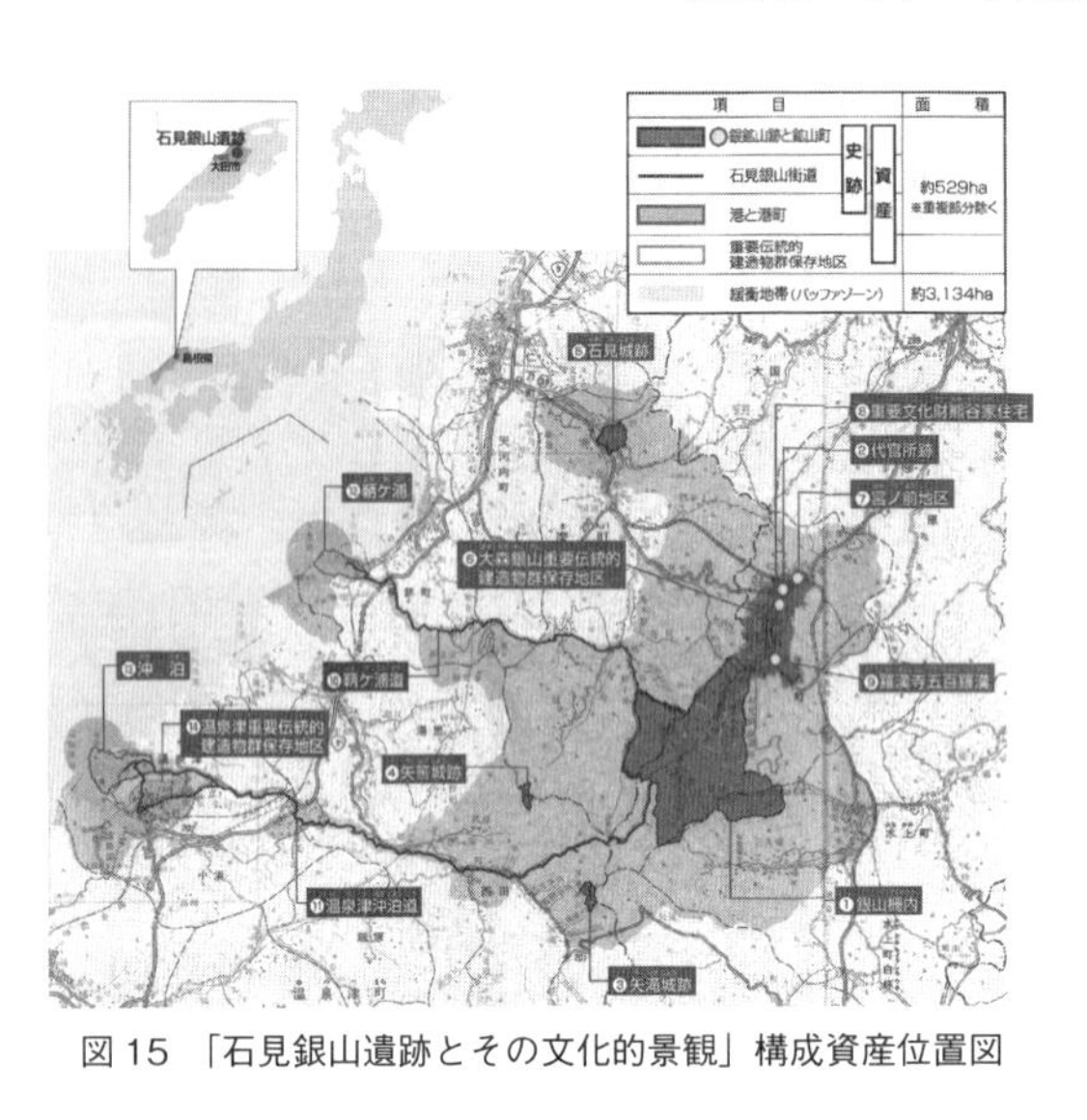

図15　「石見銀山遺跡とその文化的景観」構成資産位置図

【銀鉱山跡と鉱山町】　鉱山本体と、それに伴って発達した鉱山町および支配関連の山城

銀山柵内（さくのうち）**：**銀鉱山遺跡の本体。江戸時代初め、柵で厳重に囲まれていたことから、この名がある。銀の生産活動、生活・流通・信仰・支配に関わる遺構・遺物が良好に残る。

代官所跡：十七世紀に銀山柵内から大森地区に移転した中枢施設跡。現：**石見銀山資料館**。

矢滝城跡：石見銀山を防御するための山城跡の一つ。温泉津沖（ゆのつおき）泊（どまり）道が近くを通る。

矢筈（やはず）**城跡：**石見銀山を防御するための山城跡の一つ。温泉津沖泊道を挟んで矢滝城と対峙する。

石見城跡：石見銀山を防御するための山城跡の一つ。仁摩（にま）方面に出る街道沿いを守護する。

大森銀山重要伝統的建造物群保存地区：鉱山に隣接して発展した、江戸幕府直轄地百五十余村の中心町。

宮ノ前地区：大森地区の代官所跡近くで発見された十六世紀末から十七世紀初頭の銀製錬工房跡。

重要文化財熊谷家住宅：大森地区における最大規模の商家住宅。

公開施設。

羅漢寺五百羅漢：十八世紀中頃の制作で、石見銀山の石造物文化を代表する信仰遺跡。

【石見銀山街道】石見銀山から二つの港湾に向けてつながる、銀・銀鉱石と諸物資の輸送路

鞆ケ浦道（ともがうら）：鞆ケ浦が銀・銀鉱石の積出港として機能していたときに利用されていた全長約七キロの街道。

温泉津沖泊道：石見銀山の外港であった温泉津・沖泊と柵内を結ぶ全長十二キロの街道。

【港と港町】石見銀山産出銀・銀鉱石の積出に利用された二つの港湾と、隣接して発展した港町・港湾集落。

鞆ケ浦：十六世紀前半、銀・銀鉱石を博多に積み出した港。繁栄期の土地利用を引き継ぐ集落景観が残る。

沖泊：十六世紀後半、銀の輸送や銀山への物質補給、軍事基地として機能。集落は往時の土地利用を継承。

温泉津重要伝統的建造物群保存地区：外港として発展した温泉町。温泉旅館はじめ伝統的建造物が残る。

「石見銀山世界遺産センター」「石見銀山資料館」両施設を見学され、森を背景としながら大森の街を歩かれると、当時の様子と今に至る歴史絵巻が浮かび上がってきます。

「その文化的景観」を活かし理想的な街づくりを進める人々

大森町が興味深い人口動態を示していることも注目されます（表15）。表に整理したように、島根県は厳しい人口減少に直面している地域の一つです。特に石見地域と、そこに含まれる大田市は大きく人口を減らしています。その中で、大田市内の大森町だけが、二〇一〇年以降、**それまで大きく減っていた人口減少率を著しく弱めています。**国勢調査は五年刻みですから、二〇〇七年の世界文化遺産登録との関係が浮上しますが、世界文化遺産登録が人口増に直結するわけではないでしょう。

大森に生まれ大森に本社を置き続けて業績を大きく伸ばしている二つの企業の活動が鍵と思われます。

表15　人口減少が少なく、減少率も弱まっている大森地区（国勢調査）

	2005年	2010年	05・10年比減少率	2015年	10・15年比減少率	2020年	15・20年比減少率
大森町	**449**	**405**	**9.8%**	**391**	**3.5%**	**380**	**2.8%**
大田市	40,703	37,996	**6.7%**	35,166	**7.4%**	32,848	**6.6%**
石見地域	223,947	211,868	**5.4%**	198,927	**6.1%**	186,118	**6.4%**
島根県	742,223	717,397	**3.3%**	694,352	3.2%	671,126	3.3%
全国	127,767,994	128,057,362	**-0.2%**	127,094,745	0.8%	126,146,099	0.7%

一社は世界的な義肢メーカーです。創業者の中村俊郎（なかむらとしろう）氏は「石見銀山遺跡とその文化的景観」の〝顕著な普遍的価値〟を証明する膨大な史・資料を収集、提供された方としても知られていますが、大森の古民家等を改修しては従業員宿舎やゲストハウス、オペラハウス、図書館などに生まれ変わらせています。

もう一社は多世代から支持を得ている衣・食・住・美の総合メーカーです。創業者の松場（まつば）大吉（だいきち）・登美（とみ）ご夫妻は「生き方・暮らし方」の提案をポリシーに、中村さん同様、次々と古民家等を再生させ、大森町の「生活観光」に多くの方々を招いています。積出港だった温泉津での古民家再生事業にも取り組まれています。

世界文化遺産登録後、〝観光地化〟で翻弄されている市町村も少なくないなか、**世界文化遺産登録をゴールとせず、むしろ新たな出発点として堅実な街づくりを進めている成果と見られます。**

金の島…「佐渡島の金山」

二〇二四年七月、世界遺産委員会は、西三川砂金山（にしみかわさきんざん）と相川鶴子金銀山（あいかわつるしきんぎんざん）を構成資産とする「佐渡島（さどしま）の金山（“Sado island Gold Mines”・新潟県佐渡市）を世界遺産一覧表に登録することを決定しました。

登録基準（ⅳ）が適用されました。（強調・ルビ＝引用者）

（ⅳ）歴史上の重要な段階を物語る建築物等や景観を代表する顕著な見本

「佐渡島の金山」は、**国家の海禁政策により近代的な機械化採掘技術の輸入が制限され**

たという条件下で達成された伝統的手工業による金生産技術の改善の集大成を表す優れた物的証拠である。砂金鉱床を有する西三川砂金鉱山では「大流し」と呼ばれる例外的で大規模な水理採掘法が実施されたが、これは、ローマ時代の事例に次いで現存する貴重な例である。鉱脈鉱床を有する相川鶴子金銀鉱山では開発技術や測量技術の向上が図られ、地下深くの鉱道や長尺の排水路トンネルが掘削された。山の形を変えた「道遊の割戸」は、その規模と技術の高さを示す例である。「佐渡島の金山」では、**製錬・製綱の運用を精緻化することで、当時の鉱山では実現できなかった高純度の金を産出し、現地で「小判」と呼ばれる金貨の鋳造**が行われた。十七世紀、佐渡島は単独の金山としては世界最大級の規模を示した。

鉱山特性に合わせた最適な採鉱・製錬技術を採用

特に評価されたのは、構成資産を形成する二つの鉱山の鉱床の入り方に対して、それぞれ異なる技術で最適化を図った採鉱と製錬を行っていた独自性と持続性でした。

具体的に言うと、鉱床が山に対して横向きに入っている「堆積砂金鉱床」と呼ばれる西三川砂金山では、山を削って水の勢いで採掘する「大流し」という手法が採られました。一方、鉱床が山に対して縦に入っている「鉱脈鉱床」と呼ばれる相川鶴子金銀山では、露頭掘りや坑道掘りが行われ排水坑道なども整備されました。

二つの異なる鉱床が一つの地域（佐渡島）に併存していたことも自然の妙ですが、「佐渡島の金山」関連年表から、その歩みを確認しておきましょう（表16）。

表に見られるように、平安時代には金が採取されたと伝わり、永享六年（一四三四）室町幕府第六代将軍・足利義教によって佐渡に流された世阿弥元清が、この地で『金島書』を認めた（一四三六年）ことから、佐渡が〝金の島〟と認識されていたことは確かですが、**本格的な採掘は関ケ原の戦い後の慶長六年（一六〇一）**でした。翌々年の慶長

表16　「佐渡島の金山」関連年表

平安時代（12世紀）	『今昔物語集』に能登の人が佐渡で金を採取したと記録される（西三川砂金山）
室町時代（15世紀）	世阿弥が佐渡に流され、『金島書』を書く
天文11年（1542）	鶴子銀山が発見される
慶長6年（1601）	相川金銀山が本格的に開発される
慶長8年（1603）	大久保長安が佐渡代官になる
慶長9年（1604）	佐渡奉行所がつくられる
元和7年（1621）	佐渡で小判の製造が始まる
承応2年（1653）	京都から水学宗甫が来島し、水上輪の作り方を伝える
元禄9年（1696）	延長約1kmの南沢疎水道が完成する
宝暦9年（1759）	佐渡奉行所に寄勝場が設置される
明治元年（1868）	イギリス人鉱山技師ガワーが来島し、火薬発破法を伝える
明治2年（1869）	佐渡金銀山が明治政府直営の鉱山になる
明治5年（1872）	西三川砂金山が閉山する
昭和21年（1946）	鶴子銀山が閉山する
平成元年（1989）	佐渡鉱山が操業を休止する

八年に大久保長安が代官として赴任し、佐渡奉行所が作られます。

そして元和七年（一六二一）から佐渡で**小判の製造**が始まりました。金の製錬には石見銀山で定着した灰吹法が採用され、金と銀との混合物に塩を加えて塩化銀の形で銀を取り除く技法が加えられました。**金の採鉱・製錬から小判製造までを一貫して担っていたことも**、世界文化遺産登録の重要な評価点でした。**世界的には非常に稀な例**だからです。

その後、アルキメデスポンプの名で知られる水上輪（筒の内部に取り付けられた「らせん状」の板が回転することにより、水を引き揚げる排水具）の導入（承応二年［一六五三］）、南沢疎水道（相川金銀山の坑道から出た湧き水を海に排出するための全長約1キロの水路）の設置（元禄九年［一六九六］）などの絶えざる技術革新が行われました。

明治二年（一八六九）には明治政府の直営となりましたが、間もない明治五年（一八七二）西三川砂金山は閉山となりました。鶴子銀山は昭和二十一年（一九四六）まで存続しましたが、平成元年（一九八九）佐渡鉱山操業停止となり、世界文化遺産登録に際し、商業的な採掘は行わないことを決定しました。遺産の保全と活用を考えてのことです。

採鉱から小判製造までを一貫

新潟県観光文化スポーツ部文化課世界遺産登録推進室「佐渡島の金山」

公式サイトは、採鉱（鉱石を掘り出す）・選鉱（鉱石を選別する）・製錬・小判製造の四段階に分けて説明しています。（強調・ルビ＝引用者）

【採鉱】 鉱石は、**金穿大工**（かなほりだいく）**が鑽**（たがね）**という採掘用の「のみ」を上田箸**（うえだばし）**ではさみ、鎚**（つち）**で打って掘りました。**上田箸ではさむことで短くなった鑽も使用できました。鉱石は硬いため、大工一人当たり、鑽を二日で一本程つぶしたといわれています。また、坑道の換気には、米の選別作業で使用する「とうみ」も使用していました。

【選鉱】 採掘された鉱石は**勝場**（せりば）に運び込まれ、鉄のハンマーで砕かれたのち、石臼でさらに細かくすりつぶして砂状にしました。**これを水槽に入れてゆり板でゆすり、軽い砂と重い金銀分に分けて回収**しました。残った砂には、まだ、わずかに金銀が含まれているので、「ねこ流し」という工程にかけられました。すべり台のような形の木の枠に木綿の布を敷き、その上から砂を流し入れて、金銀分を付着させました。この作業を何度も繰り返して金銀を回収しました。

【製錬】 製錬の作業は、**床屋**（とこや）とよばれる場所で行いました。まず、勝場で回収した金銀と鉛をいっしょに炭火で溶かし、金銀と鉛の合金をつくります。この作業は「**灰吹法**」といい、石見銀山から伝えられました。次にそれを灰を敷きつめた鉄鍋で熱すると、鉛が灰にしみ込んで金銀だけが残ります。この金銀の合金を金と銀に分けるために、硫黄を添加する「**硫黄分銀法**」（いおうぶんぎんほう）や塩を用いる「**焼金法**」（やききんほう）の二つの方法が用いられました。これらを組み合わせ、四〜五回繰り返すことによって、金の純度は小判の品位（66〜87％）に合わせて高められました。

【小判製造】 相川では、鉱石から金銀を生産するだけでなく、**小判の製造**まで行っていました。これは、**島という隔絶した地理的条件と、奉行所による一元的な管理体制によって可能となった**ものでした。鉱石の採掘から小判の製造までを一貫して採掘地で行うというのは、世界的にも極めて珍しいことです。小判は奉行所の隣にあった「**小判所**」でつくられました。まず、金を溶かして、のべ板状にしたものをハサミで小判一枚の重さに切り分け、鎚で叩いて小判の形に成形し、「**茣蓙目**（ござめ）」という模様を付けます。その後、表面に薬品を塗り、熱を加える「**色揚げ**（いろあげ）」を行って、より良い「黄金色」にして、完成させました。

金山が生み、現代に継承された文化

〝佐渡島の金山〟は独特の文化と暮らしを生み出しました。「佐渡島の金山」公式サイトは次のように解説しています。**ポイントは現代に継承されている点**にあります。（強調・ルビ＝引用者）

【やわらぎ】「やわらぎ」は、**大山祇（おおやまつみ）神社の神前で奉納される、鉱山特有の神事芸能**です。やわらぎには①固い鉱石がやわらぐように②山の神様の心がやわらぐようにという二つの願いが込められているといわれています。

【鬼太鼓（おにだいこ・おんでこ）】厄を払い、家内安全や豊年を祈る神事です。島内には**約一二〇集落それぞれに異なる鬼太鼓がある**といわれています。なかでも相川などに伝わる系統は、江戸時代中期の絵巻に描かれており、相川善知鳥（うとう）神社の祭礼から始まったものともいわれています。

【文弥（ぶんや）人形】文弥人形の元形である文弥節は、江戸時代後期に関西で流行したものが佐渡へ伝えられたといわれます。**一人で一体の人形を操る人形芝居**で、一八七二（明治三）年に沢根（さわね）の文弥語り伊藤常磐一（いとうときわいち）と小木（おぎ）の人形遣い大崎屋松之助（おおさきやまつのすけ）によって創始されました。国の**重要無形民俗文化財**に指定されています。

【佐渡おけさ】江戸時代初期、金銀積み出しなどを目的に**小木港の整備**が始まり、十七世紀の後半には**西廻航路**の寄港地に指定され、各地の文化が海を越えて伝えられました。江戸時代に**北九州に流行したハイヤ節が、北前船などの船乗衆によって佐渡に伝わり**、変化し、おけさ節になったといわれています。

【無名異焼（むみょういやき）】金山周辺から採れる赤い土「無名異」を使用した陶器。相川には人間国宝に認定された伊藤赤水（いとうせきすい）の窯元があります。

【能】 一六〇四（慶長九）年に来島した大久保長安は、大山祇神社等で演能を催し、現在の佐渡に伝わる能文化の礎を築いたとされています。佐渡には今でも三十以上の能舞台が残され、島内各地の能舞台で春～秋に演じられています。

過酷な労働の実態も展示・学習

「佐渡島の金山」に関しては、登録期間外の戦時中における朝鮮半島出身労働者の問題などが登録の足枷になるのではないかという憶測がありました。しかし、日韓両国政府は、ICOMOS（International Council on Monuments and Sites：国際記念物遺跡会議）の勧告を踏まえて、事前に十分な議論を交わし、登録期間を限定する一方で、朝鮮半島出身労働者などを丁寧に説明する展示を設けることで決着を得ました。

実は、「佐渡島の金山」では、世界文化遺産登録運動の以前から、その展示説明において江戸時代の「佐渡島の金山」での過酷な労働の実態を明らかにすることに力を割いてきています。そのことが、今回の「壁」となるかもしれない課題を解決できる地域の力となっていました。このことを忘れてはならないと思います。

「影の部分」を隠さず、その克服のためにも世界文化遺産登録はあることを痛感させられます。

その点で、登録直前に韓国のメディア『中央日報』のインタヴューに答えられた第八代ユネスコ事務局長・松浦晃一郎先生（世界文化遺産地域連携会議顧問）の次の発言を共有したいものです。

国宝は国家の宝物、世界遺産は世界全体、人類全体の宝物として大切にしなければならない。日韓の未来世代が相手の歴史観を互いに理解し合い、そのうえで互いに手を握っていくようにする必要がある。

（『中央日報』日本語版・二〇二四年七月二十二日付）

元和偃武―再建された「日本」

二五〇年の平和の礎…「日光の社寺」

慶長二十年（一六一五）大坂夏の陣をもって、一五〇年に及んだ内戦に終止符が打たれました。元和と改元されます。「元和偃武（和を元とし武を偃む）」と称されます。政治の中心も京都から江戸に移りました。

爾来二五〇年にわたる安定の基礎を築いた徳川家康の霊廟・東照宮を中心に新たな平安を祈る場が、江戸の真北に位置する「日光の社寺（Shrines and Temples of Nikko）」です。

構成資産は二荒山神社、東照宮、輪王寺の二社一寺の建造物群とそれを取り巻く文化的景観・日光山内から成り立っています。歴史を振り返ることから「日光の社寺」の〝顕著な普遍的価値〟に踏み込んでゆきましょう。

〝日光〟の歩みを振り返る

聖地〝日光〟の歩みは大きく四つの時代に分かれます（表17）。

【日光開山】 始まりは天平神護二年（七六六）、**勝道上人による寺の創建**です。男体山の麓に開かれた寺は紫雲立寺（四本龍寺）と名づけられました。輪王寺の最初の姿です。勝道は日光山（男体山）登拝に挑み、三度目に成功します。天応二年（七八二）のことと伝わります。日光山は**観音菩薩の浄土・補陀落山**と見立てられていました。男体山（二四八六メートル）・女峰山（二四八三メートル）、二つの聖山（ふた・あら山＝ふたら［二荒］山）が「補陀落山」を連想させることは容易に想像されます。また、「二荒」は「にこう」とも読めることから「日光」の名が生まれたとも考えられています。勝道上人開山から間もなく四本龍寺は「満願寺」号を賜ります。九世紀半ばには二荒山神社

表17 「日光の社寺」略年表

天平神護2年（766）	勝道上人、紫雲立寺（四本龍寺）を創建
天応2年（782）	勝道上人、3度めの挑戦で補陀落山（男体山）に登頂 （空海「沙門勝道歴山水瑩玄珠碑」『性霊集』）
延暦3年（784）	勝道上人、中宮祠と神宮寺（中禅寺）を創建
弘仁元年（810）	四本龍寺・中禅寺に「満願寺」号を賜る（817年勝道入寂、1240年に光明院となる）
承和3年（836）	二荒神、神階正五位下を下賜される（869年正二位、『延喜式』下野国唯一の「名神大」として記される。ただし河内郡）
嘉祥3年（850）	二荒山神社、本宮・新宮・滝尾の三社となる（社伝）
治承元年（1177）	座主職争いで山内争乱。四本龍寺など焼亡
建久3年（1192）	源頼朝、征夷大将軍となり、日光山を関東の護りとする
承元4年（1210）	弁覚、日光山座主となり熊野修験を伝え、日光山復興に尽力 （1251年入寂と伝わる）
延慶元年（1308）	仁澄、座主となり皇族座主始まる。この頃、日光修験、盛んとなる （室町期には所領18万石、僧房500と伝わる）
天正18年（1590）	豊臣秀吉、小田原北条氏への加担を理由に日光山宗徒の所領没収
慶長8年（1603）	徳川家康、征夷大将軍となる
慶長18年（1613）	家康、川越無量寿寺北院（喜多院）住職・天海を日光山貫主とし、 本坊・光明院を再興
慶長20年（1615）	大坂夏の陣。150年の内戦に終止符。改元
元和2年（1616）	家康逝去
元和3年（1617）	後水尾天皇、家康に東照大権現号下賜。日光山に移し霊廟創建し家康の遺骸を駿河久能山から日光山に移す
元和5年（1619）	二荒山神社本殿・拝殿造営
元和8年（1622）	東照社奥社宝塔創建（木造。石造建て替えを経て家康遺骸の保護のため1683年鋳銅製に）
寛永2年（1625）	松平正綱、杉並木植樹を始める（1623年秀忠隠居、家光将軍宣旨、1624年天海、東叡山寛永寺創建）
寛永13年（1636）	徳川家光による東照社大造替、この年朝鮮通信使日光参詣 （二荒山神社神橋、日光街道も成る。天海入寂、1643年）
寛永20年（1643）	家綱誕生・東照社落成祝賀の朝鮮通信使参詣。鐘（現存）と三具足 （花瓶・香炉・燭台、1812年焼亡・再製）を奉納。
正保2年（1645）	後光明天皇、東照宮宮号下賜
正保3年（1646）	日光例幣使始まる
正保4年（1647）	伊勢例幣使復興
慶安2年（1649）	常行堂・法華堂再建
慶安3年（1650）	東照宮五重塔創建（1815年焼失、1818年再建）
慶安4年（1651）	家光逝去、日光山大黒山に葬る
承応2年（1653）	家光霊廟・大猷院廟落成。
明暦元年（1655）	後水尾天皇、輪王寺号下賜、守澄法親王輪王寺宮となる
明治2年（1869）	日光県設置、輪王寺号廃止
明治4年（1871）	日光県廃止、栃木県となる。神仏分離。日光山は満願寺、二荒山神社、東照宮に分けられる
明治12年（1879）	日光山保全のため保晃会設立
明治16年（1883）	輪王寺号復活
明治22年（1889）	日光町制施行（1954年に市制）。翌年、日本鉄道日光線開通 （1929年、東武日光線となる）。
明治35年（1902）	死者46名・家屋被害160余の大水害で神橋も流失（1904再建）
昭和9年（1934）	日光国立公園指定

も本宮・新宮・滝尾三社の体制に整えられたと伝わり、下野国唯一の名神大社とされます。

【日光修験の時代】平安末期には座主（寺のトップ）を巡る騒乱で日光の堂宇は燃えてしまいます。平安末期の混乱から日光山も無縁ではなかったということでしょう。しかし、**源頼朝**が鎌倉幕府を開き、日光山を**関東の護り**としたことで、日光山は再びの安定と隆盛を取り戻します。中心となった人物を**弁覚**と言います。熊野修験を伝えて**日光修験を確立**します。十四世紀に入ると座主には皇族が就任し、室町期には所領十八万石、僧房五百と言われるほどになりました。しかし、その隆盛も、小田原北条氏への加担を名目とした**豊臣秀吉による所領没収で潰されます**。

【江戸幕府による再建と聖地化】この厳しい状況を逆手に取って、江戸幕府は、復興した〝日本〟の永遠の平和と安泰を祈る場として〝日光〟を位置づけ、聖地再建を図ってゆきます。第一歩は川越・無量寿寺北院（喜多院）住職・**天海の日光山貫主任命**でした。時に慶長十八年（一六一三）。大坂の陣の直前のことです。天海は、家康の遺言に従**い元和三年（一六一七）日光山に霊廟・東照社を創建し家康の遺骸を駿河久能山から移します**。ほどなく二荒山神社本殿・拝殿も造営され、今日に繋がる日光山内の文化的景観の形が日々整ってゆきます。

寛永十三年（一六三六）には家光による**東照社大造替**が完成します。この年、現在の橋形の二荒山神社神橋、日光街道も完成し、朝鮮通信使の日光参詣も行われます。正保二年（一六四五）には後光明天皇から**東照宮の宮号**を下賜され、東照社は東照宮へと格上げされました。翌年からは毎年、家康命日に朝廷から勅使が派遣される**日光例幣使**が始まります。承応二年（一六五三）には、二年前に亡くなった**家光のために大猷院廟が落成**。間もなく日光山門跡の守澄法親王は**輪王寺宮の称号を下賜**されます。爾来二百年以上にわたって、日光は、幕府のみならず、各藩・庶民の崇敬の場となって門前町も活況を呈し、徳川幕藩体制を根源で支える聖地の位置を保ち続けてゆきました。

【神仏分離による〝解体〟を乗り越えて】しかし、明治元年（一八六八）三月、新政府が発布した神仏判然令、いわゆる**神仏分離政策によって〝日光〟は解体の危機**に見舞われました。日光消滅の危機に際して、日光に集う人々は**保**

晃会という組織を作って**日光山保全のために全力を尽くされました**。東京からほど近い保養地・観光地としての姿も加わり、今日の日光の盛況に結実しています。

聖地〝日光〟再建・創建に見る戦略性

そうした流れを顧みた時、江戸幕府による聖地〝日光〟創建には見事な戦略性が浮かび上がります。

第一は、戦乱状態に〝**和戦両面で終止符を打つ**〟という課題への対処です。

戦闘の終結だけでは永続的な平和は訪れません。**復興と平安の核を作り出さなくてはなりません**。その地として、江戸から比較的近く、長い信仰の歴史を持つ一方で、秀吉によって所領を没収されていた日光山内は最適の地でした。

図16　江戸と日光の位置図

第二は、江戸を核とした〝**新しい日本づくりの要**〟としての位置づけです（図16）。

図に示したように、日光は江戸の真北に位置します。東アジア世界においては、世界は北極星（北辰）を中心に回っていると考えられてきました。日光は、江戸の人々にとって**現世の「北辰」**となりました。

第三は、**天皇・朝廷と将軍・幕府との関係を目に見える形**にすることです。

ポイントとなるのは〝**東照大権現**（だいごんげん）〟という家康の神号です。〝明神（みょうじん）〟は秀吉の神号〝豊国大明神〟の悪しき例（一族滅亡）

があることから、天海の主張する〝権現〟号が選ばれたことは、良く知られていますが、〝東照大権現〟と書いた時、**〝東照〟**は**「あづまてらす」**と読めることに気づかれたと思います。

そのことを意識すると、ある言葉が浮かび上がってきます。**「あまてらす」**です。皇祖神〝天照大御神（あまてらすおおみかみ）〟です。

この対比、見事です。**皇祖神は日本全土、さらには地上全てを「あまてらす」**。それに対して**神となった家康は東（あづま）を照らす**。あるいは東から照らす。天皇・朝廷を奉りながら、実権を確実なものとする見事な戦略です。「あづまてらす」中心は〝日光〟であり〝江戸〟でした。

そのことを具体的な姿で見せてくれるのが**二つの例幣使**です。

〝例幣〟つまり有力な神への朝廷からの定期的な奉幣は途切れていましたが、家康が東照大権現として祀られ東照社が東照宮へと格上げされたことに伴い、正保三年（一六四六）から、家康命日に勅使が東照宮に幣帛を納める**日光例幣使が制度化**されます。それに伴って、翌年からの**伊勢例幣使復活に幕府も同意**します。

しかし、それ以外の例幣使は復活されませんでした。**日光と伊勢の特別視**が鮮明になります。そして日光例幣使のために、中山道を高崎の南で別れて日光に向かう街道が日光例幣使道として整備されます。

第四は、**朝鮮（ちょうせん・チョソン）王朝との国交回復を象徴する場**です。

家康は秀吉の朝鮮侵略に対して積極的に加担することなく、秀吉御元を守ると称して徳川軍を朝鮮半島に出兵させませんでした。そして関ケ原の戦いの後、「侵略を詫び、捕虜等を帰すように」と迫った朝鮮からの使いに対して、侵略者・秀吉一派を倒した徳川として朝鮮王朝との修交を回復したいと提案します。その結果が**朝鮮通信使の復活**でしたが、**日光参詣**を組み込み、日光を国交回復象徴の場としてゆきます。

世界の記憶「朝鮮通信使」と重ね合わせて

この第四の戦略、江戸幕府の世界戦略の場としても日光があったことを考える際、二〇一七年、日韓両国の民間団体による共同申請（日本側：NPO法人朝鮮通信使縁地連絡協議会、韓国側：財団法人釜山（プサン）文化財団）により「朝鮮通信使」がユネスコ世界の記憶に登録されたことの重大性が浮上します。

〝朝鮮通信使〟を通した国交・親善は室町時代からありましたが、秀吉の朝鮮侵略（文禄・慶長の役：一五九二～九三年・一五九七～九八年。朝鮮側の呼称は壬辰倭乱（じんしんわらん）・丁酉再乱（ていゆうさいらん））によって厳しい局面に置かれていました。登録名「朝鮮通信使に関する記録：一七世紀～一九世紀の日韓の平和構築と文化交流の歴史」が端的に記すように、関ケ原の戦いの後、江戸幕府が再興します。ともすれば私たちは、江戸時代、日本は国を閉ざしているように考えがちですが、朝鮮王朝との間には正式な国交があり、民衆レベルでも朝鮮との善隣友好が重ねられていました。

朝鮮通信使が日光を訪れたのは寛永十三年（一六三六）・二十年（一六四三）の二回だけでしたが、世界文化遺産「日光の社寺」と世界の記憶「朝鮮通信使」とを重ねて捉えると、東照社落成祝賀として朝鮮国王・仁祖（じんそ・インジョ）（在位一六二三～四九）から供えられた鐘と三具足（みつぐそく・さんぐそく）（花瓶・香炉・燭台）の重みが伝わってきます。

〝日光〟が見せる〝新しい日本〟の姿

こうした戦略性を感じさせる「日光の社寺」ですから、伝統を踏まえるとともに、新たな平安を生み出すにふさわしい創意が加えられました。登録基準（ⅰ）（ⅳ）（ⅵ）が適用されました。（強調＝引用者）

（ⅰ）人間の創造的才能を表す傑作

「日光の社寺」は建築上、芸術上の傑出した能力を表すものである。この特質は、**山林の中に建つ建造物群の調和的な一体性**や、**人々の営為によって管理されてきた自然**によって、さらに強められる。

（iv）歴史上の重要な段階を物語る建築物等や景観を代表する顕著な見本
日光は、**神社仏閣に適用された江戸時代の建築様式の最適な例証**である。東照宮と大猷院霊廟の二棟の霊廟は、日光における**権現造の形式の完成形**であり、後代に決定的な影響を与えた。これらの建築や装飾に関わった**技能者・芸術家の創造性及び独創性**は顕著に抜きんでて優れている。
（vi）顕著な普遍的価値を有する出来事や生きた伝統などとの密接な関連
「日光の社寺」は、その周辺環境とともに、**日本で古くから宗教の中心とされてきた場所の顕著な事例**である。それは、神道における人間と自然との関わりに関係しており、宗教的なしきたりを通じて山や森を畏怖し、崇拝の対象とするもので、**その慣習は今日においても生き生きと受け継がれている。**

〝日光〟を守り未来へとつなぐ〝門前〟の人々

そうした歩みを持つ〝日光〟の地で、日光開山以来の〝庶民の日光〟を現在につなぐ様々な活動が続けられています。NPO法人「日光門前まちづくり」の活動などは、その一例です。

「日光門前まちづくり」は、メインストリートの拡幅事業を契機に、「まちづくり規範」など地元主体のルールやまちづくりのあり方を検討し、実践してきました。「祭（いの）りのまち」という大きなテーマを元に、観光のあり方の変容を勘案し、暮らしや顔の見える「血の通った」実践活動を目指しています。具体的には、まちなみ景観づくり、まち歩きガイドツアー「日光ぶらり」の開催、地域住民主体のイベントの開催、講演会「日光まちづくり講座」の開催、気軽に話し合える場「日光まちづくりカフェ」の開催、街路灯の清掃、視察の受入などですが、山内門前での、こうした活動が〝日光〟の平和を今に、そして未来につなぐ道となっています。

日本の城と言ったら、確かに「姫路城」

世界には世界文化遺産に登録された〝城〟が実にたくさんあります。
中国の万里の長城、韓国の華城（水原城）、琉球王国のグスク、ロシアのクレムリン（城壁）…。「歴史地区」の名で登録されているチェコのプラハも、イタリアのナポリも、オーストリアのザルツブルグも、ポーランドのクラクフも、中心は城（プラハ城・ヌオーヴォ城・ホーエンザルツブルグ城・ヴァヴェル城）です。全世界で見れば、〝城〟に関わる世界文化遺産は五十を超えます。

〝それなら日本も〟というわけではありませんが、「法隆寺地域の仏教建造物」と並んで日本の世界文化遺産第一号で登録されたのが「姫路城（Himeji-jo）」です。日本の城郭建築は十六世紀半ばに確立され十七世紀初頭に完成しますが、「姫路城」は完成形態です。日本の城郭建築を代表する城です。

「〝白鷺城〟と呼ばれる、あの美しい城。日本の世界文化遺産第一号。なるほど」と思われる方も多いでしょうが、「姫路城」は、世界各地の〝城〟と比べると、二つの際立った特徴を持っています。

〝日本の城〟の世界的な特異性

第一に、ヨーロッパはじめ世界各国の〝城〟が石かレンガで築かれているのに対し、石垣（石の城壁）に囲まれているとはいえ、「姫路城」は**木造の建物**です。琉球王国のグスクや韓国の華城も石やレンガが構築の中心素材ですから、木造の「姫路城」は、世界的には極めて異質です。

第二に、「姫路城」の**石垣**（城壁）**と二重の濠は「姫路城」だけを取り囲んでいます。**

「姫路城図屏風（図17）」を見ても、内濠と外濠の間には武家屋敷群が見られますが、城壁は〝まち〟全体を囲んでいません。まして百姓の住処は城の外です。ヨーロッパの〝城〟が、城壁の中に教会や住民の居住区、商店や工房を持ち、〝城郭都市〟を成り立たせていることと対照的です。華城もヨーロッパ型です。中国の北京も元々は城壁で囲まれていました。

しかも、「姫路城」は〝日本の城〟としては特異な存在ではなく、日本の城はすべて木造で、かつ、石垣（城壁）・内濠の中は城だけです。

「姫路城」は『顕著な普遍的価値の言明』で、第一の特徴つまり姫路城が木造建築物であることに重点をおいて〝登録の基準〟（i）（iv）の適用を実に簡明に説明しています。（強調＝引用者）

図 17　姫路城図屏風
（城下町を中心にトリミング、個人蔵）

（i）人間の創造的才能を表す傑作

「姫路城」は、**木造建造物群の傑作**である。それは、**白漆喰の使用及び、多数の建築群と屋根の重なりが築く繊細な構成の両面において、合理的機能を卓越した美に結合させている**。

（iv）歴史上の重要な段階を物語る建築物等や景観を代表する顕著な見本

「姫路城」は、**日本の木造城郭建築の最高点**を表し、その**重要な特徴を損傷なく保存**している。

「姫路城」の構成資産が〝姫路城〟だけで完結している理由も、ここにあります。

〝日本の地域構造〟の世界的な特異性

第二の特徴、つまり、**〝まち〟が〝城壁〟に囲まれていないことも**、日本全土で**共通**しています。

日本の〝まち〟は、ヨーロッパのような厳格な境目を持たずに、〝むら〟と呼ばれる農村地帯につながり、やがて次の〝まち〟が現れます。城・まち・むらが網の目状にゆるやかに繋がる国土。これまた日本独特の地域の姿です。世界的には城壁に囲まれた都市とその外側に広がる農耕地帯は別物です。ヨーロッパだけでなく、世界の多くの文明において、城壁で囲まれた都市は独立した存在です。

振りかえって考えてみれば、中国・韓国の都城が城郭都市であるのに対し、平城京も平安京も城壁で囲まれませんでした。羅城門が都外れの魑魅魍魎の住処とさえ考えられたのは、羅城なきまま羅城門だけが聳え立ち、境目なしに〝むら〟に繋がっていたからでしょう。芥川龍之介の『羅生門』、その題材となった『今昔物語集』の「羅城門」の話は、日本の都城構造だから生まれた傑作と言えるかもしれません。

その一方で多くの近世城郭は都市のランドマークとして機能し続けています。失火や戦争、政権交代等で城が姿を消した場合も、その地は行政センターや住民の文化的拠点となっています。その原型を、最も美しい形で示している点でも、「姫路城」は日本の世界文化遺産第一号の名に値します。

これほど美しく、かつ合理的機能を備えた城は、いかにして生まれ、守られ、都市の中核、ランドマークとして生き続けてきたのでしょうか。

「姫路城」はいかにして生まれ、守られ、活かされ続けているのか

「世界文化遺産・姫路城公式サイト」（姫路市）に従い略年表をまとめてみました（表18）。

天正八年（一五八〇）の羽柴秀吉（後の豊臣秀吉）による三層天守閣の建築も一つの契機ですが、慶長五年（一六〇〇）の関ケ原の戦いにおける論功行賞として池田輝政が城主とされ、翌年から五重七階の連立式天守（五層の屋根を重ねた大天守と三層の屋根を重ねた東小天守・乾小天守・西小天守の四つの建物を四隅におき、それぞれを廊下状の櫓でつないで四角の形に建物を配する型式）を築いたことが今日の姫路城の出発点となりました。『世界遺産一覧表記載推薦書』は

表18　姫路城略年表

元弘3年（1333）	赤松則村（円心）、護良親王の命により挙兵。京に兵をすすめる途中、姫山に砦を築く。
正平元年（1346）	赤松貞範、姫山に本格的な城を築く。
嘉吉元年（1441）	嘉吉の乱。赤松満祐父子、六代将軍足利義教を謀殺し、自害。山名持豊、姫路城を治める。
応仁元年（1467）	応仁の乱。赤松政則、姫路城を陥落し、領国を回復。本丸、鶴見丸を築く。後に一族の小寺氏、その重臣の黒田氏が城をあずかる。
天正8年（1580）	羽柴秀吉（後の豊臣秀吉）の中国攻略のため、黒田孝高、城を秀吉に献上。秀吉、3層の天守閣を築く。翌年完成。
天正13年（1585）	木下家定、姫路城主となり16年間治める。
慶長5年（1600）	関が原の戦の後、池田輝政が姫路城主に。
慶長6年（1601）	池田輝政、城の大改築を始める。1609年（慶長14年）に5重7階の連立式天守完成。
元和3年（1617）	池田光政、鳥取城へ移る。本多忠政、姫路城主に。三の丸、西の丸、そのほかを増築。
寛永16年（1639）	松平忠明、姫路城主となる。
慶安2年（1649）	榊原忠次、姫路城主に。その後、松平、本多、榊原各氏が城主に。
寛延2年（1749）	酒井忠恭、前橋から姫路へ。明治維新まで酒井氏が城を治める。
明治2年（1869）	酒井忠邦、版籍を奉還し、姫路城は国有に。
昭和6年（1931）	姫路城天守閣、国宝に指定される。
昭和26年（1951）	新国宝に指定される。
昭和31年（1956）	天守閣、国費により8か年計画で解体修理着工（昭和の大修理）。
昭和39年（1964）	天守閣群の全工事完了。
平成5年（1993）	ユネスコの世界文化遺産に登録される。
平成21年（2009）	大天守保存修理工事着工（平成の修理）。
平成27年（2015）	姫路城グランドオープン。
令和5年（2023）	世界遺産登録30周年。

記しています。（強調＝引用者）

　現在残されている姫路城の建造物群や二重の濠（内濠・外濠）で囲んで内郭と外郭とを分ける所在地域の構成は、ほぼ池田輝政時代のものである。当時の建造物は、軍事防御施設である天守や櫓・塀・門と、城の居館から構成されていた。その後一六一七年に城主となった本多忠政が徳川秀忠の娘を迎えたため、内郭の西端の一郭だけは改修されている。**城は、それを中心にして城下町が形成され、城主たる大名は交代したが、二七〇年間、藩の中心として機能した。**

　その姫路城も明治新政府の軍用地とされ、武家屋敷の除去、陸軍師団司令部施設等の建設が進められました。しかし、関係者の尽力で天守群等の主要な建造物群は残されました。昭和四年（一九二九）には史跡に、同六年（一九三一年）には国宝に指定されます。太平洋戦争では空襲にあいながらも焼失せず、城の内郭中心部の指定建造物は保存されました。
被害が少なかったことは僥倖としても、表によれば大名の交代はかなり頻繁です。その中で姫路城が維持された力の一つは、城下町に暮らす様々な職種の工商や市民たちが〝城〟を誇りとし続けてきたことにあります。姫路城と共に日本の世界文化遺産第一号となった「法隆寺地域の仏教建造物」が世界最古の木造建造物となりえた力と通ずるものが感じられます。

〝来し方行く末〟を照らし出す…「白川郷・五箇山の合掌造り集落」

江戸時代は地域独特の暮らしや文化が育まれた時代でもありました。「白川郷・五箇山の合掌造り集落（Historic Villages of Shirakawa-go and Gokayama)」は一つの典型的な姿を見せています。

〝人が暮らす三つの集落〟がそのまま、それだけで世界文化遺産

「白川郷・五箇山の合掌造り集落」の構成資産は**岐阜県大野郡白川村荻町地区**（白川郷）、**富山県南砺市相倉地区・菅沼地区**（五箇山）の**〝人が暮らす三つの集落〟**です。（写真13・写真14・写真15）一九九四年の世界文化遺産推薦段階での三つの集落の概要は表の通りです。合掌造り家屋八十九棟を核とした二一二棟に暮らす人口七六四人の三つの集落が世界文化遺産に登録されました（表19）。

〝人が暮らす集落〟や〝人が暮らす家屋〟が世界文化遺産の構成資産となっている例は他にもありますが（「石見銀山遺跡とその文化的景観」の大森銀山重要伝統的建造物群保存地区・温泉津重要伝統的建造物群保存地区や「富岡製糸場と絹産業遺産群」の田島弥平旧宅など）、**〝人が暮らす集落〟がそのまま、かつ、それだけで世界文化遺産を構成している例は日本の世界文化遺産では、ここだけ**です。

写真13　白川村荻町地区

写真14　南砺市相倉地区

写真15　南砺市菅沼地区

「白川郷・五箇山の合掌造り集落」の第一の特徴です。

文化遺産オンライン掲載の「顕著な普遍的価値の言明」は「「白川郷・五箇山の合掌造り集落」は、**日本では希少な事例である**。…合掌造りは極めて特徴的な農家の形式の一つで、**この土地の自然環境及び人々の生活・生業**（**特に養蚕**）**に合わせて発展してきた極めて合理的な構造を見せる**。…**合掌造り民家は群として保存され、その多くは附属屋も原型で残り、密接に関係する周辺の景観も損なわれずにいる**。」と簡潔にまとめています（強調＝引用者）。

表19　1994年の推薦段階での白川郷・五箇山の集落概要

集落名	戸数	人口	2020年国勢調査人口	合掌造り家屋数	全家屋数	石造工作物
白川郷・荻町地区	152	634	577	60	117	7
五箇山・相倉地区	27	90	45	20	67	5
五箇山・菅沼地区	8	40	25	9	28	2
計	187	764	647	89	212	14

焰硝が合掌造りを生み出し、養蚕が合掌造りを維持

なぜ、このような集落が生まれ、維持されてきたのでしょうか。

まず考えられるのは険しい山岳地帯・日本有数の豪雪地帯という立地です。〝急勾配の屋根〟はたしかに雪深い地域に合っています。しかし、これだけでは、合掌造り集落は生まれなかったようです。地域特有の生業が鍵となりました。『世界遺産一覧表記載推薦書』「資産の内容　iii　産業」で次のように記しています。（強調・ルビ＝引用者）

江戸時代の検地帳などの史料によると、白川郷と五箇山地方では、平坦地の少ない山間地のために稲作は少なく、わずかな畑地と焼き畑で稗や粟、そばなどが栽培され、食糧の自給がほそぼそと行われていた程度の農業であったことが知られる。…この**貧弱な農業生産に代わる地域の主要な産品は、和紙と塩硝**（えんしょう）**と養蚕**であった。

しかし、和紙生産は積雪期の長い山村の換金生業としてふさわしい生業ですが、全国各地の同じような山村に合掌造り集落は見られません。また、大きな空間を必要とする養蚕に合掌造りは適していますが、江戸時代以来の各地の養蚕農家の一般的な形態は合掌造りではありません。和紙・養蚕と並ぶ第三の生業・**塩硝製造**に合掌造り集落誕生の鍵がありそうです。塩硝は一般には〝焰硝〟と書かれます。「iii　産業」は続いて次のように記しています。（強調＝引用者）

塩硝は火薬の原料であり、したがって**重要な軍用物資**であったため、それぞれの地域の支配者によって厳しく統制され、また、特別に庇護もされていた。白川郷と五箇山地方での塩硝の生産は、ヨモギ、アカソ、ムラタチなどの雑草を牛肥、下肥とともに土に混ぜ、三、四年かけて土壌分解させて、それを精製して硝酸カルシウムを抽出するものであった。…塩硝生産には

大量の雑草を採取するための多くの労力が必要であり、**精製抽出は冬期**に行うので、和紙生産と同様に、この地方の気候風土にかなったものであった。また、その**生産を秘匿**し、**管理**するために、この地方では**家屋の床下の地面を深く掘り下げた穴の中で土壌分解**を行っていたので、床面積の広い家屋を必要とし、このことが、規模が大きく、**床部分の多い合掌造り家屋を生みだす主要な要因**の一つになったと推測されている。

合掌造り集落が白川郷・五箇山だけに見られ、江戸時代を通して白川郷は幕府の直轄地、五箇山は加賀百万石の藩領とされたのは、厳重に秘匿される焔硝製造工場だったからでしょう。

しかし焔硝製造は、臭気だけでも厳しいものがあったと思われます。まして、それが暮らしの場と一緒だったことを考えると、白川郷・五箇山の人々の労苦と責任感は極めて高かったと推測されます。

硝石輸入によって焔硝生産が停止に追い込まれた一方で、大きな空間を必要とする養蚕農家に合掌造りは適していました。その糞尿が焔硝生産材となることでも育てられていた蚕が白川郷・五箇山の人々の生活を支えることになります。焔硝・養蚕複合経営から大規模養蚕に舵を切ることで合掌造り集落は維持・発展していったと考えられます。

売らない・貸さない・壊さない

このように、変化を前向きに受け止めて合掌造り集落を発展させていった白川郷・五箇山も、戦後の社会構造の変化によって集団離村が始まり合掌造り家屋も減少が著しくなるという大変な危機に直面しました。

そうした危機に対して、**五箇山**では、相倉・菅沼両集落の国史跡指定を受けて昭和四十二年（一九六七）**両史跡の保存顕彰会**が発足し、**白川郷**では、村の行く末をどう考えるか、真剣な議論を重ねた結果、昭和四十六年（一九七一）**「売らない・貸さない・壊さない」**を掲げて**白川郷荻町集落の自然環境を守る会**が設立され住民憲章が定められました。

「生活文化の水準が向上進化すればするほど、地域の自然環境を守ることは、文化的意義と、観光資源の活用による地域の産業振興につながる貴重な事業であることを自覚すると共に、かつ私たちの責務でもあると信じます。そして、この自然環境を守ることができるのは、ここに住む私たちであることを認識し、住民の総意に基づきこの憲章を制定する。」と定めた「**白川郷荻町集落の自然環境を守る住民憲章**」は〝世界文化遺産〟を有する地域だけでなく、**これからの日本社会、ひいては世界の行く末を照らす灯**です。「売らない」「貸さない」「壊さない」の三原則の対象を全ての「地域内の資源（合掌家屋・屋敷・農耕地・山林・立木等）」としている点も重要です。しかも、それを理念に留めず実践し続けてこられました。

そう見てくると、登録基準（iv）（v）の適用がもっともであることが理解されます。（強調＝引用者）

（iv）歴史上の重要な段階を物語る建築物等や景観を代表する顕著な見本

「白川郷・五箇山の合掌造り集落」は、**その環境及び社会経済状況に申し分なく適合した伝統的な居住地の顕著な事例**である。

（v）ある文化を特徴づける伝統的な居住・土地利用形態または環境との関係を代表する顕著な見本

これらの集落では、その社会構造が物理的にも反映されており、**一九五〇年以降に日本で経済状況が急激に変化したにもかかわらず、それらが残されてきたことは極めて重要**である。その結果、三つの集落は、その**長い歴史における精神的・物的証拠を保存**している。

白川郷・五箇山の集落が知らせてくれる〝一つの未来〟

登録後、「白川郷・五箇山の合掌造り集落」には改めて全世界の目が向けられました。良い効果ばかりではありませんでした。観光公害や便乗商法などの荒浪もやってきました。しかし、「売らない・貸さない・壊さない」の三原則に立った集落挙げての毅然たる営みが続けられています。

そのことによって、地域の価値を正しく享受してくれる訪問客、移住・定住者を集落の仲間とする成果も次々と生まれています。岐阜県環境生活部統計課『令和二年国勢調査から見た岐阜県の人口』はその一端を見せています。白川村は岐阜県内四十二市町村の中で最も人口の少ない自治体です。人口僅か一五一一人です。

しかし驚くような数値が見られます。

第一に、**十五歳未満人口比率**（年少人口比率）**の高さ**です。一三・三％もあります。岐阜県内で第七番目です。他のベストテン市町村が全て岐阜市周辺の市町村であることを考えると、**飛騨圏域の山村である白川村の年少人口比率の高さは特記されます**（表20）。

第二に、**三世代世帯と単独世帯の割合が共に非常に高い**という実態です。三世代世帯割合は一五・〇％で二位、単独世帯割合は三二・三％で三位です。通常は、この割合は相反します。現に、五・五％と三世代世帯割合が一番低い岐阜市の単独世帯割合は三七・〇％で、最も高い数値を出しています。**白川村では多様な世代構成で集落が維持されているということです**。

そのことが第三の数値に現れています。労働力率（十五歳以上人口に占める労働力人口の割合）です。十五歳以上（七二・六％）、十五歳から六十四歳（八八・一％）、六十五歳以上（四七・四％）の全ての統計で、白川村は**労働力率第一位**です。

表20　2020年国勢調査に基づく岐阜県内年少人口比率ベストテン

	市町村名	圏域	%
1	瑞穂市	岐阜	15.3
2	美濃加茂市	中濃	15.2
3	岐南町	岐阜	14.6
4	富加町	中濃	14.1
5	北方町	岐阜	13.8
6	輪之内町	西濃	13.5
7	**白川村**	**飛騨**	**13.3**
8	安八町	西濃	13.1
9	各務原市	岐阜	13.1
10	坂祝町	中濃	13.0

白川村はまさに生涯現役の村です。

日本全土が人口減少・少子高齢化に直面し、持続可能性が危ぶまれているなか、荻町地区を核とした白川村のありようは、日本社会のこれからを照らす一つの灯と言えるでしょう。

内外の人々が〝白川郷・五箇山〟を目指すのは「珍しい」からではありません。そこに、〝世界文化遺産〟としての価値を超えた、あるいは〝世界文化遺産〟登録の本来の意義を感じているからです。

信仰を持ち続けて…「長崎と天草地方の潜伏キリシタン関連遺産」

「長崎と天草地方の潜伏キリシタン関連遺産（Hidden Christian Sites in the Nagasaki Region）」は、キリスト教が禁教とされた江戸時代（十七～十九世紀）、長崎と天草地方の各地において厳しい生活条件の下に、既存の社会・宗教と共生しつつ信仰を持ち続けた〝潜伏キリシタン〟の伝統を物語る遺産群です。

登録の基準（iii）が適用されました。（強調＝引用者）

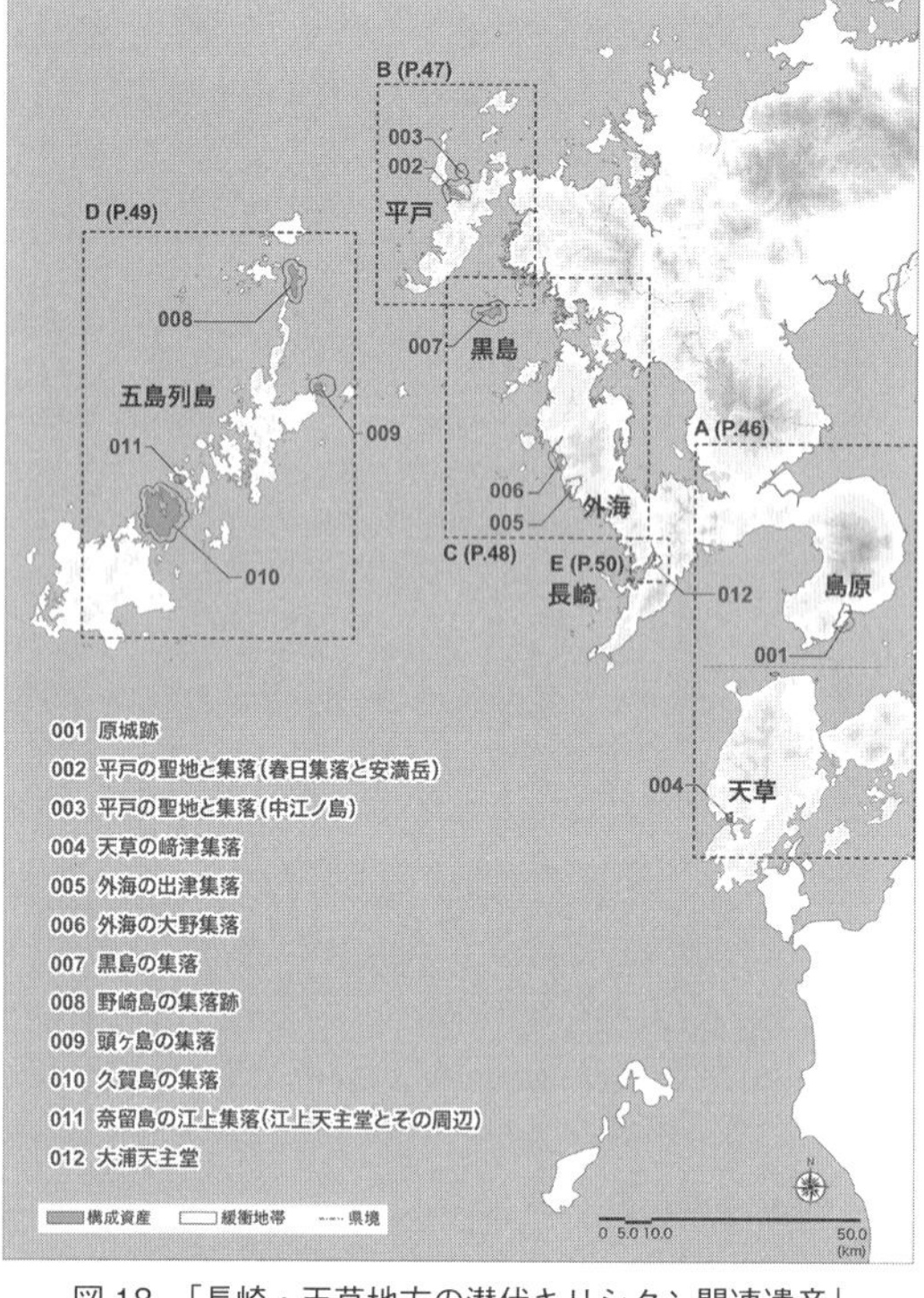

図18 「長崎・天草地方の潜伏キリシタン関連遺産」構成資産位置図

（iii）ある文化的伝統や文明の存在を証明する無二の存在

「長崎と天草地方の潜伏キリシタン関連遺産」は、十七世紀から十九世紀の二世紀以上にわたるキリスト教禁教政策の下で密かに信仰を伝えた潜伏キリシタンにより育まれた独特な宗教的伝統を物語る他に例を見ない証拠である。

構成資産は、**潜伏キリシタンの文化的伝統が形成される契機から、その終焉までを語る資産群**となっていますが、『世界遺産一覧表記載推薦書』ダイジェスト版は四つの時期に分けて説明しています（図18）。

〝潜伏〟のきっかけを示す原城跡

天文十八年（一五四九）来日したイエズス会宣教師フランシスコ・ザビエルらの活動や、南蛮貿易での利益を求めて改宗したキリシタン大名らの保護でキリスト教は広がりますが、天正十五年（一五八七）の豊臣秀吉による伴天連（ばてれん）追放令、慶長二年（一五九七）の宣教師ら二十六名の処刑、それらを引き継いだ江戸幕府による禁教令発布（慶長十九年）により全ての教会堂は破壊され宣教師は国外に追放されました。

元和の大殉教（一六二二年）、踏絵（ふみえ）・寺請（てらうけ）制度の開始（一六三〇年頃から）と、キリシタンへの弾圧が強まるなか、**寛永十四年（一六三七）島原・天草一揆が勃発**します。その様子を今に伝える史跡が**原城跡**（長崎県南島原市）です。幕府は直ちに宣教師潜入の可能性のあるポルトガル船を追放し、海禁体制を確立しました。ダイジェスト版は、次のように記しています。（強調＝引用者）

> 一六四四年には最後の宣教師が殉教。**残されたキリシタンは、民衆レベルの共同体を維持しながら「潜伏」して信仰を続けた**（彼らを「潜伏キリシタン」と呼ぶ）。これらの共同体は**十七世紀後半に起こった大規模なキリシタン摘発事件によって順次崩壊**し、潜伏キリシタンの多くが棄教、殉教した。

独自の信仰を実践

生きて、その地で信仰を続けたいと願った〝潜伏キリシタン〟は共同体を維持しつつ独自の信仰を実践する方法を模索しました。ダイジェスト版は典型的な四つの例を構成資産に即して示しています。

一．**キリスト教が伝わる前から山岳仏教信仰の対象であった山やキリシタンが殉教した島を拝む。**

平戸の〝聖地と集落〟として**春日集落と安満岳、中江ノ島**（いずれも長崎県平戸市）が挙げられています。

二．**生活・生業に根ざした身近なものを信心具として代用する。**
天草の﨑津集落（熊本県天草市）における「アワビ貝の一部を聖母マリアに見立てて拝んでいた」例が挙げられています。

三．**キリスト教由来の聖画像をひそかに拝む。**
外海の出津集落（長崎県長崎市）の聖画像が例として挙げられています。

四．**神社にひそかに祀った自らの信仰対象を拝む。**
外海の大野集落（長崎市）の門神社が例として挙げられています。

移住によって信仰を維持

しかし、その地で〝潜伏〟しての信仰と共同体の維持は、外海地域の人口増加なども原因として厳しくなってゆきました。寛政九年（一七九七）大村藩と五島藩との間で百姓移住の協定が成立するなど、**開拓移住**が行われるようになります。ダイジェスト版は次のように記しています。（強調＝引用者）

開拓移住者の中には潜伏キリシタンが多く含まれていた。彼らは自分たちの共同体を維持するために、藩の再開発地（黒島の集落〈長崎県佐世保市〉）や神道の聖地（野崎島の集落跡〈長崎県北松浦郡小値賀町〉）、病人の療養地（頭ケ島の集落〈長崎県南松浦郡新上五島町〉）、未開発地（久賀島の集落〈長崎県五島市〉）など、**既存の社会や宗教との折り合いのつけ方を考慮して移住先を選択**した。

こうして、〝潜伏キリシタン〟は、二世紀にわたって信仰を維持しました。

〝信徒発見〟…開国による転機と〝潜伏〟の終焉

嘉永七年（一八五四）日米和親条約により日本は開国します。宣教師たちは長崎に再上陸し元治元年（一八六四）居留地の西洋人のための教会「**大浦天主堂**（おおうらてんしゅどう）（長崎市）」を建設しました。宣教活動再開です。翌年、元治二年（一八六五）大事件が起こります。**浦上**（うらかみ）**の潜伏キリシタンが大浦天主堂で宣教師に信仰を告白した**のです。〝**信徒発見**〟と呼ばれます。

しかし、これをきっかけに多くの潜伏キリシタンが信仰を表明したため、弾圧・摘発が相次ぎました。明治維新を迎えても禁教は解かれてはいなかったからです。キリスト教の黙認は明治六年（一八七三）の寺請制度の廃止・禁教高札の除去を待たなければなりませんでした。〝潜伏〟の終焉となりましたが、その過程は複雑でした。ダイジェスト版は次のように記しています。（強調・ルビ＝引用者）

潜伏キリシタンは、宣教師の指導下に入ってカトリックへ復帰する者、引き続き禁教期の信仰を実践する者、神道や仏教へと改宗する者へとそれぞれに分かれた。カトリックに復帰した集落では新たに素朴な教会堂が建てられていったが、**奈留島**（なるしま）**の江上**（えがみ）**集落**（五島市）に建てられた**江上天主堂**は、移住先の風土に適応した在来の技術のあり方を示すとともに「**潜伏**」**が終わりを迎えた**ことを象徴的にあらわしている。

原点である学びと交流を現代に…南島原セミナリヨ

潜伏キリシタンの歴史は、そこで一つの〝終幕〟を迎えましたが、長崎・天草地方では、最初にキリスト教が広まった地にちなんだ様々な行事が続けられています。なかでも、イエズス会の中等教育機関「セミナリヨ」が日本で初めて設立された南島原市では十二月に「フェスティビタス・ナタリス（ラテン語でキリスト生誕祭＝クリスマスの祭り）」が開催され、「天正遣欧少年使節」にちなんだ南蛮行列などが再現されます。

南島原市では、「セミナリヨ」再現授業やセミナリヨ現代版画展も続けられています。セミナリヨ現代版画展は十六世紀有家（ありえ）セミナリヨ（現・南島原市有家町（ありえちょう））で日本人の手によって制作された最初の銅版画に因んでの版画展です。小・中学生の部も特別に設けられ、「セミナリヨ」再現授業参加学生らは、島原の地でキリスト教の布教活動を行い天正遣欧少年使節の計画に携わったヴァリニャーノ神父の生誕地イタリア・キエーティ（南島原市の友好都市）を訪問しローマ教皇にも謁見します。

これらに共通している精神は、「潜伏キリシタン」の原点にあったキリスト教とそれを生み出したヨーロッパに学び、ヨーロッパとの交流を市民の立場で再興しようとする心です。あるいは、こうした事業の継続こそ、「潜伏キリシタン」が現代に繋いだ最高の遺産かもしれません。

〝潜伏キリシタン〟が描き出す〝日本独自の宗教的伝統〟

しかし、いつの時代、どこの地域でも、その地域、その時代の主要な宗教や思想と異なる信仰や宗派は迫害・弾圧に晒されました。近世日本におけるキリスト教は典型例と言えるでしょう。

では、〝潜伏キリシタン〟と呼ばれる信者のありようと〝信徒発見〟を契機とした〝潜伏〟の終焉を〝日本という文化的空間〟の展開の中にどう位置づけたらよいのでしょうか。

これはかなりの難問です。二つの理由があるように思われます。

第一に、近代に入ってキリスト教は公認されたものの、キリスト教徒は極めて少ないという事実です。文化庁の資料によれば日本のキリスト教徒の数は一九〇〇万人ほど。総人口の一パーセント強でしかありません。一方で神道の信者数は八九〇〇万人。仏教の信者数は八四八〇万人。両者を併せると日本総人口の一・四倍を超えるというほど神仏習合が根付いています。

第二は、その少ないキリスト教徒の中で、〝潜伏キリシタン〟つまり禁教期の信仰の形は近代日本におけるキリスト教信仰の中心とはならなかったという事実です。

こうした状況について『世界遺産一覧表記載推薦書』は「資産の説明」の中で見事な見解を提示しています。「日本のカトリック信仰に関する見解　一六世紀に世界に宣教されたキリスト教と日本の特異性」と題する論説です。引用させていただきましょう。（強調＝引用者）

> 大航海時代の列強諸国の植民地とはならなかった日本では、**キリスト教が主体的に受容された後に、キリスト教を植民地化の脅威と見なしてその排除を行う中央政権の政策の下に民衆の間で密かに継続した**点で、植民地となった他の地域におけるキリスト教受容の在り方と大きく異なっている。とりわけ**日本の禁教期における潜伏キリシタンの信仰の継続に関わる伝統は、信仰が発覚しないよう秘匿することを基本としてきたのが特徴**であり、地域に固有の文化との融合（シンクレティズム）を生み出した植民地におけるキリスト教とは、その性質が全く異なっている。

日本は〝植民地化されなかった地域〟の代表例として挙げられ、それを最も先鋭な形で表現している主体として〝潜伏キリシタン〟のありようを描いています。「長崎と天草地方の潜伏キリシタン関連資産」が、その副題を「日本独自の宗教的伝統」とした根はここにあると言えましょう。

平和国家「日本」への階梯

近代の基盤を築き女性の社会参加を牽引した「富岡製糸場と絹産業遺産群」

日本人による製糸工場の建設、それを支える養蚕業

開国は沸き立つような生糸景気をもたらしましたが、粗製乱造が横行し、欧米各国は現地調査、欧米資本による近代的な製糸機械の導入と製造管理を要求してきました。そうした圧力に抗して、伊藤博文・渋沢栄一らは日本人による近代製糸工場の建設を決定します。

明治五年（一八七二）、横浜で生糸の検査人をしていたフランス人ポール・ブリュナーを指導者に、渋沢栄一の義兄ともなる尾高惇忠（おだかじゅんちゅう（あつただ））を工場長、娘の勇（ゆう）を工女（こうじょ）第一号に**官営模範工場・富岡製糸場が開場**します。工女には、全国から武家や名主の娘たちが選ばれて参加しました。

富岡が選ばれたのは、①高品質の原料繭が大量・容易に集まる、②工場設置の広い土地があって、器械製糸に必要な良い水・工場建設に必要な資材（木材・石材・漆喰・粘土等）・蒸気機関を動かす燃料（石炭等）が近くで得られる、③地域の賛同が得られるなどの条件が満たされていたからです。

しかし製糸工場の開場だけでは高品質な生糸の大量生産は持続しません。高品質な繭が大量・安定に提供され続けなければなりません。その全体像を示す資産群が「富岡製糸場と絹産業遺産群」です。

構成資産は群馬県内に立地する富岡製糸場（富岡市）・田島弥平（たじまやへい）旧宅（伊勢崎市）・高山社跡（たかやましゃあと）（藤岡市）・荒船風穴（あらふねふうけつ）（甘楽郡下仁田町（かんらぐんしもにたまち））から成り立っています。英文登録名は"Tomioka Silk Mill and Related Sites"ですが、日本語の「富岡製糸場と絹産業遺産群」の方がイメージを掻き立ててくれます。

表 21 「富岡製糸場と絹産業遺産群」関連略年表

嘉永 6 年（1853）	黒船来航。翌年、日米和親条約締結。函館・下田開港。 イギリス・ロシアとも和親条約。
安政 2 年（1855）	高山長五郎、養蚕を始め飼育法の研究を開始。 明治元年には養蚕教授を始める。
安政 5 年（1858）	安政五か国条約（アメリカ、オランダ、ロシア、イギリス、 フランスの順に修好通商条約を締結）
安政 6 年（1859）	横浜、長崎開港。本格的な貿易開始（下田を閉港）。 中居屋重兵衛（黒岩撰之助、群馬県嬬恋村出身）横浜に開店。 上州産等の生糸を手広く輸出。
元治元年（1864）	蚕種輸出禁令解除。島村全村蚕種製造に従事（300 戸中 250 戸）。 横浜での蚕種の取引価格暴騰。微粒子病で壊滅的状況にあった 欧米産に匹敵する高品質の日本産生糸と蚕種は輸出の中心となる。 しかし、粗製乱造・まがい品が横行。 諸外国は現地調査の実施と製糸機械の導入を提案。
明治 3 年（1870）	伊藤博文、渋沢栄一らは日本人による近代製糸工場の建設を決定。 調査・踏査を経て富岡に決定。 高山長五郎、高山組設立。飼育法伝授開始。
明治 4 年（1871）	蚕種種紙暴落。・昭憲皇太后（明治天皇皇后）宮中御養蚕復興。 以降、島村から奉仕。宮中御養蚕は現在に続く。
明治 5 年（1872）	富岡製糸場（官営模範工場）開業。島村勧業会社設立。 「清涼育」の提唱者・田島弥平『養蚕新論』上梓。
明治 6 年（1873）	英照皇太后（孝明天皇皇后）・昭憲皇太后、富岡製糸場行啓。
明治 12 年（1879）	島村勧業会社、イタリアへの蚕種直輸出開始 （明治 15 年まで 3 回にわたる）。
明治 16 年（1883）	この頃、高山長五郎「清温育」確立。 翌年、養蚕改良高山社設立（長五郎は 19 年没）。
明治 20 年（1887）	高山長五郎を引き継いだ町田菊次郎、高山社本部を藤岡町 （現在の藤岡市中心部）に移転。
明治 26 年（1893）	富岡製糸場、三井組に払下げ（～明治 35 年）。
明治 29 年（1896）	富岡製糸場第二工場新設（御法川式繰糸器増設、西置繭所改修・ 第一工場繰糸移庫入替と続く）。 三井経営期に輸出先を欧州から米国に変更。
明治 34 年（1901）	町田菊次郎、私立甲種高山社蚕業学校開校。
明治 35 年（1902）	富岡製糸場、原合名会社の経営に。蚕種・養蚕・製糸・輸出の 構造が確立され製糸業の隆盛期となる。多条繰糸機導入。
明治 38 年（1905）	荒船風穴利用開始（高山社蚕業学校・島村蚕種農家と連携し 一代交雑種・養蚕の複数回飼育成立）。
昭和 2 年（1927）	高山社蚕業学校廃校。
昭和 10 年（1935）	この頃、荒船風穴利用停止。
昭和 14 年（1939）	富岡製糸場、片倉工業の経営に。 多条繰糸機から自動繰糸機へ。戦後は自動繰糸機の技術輸出に。
昭和 16 年（1941）	島村蚕種共同施設組合設立。 幾つかの変遷を経て昭和 63 年（1988）島村蚕種組合解散。
昭和 62 年（1987）	富岡製糸場、操業停止。「売らない・貸さない・壊さない」を掲げ、 富岡製糸場・施設を管理し続ける。
平成 16 年（2004）	富岡製糸場、富岡市に寄贈（敷地は売却、施設は無償譲渡）。

登録基準（ⅱ）（ⅳ）が選択されました。（強調＝引用者）

（ⅱ）ある期間あるいは文化圏内での価値観の交流を示す建築物等

富岡製糸場は、**産業としての製糸技術をフランスから日本に、早い時期に、完全に移転**することに成功したことを示している。**地元での長年の養蚕の伝統を背景として行われたこの技術移転**は、養蚕の伝統自体を抜本的に刷新した。この結果富岡は、**技術改良の拠点**となり、二十世紀初頭の世界の生糸市場における日本の役割を**証するモデル**となった。このことは、**世界的に共有される養蚕法**が、早い時期に現れたことの証拠となった。

（ⅳ）歴史上の重要な段階を物語る建築物等や景観を代表する顕著な見本

富岡製糸場と絹産業遺産群は、生糸の**大量生産のための一貫した集合体の優れた見本**である。設計段階から工場を大規模なものにしたことと、**西洋の最良の技術を計画的に採用**したことは、**日本と極東に産業の方法論が伝播する決定的な時期**だったことを示している。十九世紀後半の大きな建築物群は、**和洋折衷という日本特有の産業建築様式の出現を示す**卓越した事例である。

四つの構成資産に即して具体的に見てゆきましょう（表21）。

富岡製糸場の一五〇年を俯瞰する

まずは富岡製糸場です。富岡製糸場を訪れて感じる第一印象は、国宝指定の主要な建物、繰糸所（そうしじょ）・東置繭所（ひがしおきまゆじょ）・西置繭所（にしおきまゆじょ）など、**明治五年の建物がほぼそのまま残っている**ことです。工場ですから機械や技術の改良に伴って建て替えられそうなのに、なぜ明治五年のままであり続けられたのでしょうか。答えはフランスから導入された**トラス構造**（三角形の部材を繋ぎ合わせる構造）にあります。トラス構造はスパン（梁間）の長い大断面を作り出すことができます。そのため、**工場を建て替えることなく、繰糸機（そうしき）の改良・入替**が

写真16　トラス構造が分かる繰糸場内部

できました。現在並んでいる繰糸機は、日本が開発し全世界で稼働中の最新鋭機です（写真16）。東西の置繭所もトラス構造です。用途や使い方は変化しましたが、二階建ての構造がそのまま維持されました。そして**西置繭所**はハウス・イン・ハウスという修復工法を採ることで、**国宝の中で様々な事業を行える日本最初の例**となりました。新たな価値が加えられています。

加えて富岡製糸場には、西欧が生み出した**近代就労制度**（一日八時間労働、**日曜休日制、年休制、能力給、医師・看護師常駐の診療所設置等**）**が導入**されました。雇用契約に基づき働く者の権利を保障する労働形態が近代的であることを工女たちに体得させることも富岡製糸場の役割でした。

工女たちは、技術だけでなく、近代的な雇用関係や工場経営を体得し、製糸工場を全国に普及させる役割を負った学徒でもありました。『富岡日記』の和田（横田）英は、工女としての修習を終えた後、郷土・長野県埴科郡西条村（現・長野市松代町西条）に建設された民営機械製糸場・六工社の創業に参画し指導的な役割を果たしました。

官営模範工場としての役割を果たし、製糸工場としての自立性が見えてきた**明治二十六年（一八九三）三井組に払い下げられます**。三井経営期の一番大きな変化は**生糸輸出先を欧州からアメリカに変えた**ことです。絹はやがて日用品化されアメリカは一大市場になるという見通しがあってのことでした。

しかし、三井が経営の重心を工業から商業に移したことなどから、**明治三十五年（一九〇二）原合名会社に売却されます**。原経営期には、**蚕種・養蚕・製糸・輸出の構造が確立され、富岡製糸場の隆盛期**を迎えます（図19）。

原合名会社の経営は順調に進みましたが、**昭和十四年（一九三九）片倉製糸紡績**（片倉工業株式会社）**に合併されま**

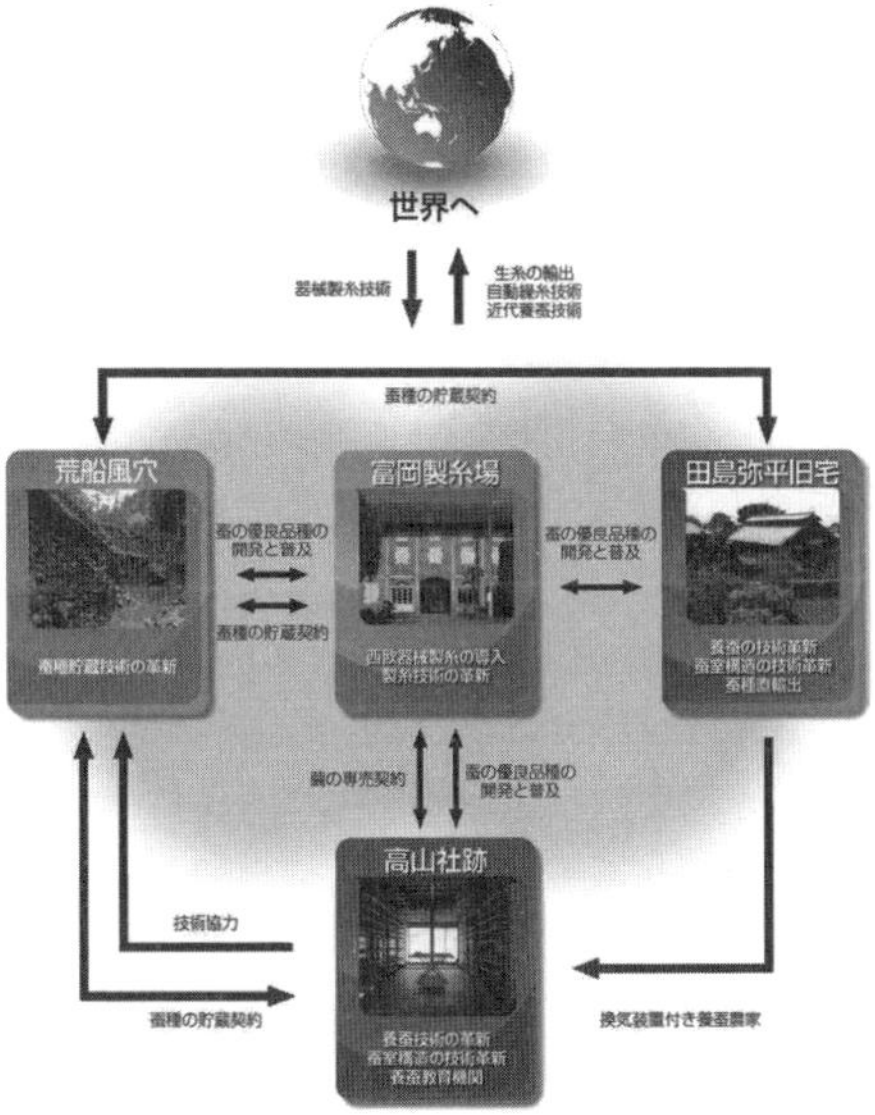

図19 「富岡製糸場と絹産業遺産群」の相互関係

した。片倉工業は、戦後、自動繰糸機を導入して世界の繰糸技術を牽引しました。しかし、国内製糸業の衰退とともに**昭和六十二年（一九八七）操業を停止**しました。その後も、片倉工業は「売らない、貸さない、壊さない」の三原則を掲げて施設の維持管理に務め平成十七年（二〇〇五）富岡市に譲渡されました。

蚕種製造農家群を代表する田島弥平旧宅

田島弥平旧宅は、幕末に、**換気を重視した飼育方法「清涼育」**を確立し、**それに合った養蚕農家を開発**した田島弥平（一八二二〜一八九八）の旧宅ですが、田島弥平旧宅を含む島村地区（伊勢崎市境島村）全体が、**蚕種製造農家群**として大きな役割を発揮し続けました。飼育日数はかかるが強い蚕が育つ「清涼育」はカイコガを羽化・産卵させて養蚕用の蚕種を得る**種繭育成に適して**いるからです。

現に開国直後の元治元年（一八六四）蚕種輸出禁令が解除されるや、**島村三〇〇戸のうち二五〇戸は蚕種製造に特化**しました。生産過剰と粗悪品の横行に対処するため、明治五年（一八七二）には**島村勧業会社**を設立し、明治十二年（一八七九）から十五年にかけては**イタリアへの蚕種直輸出**を行いました。

島村地区では、現在、田島弥平旧宅の国史跡指定に続き、重要伝統的建造物群保存地区選定も視野に入れた国登録有形文化財登録を進めています。

二万人の養蚕教師を育てた高山社蚕業学校

「高山社跡」という言葉を聞いて、人は何を思うでしょうか。通常「跡」という言葉は、遺跡になってしまった建造物やその復元を指します。しかし「高山社跡」は創建以来の養蚕農家が残されています。不思議に思って英文申請書に当たってみると"birth place of Takayama-sya sericulture school"とありました。**「高山社蚕業学校発祥の地」**です。これなら分かります。実際「高山社跡」は、温度管理も重視し糸繭製造の基本となった**「清温育（せいおんいく）」を開発した高山（たかやま）長五郎（ちょうごろう）**（一八三〇〜一八八六）と後継者・**町田菊次郎（まちだきくじろう）**（一八五〇〜一九一七）が設立した**養蚕改良高山社・私立甲種高山社蚕業学校発祥の地**です。

高山社蚕業学校は明治三十四年（一九〇一）から昭和二年（一九二七）の僅か四半世紀の間に**養蚕教師二万人を育成**し、**五万軒の農家の指導**に当たり続けました。大正十四年（一九二五）の全国人口六千万人、一二〇〇万世帯を考えると、五万軒の持つ重さが実感されます。しかも二人は、養蚕改良高山社の段階から**男女の隔てなく養蚕を教授**し、高山社蚕業学校にも別科女子部を設立し女性の養蚕技術者の育成を図りました。二人は、養蚕を通じて男女が共に働き稼ぐことで皆が豊かになる、人々が豊かになることで国も豊かになることを実践し続けました。

器械製糸の盛期を支えた荒船風穴

荒船風穴は、岩の隙間から吹き出す**天然の冷風を使った貯蔵施設**です。三〇℃を超える真夏でも三℃前後の冷風が吹き出しています。前近代から続く施設のように見えますが、**製糸工場が全国に普及し繰糸能力が急増するなか、自然の孵化に依拠した年一〜二回の収繭（しゅうけん）では、質・量を一定に保った形で繭を製糸場に提供することが難しくなってきたために生み出された近代のシステム**です。

ヒントは、蚕種が温度に反応して孵化することにありました。それまでは静かに眠っています。蚕種を冷暗状態において孵化を留め、必要な時に冷暗所から出して養蚕農家に渡す。そのために選ばれた蚕種冷蔵保管システムの代表例が荒船風穴です。稼働の期間は明治末期から昭和初期で、**最盛期は大正年間の一九一〇年代**でした。

荒船風穴を経営していた春秋館（しゅんじゅうかん）などの資料によれば、荒船風穴に蚕種を預けていた人は、日本全土は言うまでもなく、日韓併合によって「日本」とされていた朝鮮半島江原道（こうげんどう・カンウォンド）にまで及んでいました。高山社蚕業学校にも朝鮮半島出身学生がかなりの数おり、朝鮮からの学習訪問団があったことも分かっています。

衣料革命を引き起こし女性の社会参加を促進

このように、「富岡製糸場と絹産業遺産群」は、技術交流・技術改良の連鎖によって蚕糸業の近代化を実現し、高品質の生糸を大量・安価に世界に提供することで日本の経済力を大きく成長させましたが、もう一つの大きな価値が見られます。女性の自立と経済力の強化です。〝工女〟という言葉に象徴されるように製糸の中心には女性がいました。養蚕も女性の技術と細やかな心配りが不可欠でした。

加えて、日本から大量に輸出された高品質で安価な生糸は、**絹を日用品とする衣料革命を引き起こしました**。特に、主としてアメリカに輸出された生糸はストッキング材料となり、女性の衣服を活動的なものとし、**幅広い分野での女性の社会参加、社会進出**を支える力となりました。

連動する日本遺産…「かかあ天下―ぐんまの絹物語―」

この女性の自立、経済力の強化と、蚕種・養蚕・製糸に続く染織に焦点を据えた日本遺産に「**かかあ天下―ぐんまの絹物語―**」があります。**世界文化遺産と日本遺産とが同一県内で補完し合う例**としても注目させられます。群馬県が提供している「かかあ天下―ぐんまの絹物語―」公式サイトから、その一部を紹介しておきましょう。（強調・ル

ビ＝引用者）

明治五年に富岡製糸場が創業し、全国から女性たちが製糸工女として、また地域からは大量の繭が原料として、富岡に集められました。このような時、片品村（かたしなむら）の養蚕農家に嫁いだ「永井（ながい）いと」は夫、紺周郎（こんしゅうろう）とともに繭増産のための養蚕技術の改良に挑み、夫亡き後もその意志を継いで、ついには**永井流養蚕法の伝習所を設立しました**。いとは自ら教壇に立ち、講義の中で「**農家の財布の紐はかかあが握るべし**」と説いたといいます。**農家の現金収入源である養蚕で、女性が活躍していた**からこその言葉です。

現代に繋がる「明治日本の産業革命遺産―製鉄・製鋼、造船、石炭産業」

十九世紀後半から二十世紀の初頭にかけ、後に日本の基幹産業となる重工業（製鉄・製鋼、造船、石炭）分野において急速な産業化が成し遂げられました。「明治日本の産業革命遺産―製鉄・製鋼、造船、石炭産業（Sites of Japan's Meiji Industrial Revolution: Iron and Steel,Shipbuilding and Coal Mining）」が描き出している世界です。

登録基準は（ⅱ）と（ⅳ）が適用されました。（強調＝引用者）

（ⅱ）ある期間あるいは文化圏内での価値観の交流を示す建築物等

「明治日本の産業革命遺産」は、十九世紀の半ば、封建社会の日本が、欧米からの技術移転を模索し、**西洋技術を移転する過程において、具体的な国内需要や社会的伝統に合わせて応用と実践を重ね、二十 世紀初めには世界有数の産業国家に変貌を遂げた道程を顕している。**本遺産群は、産業のアイデア、ノウハウ、設備機器のたぐい希な東西文化の交流が、極めて短期間のうちに、重工業分野において嘗てない自力の産業発展を遂げることで、東アジアに深大な影響を与えた。

（iv）歴史上の重要な段階を物語る建築物等や景観を代表する顕著な見本

「明治日本の産業革命遺産」は、**製鉄・製鋼、造船、石炭産業など、基幹産業における技術の集合体**として、非西洋諸国において初めて産業化に成功した、世界史上類例のない、日本の達成を証言している。**西洋の産業の価値観へのアジアの文化的対応としても、産業遺産群の傑出した技術の集合体**であり、西洋技術の国内における改善や応用を基礎として急速かつ独特の日本の産業化を顕している。

構成資産は二十三にも及び、鹿児島県鹿児島市、熊本県宇城市・荒尾市、佐賀県佐賀市、長崎県長崎市、福岡県大牟田市・中間市・北九州市、山口県萩市、静岡県伊豆の国市、岩手県釜石市の広域に分布しています。文化遺産オンライン掲載の「顕著な普遍的価値の言明」は三つの段階で説明しています（図20）。

時代	1850年代 試行錯誤の挑戦 〔蒸気機関導入以前〕	西洋の科学技術の導入 〔蒸気機関導入〕	1910 産業基盤の確立 〔電化の始まり〕
製鉄・鉄鋼	鹿児島：旧集成館、寺山炭窯跡、関吉の疎水溝 韮山：韮山反射炉 釜石：橋野鉄鉱山 萩：萩反射炉、恵美須ヶ鼻造船所跡、大板山たたら製鉄遺跡、萩城下町、松下村塾		八幡：官営八幡製鐵所、遠賀川水源地ポンプ室
造船	鹿児島：旧集成館、関吉の疎水溝 佐賀：三重津海軍所跡	長崎：小菅修船場跡 長崎：旧グラバー住宅	長崎：三菱長崎造船所・第三船渠・ジャイアント・カンチレバークレーン・旧木型場・占勝閣
石炭産業		長崎：高島炭鉱 三池：三角西港	長崎：端島炭鉱 三池：三池炭鉱・三池港

図20 「明治日本の産業革命遺産」構成資産と段階

第一段階—幕末の試行錯誤期

第一段階は海禁体制下での製鉄及び造船の試行錯誤期です。西洋の技術本や洋式船を情報源に、伝統的な手工業の技をもって近代的な製鉄・造船が試されました。「この挑戦はほぼ失敗に終わった。しかしながら、この取り組みにより、日本は江戸時代の鎖国から大きく一歩を踏みだし、明治維新へと向かう。」と「顕著な普遍的価値の言明」は記しています。〝挑戦〟の様子を伝える構成資産が、萩藩（長州藩）の**萩反射炉**と**恵美須ケ鼻造船所跡・大板山たたら製鉄遺跡**（萩市）、鹿児島藩（薩摩藩）の**旧集成館**（事業）（鹿児島市）、幕府直営の**韮山反射炉**（伊豆の国市）、盛岡藩（南部藩）の**橋野鉄鉱山**（釜石市）、佐賀藩の**三重津海軍所跡**（佐賀市）です。

萩反射炉は安政三年（一八五六）建設の試験炉です。恵美須ケ鼻造船所は西洋技術に学んで海防用の船の建造を試みた場で、大板山たたら製鉄から伝統的な製鉄技法を用いて木造帆船の船釘などが供給されました。

旧集成館（事業）は、薩摩藩十一代藩主・島津斉彬が欧米列強に対抗するために始めたアジア初の西洋式工場群建設・運営事業です。文久三年（一八六三）の薩英戦争で焼失しましたが、後継者により再構され、機械工場、紡績所地下遺構、燃料の木炭を製造した寺山炭窯跡、動力源とする水を供給した関吉の疎水溝などが残されています。

幕府もまた、海防用の大砲鋳造を図って、独力で反射炉を建設しました。安政四年（一八五七）完成した韮山反射炉です。鋳鉄の溶融が実際に行われた反射炉としては世界で唯一現存する遺構です。

南部藩の橋野鉄鉱山は、国内で初めて鉄鉱石の採掘と高炉による製鉄を行った一連の生産システム遺構です。採掘場跡、運搬経路、高炉の一部を成す石組み遺構が現存しています。

長崎の防衛を担当した佐賀藩は、幕府の長崎海軍伝習所に藩士を派遣しては船舶に関する洋式技術を習得させました。拠点となる三重津海軍所を整備し、国産初の実用的な蒸気船「凌風丸」を建造しました。外国から購入した洋式蒸気船を収容・修理するための施設（ドライドック）も造り上げました。

しかし、これらの〝挑戦〟が「ほぼ失敗に終わった」ことを考えると、次の展開へと導いた背景が気になります。萩城下町と松下村塾です。両資産は、政治改革の場に止まらず、新しい社会を支える産業・経済の起点でもありました。萩城下町を訪ね歩き松下村塾にたたずむなかで、集まった人々の学びや行動に思いをいたしたいものです。

第二段階—新政府による西洋科学技術の導入

明治維新後の第二段階においては、明治新政府によって西洋の科学技術が導入され、技術の運用のために専門家が招かれ、専門知識の習得が行われました。**小菅修船場跡**（こすげしゅうせんばあと）**・高島炭坑・旧グラバー邸**（長崎市）、**三角西港**（みすみにしこう）（宇城市）がこの時代を描き出しています。

小菅修船場は日本最初の蒸気機関を動力とする曳揚げ装置を装備した洋式ドックです。明治二年（一八六九）薩摩藩士五代友厚（ごだいともあつ）・小松帯刀（こまつたてわき）とスコットランド出身の商人トーマス・グラバーの共同出資で建設されました。〝ソロバンドック〟の名で親しまれています。曳揚げ（ひきあげ）小屋は、現存する日本最古の煉瓦造建築です。

高島炭坑（炭鉱）も佐賀藩がグラバーとの共同出資で慶応四年（一八六八）採掘を始めた炭坑ですが、炭坑は過酷な労働環境であるばかりか、抗夫（鉱夫）虐待が日常化していました。高島炭坑でも事件が起こっています。明治二十一年（一八八八）に明るみにでた納屋（なや）制度のもとでの抗夫虐待事件です。

こうした負の部分も隠さず位置づけ、克服の道筋を辿る役割も世界文化遺産は持っています。

小菅修船場跡・高島炭坑の共同出資者であったグラバーの旧グラバー邸がもう一つの資産です。

第三段階—日本的流儀で産業化を成就

明治二十三年（一八九〇）からの二十年間が第三段階にあたります。「顕著な普遍的価値の言明」は「国内に専門知識を有した人材が育ち、積極的に導入した西洋の科学技術を、国内需要や社会的伝統に適合するように現場で改善・改良を加え、**日本の流儀で産業化を成就した**。地元の技術者や管理者の監督する中で、国内需要に応じて地元の原材料を活用しつつ、西洋技術の導入が行われた。」と評価しています。

三菱長崎造船所の一連の資産群と端島（はしま）**炭坑**（長崎市）、**三池炭鉱**（大牟田市）と**三池港**（荒尾市）、**官営八幡製鐵所**（北九州市）と**遠賀川水源地ポンプ室**（中間市）がこの時代を描き出しています。

三菱長崎造船所の一連の資産群は全て三菱合資会社時代に築造された施設で、全て現役であるところに特色を持っています。まず第三ドックは現在もドック機能を維持し、ジャイアント・カンチレバークレーンと呼ばれる電動クレーンは、現在も機械工場で製造された蒸気タービンや大型船舶用プロペラの船積み用に使われています。他方、旧木型場は長崎造船所の歴史を紹介する資料館に改装され、現役の長崎造船所の工場構内で世界文化遺産に登録された産業遺産群を理解する空間として貴重な役割を果たしています。占勝閣と呼ばれる施設は、間もなく迎賓館とされ、現在も、その機能が維持されています。

端島炭坑は、高島炭坑の技術を引き継いで開発された炭鉱の島です。高島の南西二・五キロメートルの地にあり、高島炭坑と海洋炭鉱群をなして高品位炭を産出しました。世界文化遺産としての登録期間外ですが、大正五年（一九一六）には日本初の鉄筋コンクリート造の集合住宅が造られ、その様から「軍艦島」の異名を取るようになります。そして、この頃から、少年および婦人の坑内使役が開始され、大正中期からは、日韓併合によって「日本人」とされた朝鮮人労働者の使役が開始されます。それらの人々が置かれた劣悪で過酷な労働環境について、我が国政府には、反省を込めて、その克服の歴史を説明する努力が求められています。国民として、その歩みを共にすることが大切であることを思わずにはいられません。

三池炭鉱にかかる資産群は、明治期から昭和中期にかけて三池炭鉱の主力坑口となった**宮原坑・万田坑**と専用鉄道敷跡です。いずれも現在では産業活動を示していませんが、当時をしのばせる施設が良好な形で残っています。一方、三池港は現在も重要港湾として機能しています。

官営八幡製鐵所は旧本事務所・修繕工場・旧鍛冶工場の三つの資産から成り立っており、修繕工場は修繕工場としての機能を維持し続け、旧鍛冶工場は製品試験所として役割を発揮し続けています。八幡製鐵所の取水・送水施設が遠賀川水源地ポンプ室です。動力は蒸気から電気に変わったものの、現在も稼働しています。

核兵器廃絶と世界恒久平和を訴える歴史の証人…「原爆ドーム」

世界恒久平和実現を願う強力な象徴

「原爆ドーム（Hiroshima Peace Memorial,Genbaku Dome）は**昭和二十年（一九四五）八月六日広島市に投下された原子爆弾によって破壊された旧広島県産業奨励館の残骸**です。文化遺産オンラインによれば、「建物は原爆の爆心地から北西約一六〇メートルの至近距離にあり、熱線と爆風を浴びて大破、全焼しました。しかし、爆風が上方（爆発点高度約六〇〇メートル）からほとんど垂直に働いたため、ドーム中心部は奇跡的に倒壊を免れたと考えられています」。その形状からいつしか「原爆ドーム」と呼ばれるようになり、**広島の人々は当時の姿での保存に尽力**されてきました。**人類史上最初の原子爆弾による被爆の惨禍を伝える歴史の証人**であり、**核兵器廃絶と世界恒久平和の大切さを訴え続けています**（写真17）。

そうした経緯から、登録の基準は（vi）が適用されました。（強調＝引用者）

（vi）顕著な普遍的価値を有する出来事（行事）、生きた伝統、思想、信仰、芸術的作品、あるいは文学的作品と直接または実質的関連

「広島平和記念碑（原爆ドーム）」は、**かつて人類が創り出した最大の破壊力をありのままに表すとともに、半世紀以上にもわたって世界恒久平和の実現への希望を表してきた強力な象徴**である。

そこには街があり、人々が暮らしていた。それが一瞬のうちに…

「原爆ドーム」について語ろうとすると、胸が詰まり、あるいは胸が高鳴ってきます。多くの方がそうだろうと思

います。そこで、登録時の『日本政府推薦書』の引用をもって客観性を担保したいと思います。

日本は一九三〇年代から中国と戦争状態にあったが、第二次世界大戦の開始後、一九四一年には太平洋及びアジア各地に戦域を拡大した。やがて連合国の反撃を受けることとなり、一九四五年になると、アメリカ軍による本土爆撃の激化や沖縄上陸によって、日本の敗色は濃くなっていった。アメリカ・イギリス・中国による**ポツダム宣言発表の後、八月六日広島市に原子爆弾が投下された。**八月八日ソ連が日本に宣戦を布告、**八月九日長崎市に原子爆弾が投下され、日本はポツダム宣言を受諾**して、八月十五日第二次世界大戦は終結した。

一九四五年八月六日、テニアン島を発進した米軍B29爆撃機三機が広島市上空に侵入し、午前八時十五分に原子爆弾を投下した。爆弾は上空約六〇〇メートルで爆発した。爆風と猛火により、爆心地から半径二キロメートル以内の建物は木造も鉄筋コンクリートもすべて全壊・全焼し、半径二・八キロメートル以内の建物が全壊、半径四キロメートル以内の建物が半壊した。このことは、**当時の広島市のほとんど全域が半壊以上の損害を受けた**ことを意味する。

また、**爆風と熱戦と放射線によって、約十四万人が死亡し**（一九四五年十二月末まで、広島市調査）、さらに多数の人々が負傷し、戦後五〇年を経過した今日においてなお、**多くの人々**（胎内被爆者を含む。）が、放射線の後遺症に苦しむという、**悲惨な結果をもたらしている。**（強調＝引用者）

写真17　原爆ドーム

「原爆ドーム」保存運動と募金趣意書の志

「原爆ドーム」に対する人々の思いは様々でした。しかし、それらをまとめて「原爆ドーム」の保存を進め、世界文化遺産に登録し、それらをも一つの足場とした、広島を中心とする人々の核兵器廃絶と世界恒久平和を求める活動は、人類と地球の〝いま〟と〝あす〟を照らし続ける灯となっています。「原爆ドーム」の保存運動、世界文化遺産登録活動を広島市の公式サイトから引用しておきましょう。（強調・ルビ＝引用者）

　戦後、被爆した原爆ドームについては、保存の考えに賛成する人たちばかりではありませんでした。

　原爆ドームが被爆の悲惨な思い出につながることから、取り壊しを望む声もあり、保存と取り壊しの方針が決まらないまま、長い間そのままの状態になっていました。年月とともに原爆ドームの周辺壁には雑草が生い茂り、建物も壁には亀裂が走るなどの痛みが進行し、小規模な崩壊、落下が続いて危険な状態となりました。

　保存運動が本格化するきっかけと言われているのは一歳の時に被爆し、十五年後白血病で亡くなった楮山（かじやま）ヒロ子さんが残した日記でした。「**あの痛々しい産業奨励館だけが、いつまでも、おそるべき原爆のことをうったえかけてくれるだろう…**」**と記されたヒロ子さんの日記に心を打たれた人々によって原爆ドーム保存への運動がはじめられました。**

　保存を求める声が高まる中、広島市は昭和四十年（一九六五）七月から原爆ドームの強度調査を行い、昭和四十一年（一九六六）七月、**広島市議会が原爆ドームの保存を要望する決議**を行いました。

　これを踏まえ、**保存工事のための募金運動を開始**、昭和四十二年（一九六七）、第一回保存工事が行われました。

　平成四年（一九九二）、広島市議会が「原爆ドームを世界遺産リスト登録することを求める意見書」を採択し、広島市は国へ要望書を提出しましたが、当初、国は「世界遺産として国が推薦するためには、国内法（文化財の場合は文化財保護法）の保護を受けていることが前提だが、原爆ドームは、その保護を受けていない。また、原爆ドームの文化財指定については、現時点では史跡の指定は明治中期までであり、原爆ドームは歴史が浅すぎる。」という意見でした。

こうした中、平成五年（一九九三）六月、市民団体からなる「原爆ドームの世界遺産化を進める会」が結成され、原爆ドームの世界遺産化を求める国会誓願のための全国的な署名運動が始まりました。集まった署名は国会に提出され、平成六年（一九九四）一月参議院で、六月衆議院で原爆ドームを世界遺産リストに登録推薦する誓願が採択されました。最終的には一六五万余りもの署名が集まりました。

国は平成七年（一九九五）三月、史跡指定の対象を第二次世界大戦終結までとして史跡の指定基準を改正するとともに、六月に原爆ドームを史跡に指定し、九月には世界遺産として登録するよう世界遺産委員会に推薦しました。

その後、国際記念物遺跡会議などの審査を経て、平成八年（一九九六）十二月、メキシコで開催された世界遺産委員会において、原爆ドームの世界遺産登録が決定しました。

世界史的使命を刻む「原爆ドーム」募金趣意書

経緯は以上の通りですが、**「原爆ドーム」保存に向けた募金趣意書の次の一節は、**「原爆ドーム」と共に保存、照合し続けたい文書です。「世界の記憶」になりうる人類的価値を有すものです。（強調＝引用者）

忘れてはならないことは、わたくしたちは常に未来に向かって生きなければならないことであります。過去の忌まわしい経験を忘れ去ることも、また一つの生き方ではありましょうが、**過去の忌まわしい経験はそれを再び繰り返さない方向において生かし、新しい未来を求めること**であります。広島原爆の遺跡は、ただ広島の惨禍の記念物であるばかりでなく、**人類が破滅と繁栄の岐路に立つ原子力時代の「警告」**であり、**人類がその過ちを二度とくり返してはならない「戒律」**であります。その意味において、わたくしたちは、**これを未来への道標とし**たいと思うのであります。これを残すことは、ひとり、広島の子孫に対するわたくしたちの責務であるばかりで

表22　被団協（日本原水爆被害者団体協議会）関連年表

昭和20年8月（1945）	アメリカ合衆国、広島・長崎に原爆投下（20万人以上の死者と膨大な数の被爆者）
昭和29年3月（1954）	アメリカ合衆国、太平洋・ビキニ環礁で水爆実験（静岡県のマグロ漁船「第五福竜丸」被爆）
昭和30年8月（1955）	広島市で第1回原水爆禁止世界大会開催
昭和31年8月（1956）	長崎市での第2回原水爆禁止世界大会開催中、被団協結成（10日）
昭和45年3月（1970）	核拡散防止条約（NPT）発効
昭和57年6月（1982）	被団協代表委員、故・山口仙二氏、第2回国連軍縮総会で「ノーモア・ヒバクシャ」と演説
平成7年7月（1995）	被爆者援護法施行
平成15年4月（2003）	原爆症認定の集団訴訟開始
平成20年4月（2008）	要件を緩和した新たな原爆症認定制度開始
平成22年5月（2010）	NPT再検討会議で、故・谷口稜曄氏、焼け爛れた瀬仲間写真を掲げて演説
平成28年5月（2016）	アメリカ合衆国大統領バラク・オバマ、広島訪問。代表委員の故・坪井直氏らと対面
平成29年12月（2017）	核兵器廃絶国際キャンペーン（ICAN）にノーベル平和賞。代表委員の田中熙巳氏らが出席
令和3年1月（2021）	核兵器禁止条約発効
令和4年6月（2022）	核兵器禁止条約第1回締約国会議開催
令和6年10月（2024）	被団協にノーベル平和賞授与決定（12月授与）

なく、**世界の良心が同胞に対してになう当然の使命**であると存じます。言うならば、わたくしたちは、これを恨みの遺物、敵意の形見として保存するのではなく、**人類懺悔の象徴として、平和祈願**のために保存しようとするものであります。

被団協（日本原水爆被害者団体協議会）にノーベル平和賞

二〇二四年十二月、ノルウェー・ノーベル委員会は「核兵器のない世界の実現に向けた努力」を評価し、被団協（日本原水爆被害者団体協議会）にノーベル平和賞を授与しました。被団協の日々の地道で堅実な活動に心から敬意を表すとともに、「原爆ドーム」を有し被団協の本部を持つ日本と日本人の責務の重さを改めて噛み締めさせられます。

被団協は、広島・長崎への原爆（原子爆弾）投下（一九四五年八月）、太平洋・ビキニ環礁での水爆（水素爆弾）実験による第五福竜丸の被爆（一九五四年三月）を受けて広島市（一九五五年八月）・長崎市（一九五六年八月）で開かれた原水爆禁止世界大会の中で生まれました。被団協は、核兵器のない世界の実現に向けて、日本内外、特に国連を中心とした様々な活動を通して、核拡散防止条約（NPT、一九七〇年三月発効）、被爆者援護法（一九九五年七月施行）、核兵器禁止条約（二〇二一年一月発効）などの実現の中核を担ってこられました。先にノーベル平和賞を授与された「核兵器廃絶国際キャンペーン（ICAN）」の主要メンバーでもあります（表22）。

こうした被団協の活動に対して、ノーベル賞委員会は、①核兵器のない世界の実現に努力、②核兵器が二度と使われてはならないことを、証言を通じて全世界に発信、③被爆者の証言は全世界に幅広い核兵器反対運動を生み出した、④現代の核兵器は文明を破壊しかねないことを具体的実践的に提示、⑤平和の維持と創造に取り組んできた被爆者に対する敬意の心などを授与理由に挙げています。そのことに照らすと、一九八二年六月、第二回国連軍縮特別総会での代表委員、故・山口仙二（やまぐちせんじ）さんの次の演説の重みと、それを私たち一人一人が自らの心として共有、継承して「核兵器のない世界の実現」に向かわなければならないことの切迫した現実性を思わずにはいられません。引用をお許しいただきましょう。

私の顔や手をよく見てください。よく見てください。世界の人々、そしてこれから生まれてくる人々、子どもたちに、私たちのようにこのような被爆者に、核兵器による死と苦しみをたとえ一人たりとも許してはならないのであります。核兵器による死と苦しみは私たちを最後にするよう、国連が厳粛に誓約してくださるよう心からお願いをいたします。私ども被爆者は訴えます。命のある限り私は訴え続けます。**ノーモア ヒロシマ、ノーモア ナガサキ、ノーモア ウォー、ノーモア ヒバクシャ**、ありがとうございました。

戦後日本の一つの象徴…「国立西洋美術館」

二〇一六年七月、国立西洋美術館（東京都台東区）が世界遺産記載一覧表に登録されました。これまでの日本の世界文化遺産とは大きく異なる登録でした。四大陸七か国十七にも及ぶ資産群の一つとしての登録だったからです。

ル・コルビュジエ建築の一つとして

正式な登録名は「ル・コルビュジエの建築作品―近代建築運動への顕著な貢献―"The Architectural Work of Le Corbusier, an Outstanding Contribution to the Modern Movement"」。

パリを拠点に活躍した建築家ル・コルビュジエ（一八八七〜一九六五）の作品群の一つで、建築史上初めて建築の実践が全地球規模のものとなったことを示す物証として評価されています。

登録の基準（ⅰ）（ⅱ）（ⅵ）が適用されました。（強調＝引用者）

（ⅰ）人間の創造的才能を表す傑作

ル・コルビュジエの建築作品は、人類の創造的才能を現す傑作であり、建築及び社会における二十世紀の根源的な諸課題に対して顕著な回答を与えるものである。

（ⅱ）ある期間あるいは文化圏内での価値観の交流を示す建築物等

ル・コルビュジエの建築作品は、**近代建築運動の誕生と発展に関して、全世界規模で半世紀にわたって起こった、前例のない人類の価値の交流を示している**。ル・コルビュジエの建築作品は、他に例を見ない先駆的なやり方で、過去と決別した新しい建築的言語を開発してみせることによって、建築に革命を引き起こした。ル・コルビュジエの建築作品は、**ピューリスム、ブルータリズム、彫刻的建築という近代建築の三つの大きな潮流の誕生の印**である。ル・コルビュジエの建築作品が**四大陸で与えた地球規模の影響は、建築史上新しい現象で**あり、前例のない影響を示すものである。

（ⅵ）顕著な普遍的価値を有する出来事（行事）、生きた伝統、思想、信仰、芸術的作品、あるいは文学的作品と直接または実質的関連

ル・コルビュジエの建築作品は、その理論と作品において二十世紀における顕著な普遍的意義をもつ近代建築

> 運動の思想と、直接的かつ物質的に関連している。**一連の資産は、建築、絵画そして彫刻が統合した「エスプリ・ヌーボー」を表している。**ル・コルビュジエの建築作品は、一九二八年以降CIAM（Congrès International d'Architecture Moderne：近代建築国際会議）により強力に広められた、ル・コルビュジエの思想を具現化している。
> ル・コルビュジエの建築作品は、新しい建築言語の発明、建築技術の近代化、近代人の社会的・人間的ニーズへの対応のために、近代建築運動の試みを顕著に表すものである。ル・コルビュジエの建築作品の貢献は、単に、ある時点での模範的な偉業にとどまらず、**半世紀を通じて全世界に着実に広められていった建築及び文字による提案の顕著な総体**である。

ピューリスム（Purisme：純粋主義。一九一八年から一九二五年にかけて起こった、フランスの絵画や建築に影響を与えた芸術運動）、ブルータリズム（brutalism：一九五〇年代に見られるようになった建築様式。文化的要素が低く無骨な意匠を建物の外観に多用する。建築資材の質感が強調され、塗装や化粧板は使わない）、エスプリ・ヌーボー（Esprit Nouveau：新しい精神。ここではル・コルビュジエが一九二五年パリの装飾芸術国際博覧会に出品した展示館とその記念出版の書名を意識しル・コルビュジエの作品の新たな精神性・思想性を指していると見られます）など、聞いただけでは、その深い意味が捉えられないとともに、選ばれたル・コルビュジエの作品群の全体像を紹介することなど、到底できませんから、国立西洋美術館が「ル・コルビュジエの建築作品」の一つとして選ばれた根拠を整理しておきましょう。

国立西洋美術館がル・コルビュジエ代表作の一つに選ばれた根拠

まずは「国立西洋美術館」とはどのような建物であるかから確認してゆきましょう。文化遺産オンラインは次のようにまとめています。（強調・ルビ＝引用者）

> 国立西洋美術館本館は、日本に所在する唯一のル・コルビュジエ設計による建築である。

実業家・**松方幸次郎の美術品コレクション（絵画、彫刻等）**のうち、パリに保管され、第二次世界大戦後にフランス政府に押収されたものについては、一九五三年、その大半が日本国政府へ寄贈されることとなった。その際、**西洋美術の変遷が学術的に日本の人々に伝わるような新美術館**の建設が条件とされ、国立西洋美術館本館は、この条件を満たすために日本国政府が上野恩賜公園内に建設したものである。設計者にはル・コルビュジエが選ばれ、建設に当たっては、ル・コルビュジエの下で学んだ前川國男、坂倉準三、吉阪隆正及び文部省管理局教育施設部工営課（当時）が設計補助並びに現場監理を行っている。着工は一九五八年三月、竣工は一九五九年三月である。

国立西洋美術館本館は、陸屋根、正方形の平面形状、らせん状の回廊、展示品の増加に伴い渦が大きくなるように増床できる平面計画等、**ル・コルビュジエによる「無限発展美術館（Musée àcroissance illimitée）」の構想をよく現した作品**として評価されている。ピロティ（一階部分を柱のみ残して外部とする形式）、屋上庭園、斜路、自然光を利用した照明計画、モデュロール（人体寸法と黄金比を基にした寸法体系）等、**ル・コルビュジエに特徴的な設計要素を随所に見せる**点でも貴重であり、二十世紀を代表する世界的建築家のル・コルビュジエの代表的作品として、顕著な普遍的価値を有している。

この紹介文によれば、「国立西洋美術館」がル・コルビュジエの代表作の一つとして選ばれた根拠は次の三点にまとめられるでしょう。

①ル・コルビュジエの美術館設計の基本構想である「**無限発展（成長）美術館**」をよく表現している。
②ル・コルビュジエの**特徴的な設計要素**を随所に見せている。
③フランス・ヨーロッパではなく**日本**での作品である。

そう捉えると、「無限発展（成長）美術館」という基本構想が「国立西洋美術館」でどのように具現されているかをしっかりと把握しておくことが「国立西洋美術館」、そしてル・コルビュジエの一連の作品の〝顕著な普遍的価値〟を理解する道になると見られます。国立西洋美術館は次のように説明しています。

ル・コルビュジェは一九二九年から他界するまでの三十六年をかけて繰り返し美術館計画を練り続けました。《ムンダネウム計画、世界美術館》（一九二九年）は初めての美術館計画で、最上階の中心から螺旋状に展示室を降りてくるピラミッド状の建物でした。《現代芸術美術館》（一九三一年）は、当時問題となっていたコレクションの増加に対応するため、まず中心の核となる部屋をつくり、作品の増加とともに螺旋状に外側へ展示室を増築してゆくというアイデアで、ピロティの上に正方形の展示室を配する四角い螺旋型美術館の始まりでした。その後も、建設方法が容易で様々な展示に対応することができ、全体的に調和のとれた美術館となるよう研究を重ね、《フィリップヴィル市の美術館計画案》（一九三九年）で「無限成長美術館」と名づけた美術館のプロトタイプ（基本型）を発表しました。

国立西洋美術館本館は「無限成長美術館」の基本的な原理に基づいて設計され、現在もその特徴を見ることができます。①ピロティを通って中央のホールへ入り、そこから始まる四角い螺旋状の展示室を巡ること。②卍型の中3階が設けられていること。③展示室を仕切る壁の長さによって室の大きさを変えたり見通しを与えたりして、様々な空間が作られていること。

建築それ自体と共に、松方コレクションを中心とする展示・収蔵作品群、企画展示を楽しみに国立西洋美術館に足を運んで、ル・コルビュジエの建築の持つ〝顕著な普遍的価値〟を実感し、楽しみましょう。

照らし出された〝日本〟

〝日本の世界文化遺産〟四つの特徴

二〇二四年七月開催の世界遺産委員会で「佐渡島の金山」が登録され〝日本の世界文化遺産〟は二十一となりました。二〇二六年には「飛鳥・藤原の宮都」の登録が審査されます。そこまで広がった〝日本の世界文化遺産〟を俯瞰した時、どのような特徴が見えてくるでしょうか。

密度濃く全国に普く分布

まずは〝日本の世界文化遺産〟を改めて地図の上に落としてみましょう。**北は北海道から南は沖縄まで、大きな偏りなく、普く分布している**ことに気づきます（p〇図1を参照）。

当たり前のように思いがちですが、**〝日本の世界文化遺産〟の第一の特徴**です。

どこの国でも偏りなく普く分布しているわけではありません。韓国やヨーロッパの国々、例えばフランスなどは日本と同様の分布を見せていますが、アメリカ・ロシアなどでは文化遺産の分布は大きく偏っています（図21・22・23・24）。

偏りなく普く分布していることに加えて、世界文化遺産登録数と一万平方キロメートルあたりの世界文化遺産数を比較してみると、密度濃く分布している様子が見られます。

総数では日本よりも多い中国・インド・メキシコ・イランは、一万平方キロメートルあたりの遺産数では日本の三分の一以下です。密度の濃さでも、類似しているのは韓国やヨーロッパの国々です（表23）。

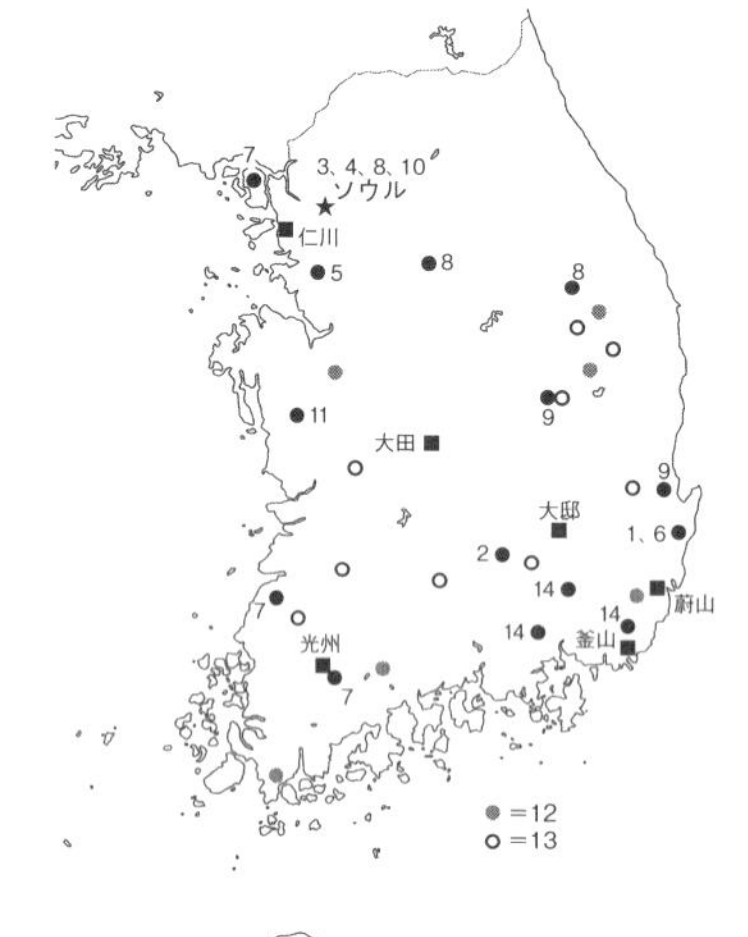

1. 石窟庵と仏国寺
2. 海印寺大蔵経板殿
3. 宗廟
4. 昌徳殿
5. 華城
6. 慶州歴史地域
7. 高敞、和順、江華の支石墓群
8. 朝鮮王陵
9. 大韓民国の歴史的村落：河回と良洞
10. 南漢山城
11. 百済歴史地域
12. 山寺・韓国の山地僧院（全土シリアル型）
13. 書院、韓国の性理学院教育機関群（全土シリアル型）
14. 伽耶古墳群

図21　韓国の世界文化遺産

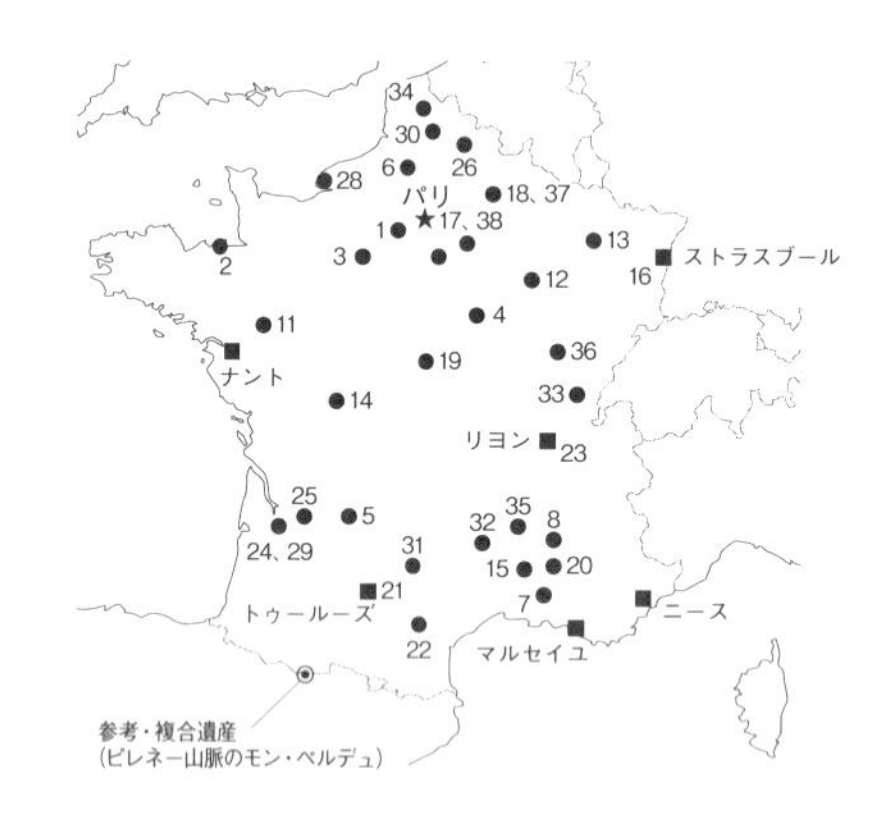

1. ヴェルサイユの宮殿と庭園
2. モン・サン・ミシェルとその湾
3. シャルトル大聖堂
4. ヴェズレーの教会と丘
5. ヴェゼール渓谷の先史的景観と装飾洞窟群
6. アミアン大聖堂
7. アルルのローマ遺跡とロマネスク様式建造物群
8. オランジュのローマ劇場とその周辺及び「凱旋門」
9. フォンテーヌブローの宮殿と庭園
10. フォントネーのシトー会修道院
11. シュリー・シュル・ロワールとシャロンヌ間の ロワール渓谷（シャンボールの城と領地を含む）
12. サラン＝レ＝バンの大製塩所からアル＝ケ＝スナンの王立製塩所へ
13. ナンシーのスタニスラス広場、カリエール広場、アリアンス広場
14. サン＝サヴァン・シュル・ガルタンプ修道院付属教会
15. ポン・デュ・ガール（ローマの水道橋）
16. ストラスブールのグラン・ディル
17. パリのセーヌ河岸
18. ランスのノートルダム大聖堂、サン＝レミ旧大修道院、トー宮殿
19. ブールジュ大聖堂
20. アヴィニョン歴史地区
21. ミディ運河
22. 歴史的城塞都市カルカソンヌ
23. リヨン歴史地区
24. フランスのサンティアゴ・デ・コンポステーラの巡礼路
25. サン＝テミリオン地域
26. ベルギーとフランスの鐘楼群
27. 中世市場都市プロヴァン
28. オーギュスト・ペレによって再建された都市ル・アーヴル
29. 月の港ボルドー
30. ヴォーバンの防衛施設群
31. アルビの司教都市
32. コースとセヴェンヌの地中海農牧業の文化的景観
33. アルプス山脈周辺の先史時代の杭上住居群
34. ノール＝パ・ド・カレーの炭田地帯
35. ショーヴェ＝ポン・ダルク洞窟とも呼ばれるアルデシュ県ポン・ダルクの装飾洞窟
36. ブルゴーニュのブドウ畑のクリマ
37. シャンパーニュの丘陵、メゾンとカーヴ
38. ル・クリビュジエの建築作品—近代建築運動への顕著な貢献
39. タプタプアテア（フランス領ポリネシア、地図外）

図22　フランスの世界文化遺産

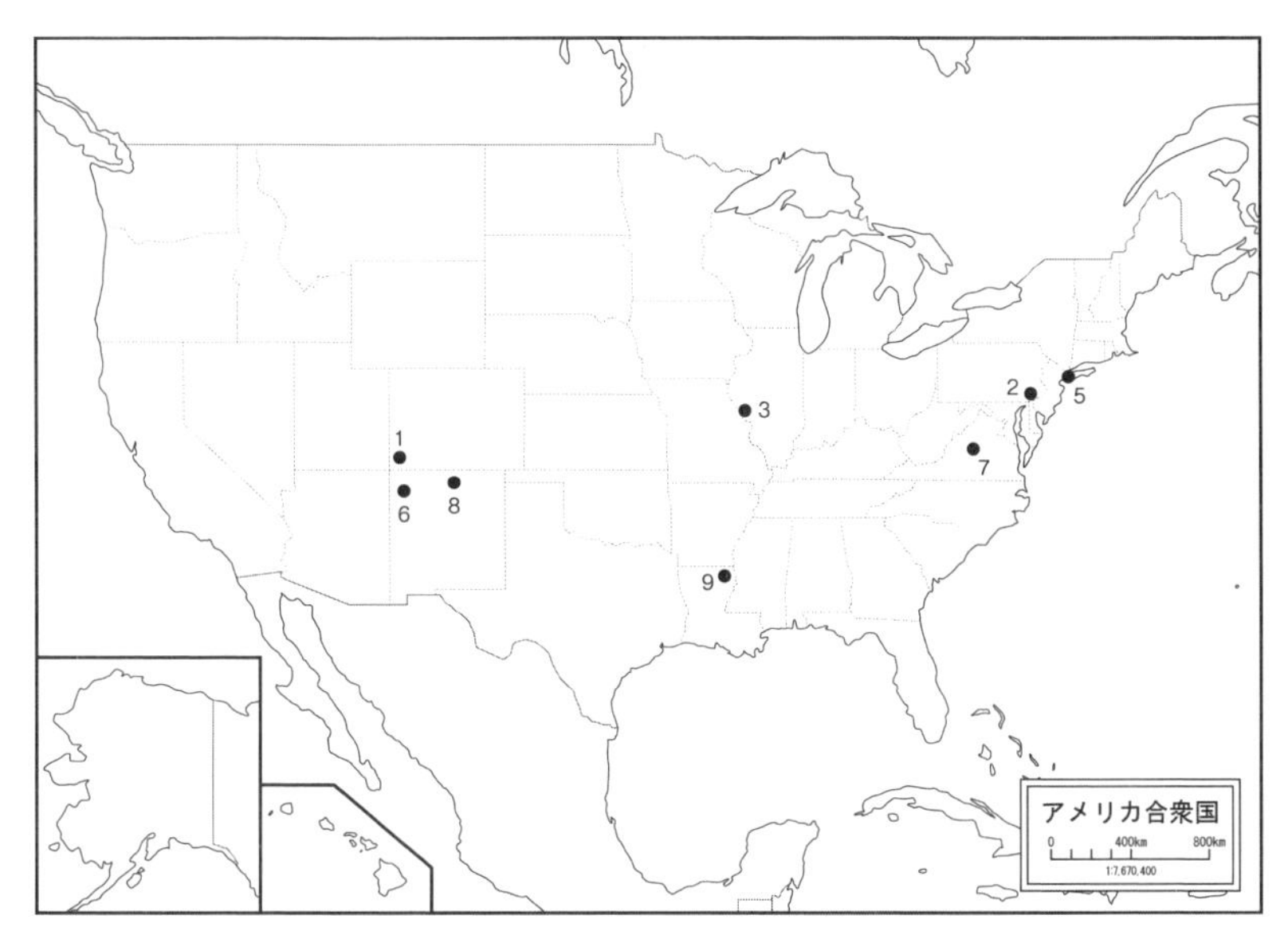

文化遺産

1. メサ・ヴェルデ
2. 独立記念館
3. カホキア墳丘群州立史跡
4. プエルトリコのラ・フォルタレサとサンフアン歴史地区（地図外）
5. 自由の女神像
6. チャコ文化国立歴史公園
7. シャーロッツビルのモンティセロとバージニア大学
8. プエブロ・デ・タオス
9. ポヴァティ・ポイントの記念碑的土塁群
10. サン・アントニオ・ミッションズ
11. フランク・ロイド・ライトの20世紀建築作品群（全土シリアル型）

イリノイ州オークパーク、シカゴ
ウィスコンシン州スプリンググリーン、マディソン
カリフォルニア州ロサンゼルス
ペンシルベニア州ミルラン
アリゾナ州スコッツデール
ニューヨーク州ニューヨーク

図23　アメリカの世界文化遺産

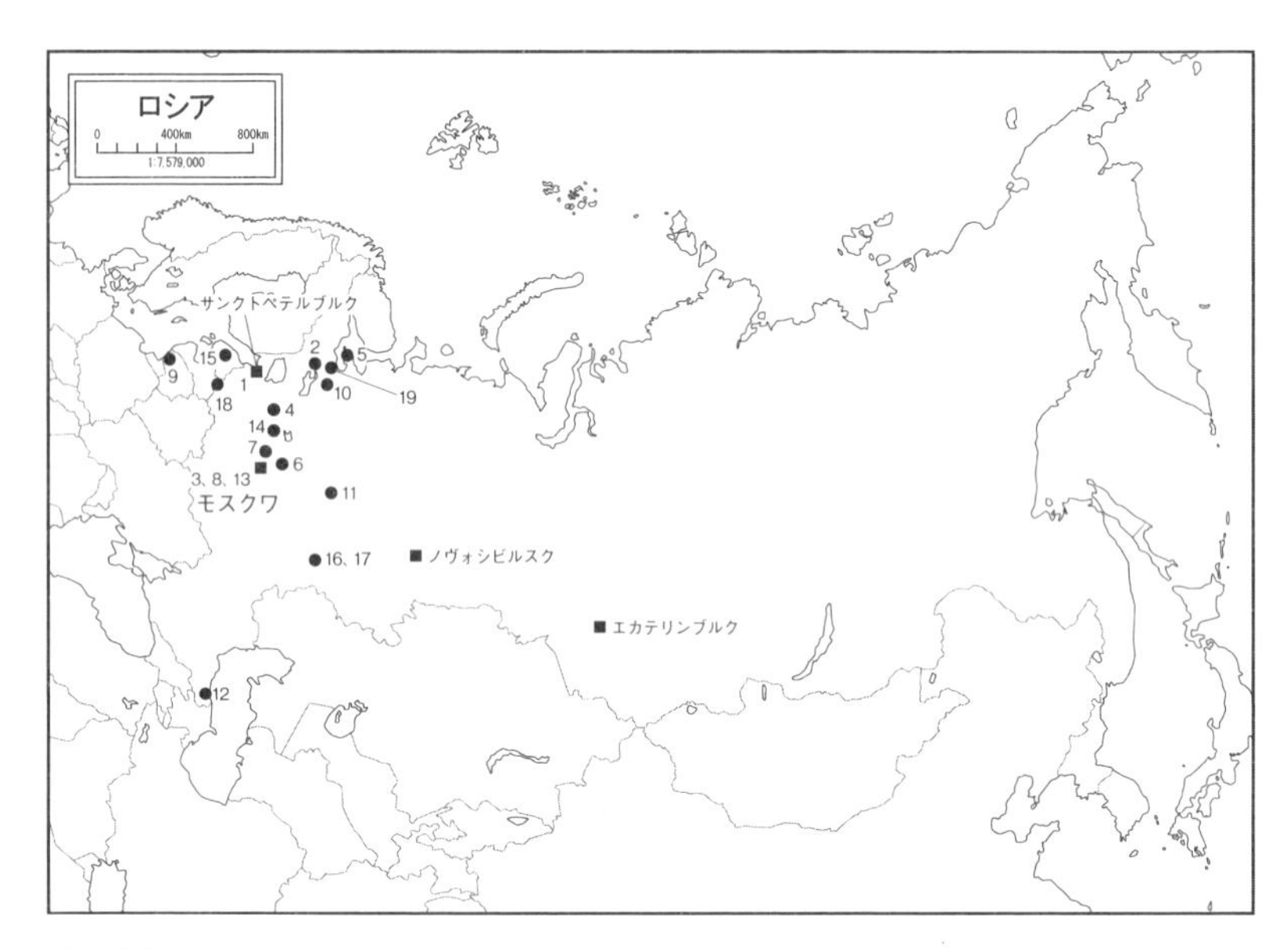

文化遺産

1. サンクトペテルブルク歴史地区と関連建造物群
2. キジー・ポゴスト（キジ島の木造教会建築）
3. モスクワのクレムリンと赤の広場
4. ノヴゴロドと周辺の文化財
5. ソロヴェツキー諸島の文化的・歴史的遺産群
6. ウラジーミルとスーズダリの白亜の建造物群
7. セルギエフ・パサドの至聖三者聖セルギイ大修道院の建築的遺産群
8. コローメンスコエの主の昇天教会
9. クルシュー砂州
10. フェラポントヴォ修道院の遺産群
11. カザン・クレムリンの歴史的・建築的遺産群
12. デルベントのシタデル、古代都市、要塞建築物群
13. ノヴォデヴィチ修道院の建造物群
14. ヤロスラヴリ市街の歴史地区
15. シュトルーヴェの測地弧
16. ボルガルの歴史的考古学的遺産群
17. スヴィヤジツクの集落島の生神女就寝大聖堂と修道院
18. ブスコフ建築派の聖堂群
19. オネガ湖と白海のペトログリフ

図 24　ロシアの世界文化遺産

表23　世界文化遺産数と1万㎢あたり数のランキング

順位	国名	登録数	面積	1万㎢あたり	
			（1万㎢）	登録数	順位
1	イタリア	54	30.1	1.79	4
2	ドイツ	51	35.8	1.42	6
3	フランス	44	55.2	0.80	12
	スペイン	44	50.6	0.87	11
5	中国	40	960.0	0.04	21
6	インド	35	328.7	0.11	19
7	イギリス	29	24.2	1.20	10
8	メキシコ	27	196.4	0.14	18
9	イラン	26	162.9	0.16	17
10	日本	21	37.8	0.56	13
	ロシア	21	1709.8	0.01	22
12	トルコ	19	78.4	0.24	16
13	ギリシャ	17	13.2	1.29	9
14	ポルトガル	16	9.2	1.74	5
	チェコ	16	7.9	2.03	3
16	ポーランド	15	31.3	0.48	14
17	韓国	14	10.0	1.40	7
	ベルギー	14	3.1	4.52	1
19	スウェーデン	13	45.0	0.29	15
20	オランダ	12	4.2	2.86	2
	アメリカ	12	983.3	0.01	22
22	オーストリア	11	8.4	1.31	8
23	エチオピア	10	110.4	0.09	20

時代に偏りなく〝生きて〟存在

〝日本の世界文化遺産〟第二の特徴として、一万五〇〇〇年前に始まる縄文時代から戦後の一九五〇年代まで、**ある時代に偏ることなく、ほぼ全時代にわたって存在している**ことが挙げられます。しかも、**その多くは、遺跡ではなく〝生きて〟現代に存在しています。**

これも当たり前のように思いますが、遺跡や使われなくなった建物が世界文化遺産登録の中心となっている国は少なくありません。例えば「マチュ・ピチュの歴史保護区」や「ナスカとパルパの地上絵」で知られるペルーには九つの文化遺産と二つの複合遺産（「マチュ・ピチュの歴史保護区」は複合遺産です）がありますが、現代に繋がっている文化遺産は「リマ歴史地区」と「アレキパ市の歴史地区」だけです。後は全て遺跡です。また、「メンフィスとその墓地遺跡―ギザからダハシュールまでのピラミッド地帯」という名称で登録されているピラミッドを有するエジプトは、世界遺産事業の発端となったアブ・シンベル神殿をはじめ六件の文化遺産が登録されていますが、うち四件は遺跡です。アブ・シンベル神殿も「アブ・シンベルからフィラエまでのヌビア遺跡群」の一構成資産です。ピラミッドももちろん遺跡です。

〝日本の世界文化遺産〟にも「北海道・北東北の縄文遺跡群」や「百舌鳥・古市古墳群」のような遺跡群がありますし、構成資産には遺跡も含まれますが、大半の資産の地で祭祀や信仰が続けられています。

表24　インドの世界文化遺産（主要な宗教建築）一覧

ブッダガヤの大菩提寺	紀元前530年頃	マウリヤ朝	仏教（現在の形となったのはグプタ朝）
サーンチーの仏教建造物群	前3世紀～前2世紀後半	マウリヤ朝	仏教
アジャンターの石窟群	4世紀～6世紀半ば	グプタ朝	仏教
ナーランダ僧院の考古遺跡	5世紀～12世紀	グプタ朝	仏教プラスの総合大学
マハーバリプラムの建造物群	6世紀～8世紀	バッラヴァ朝	ヒンドゥー教
バッタダカルの建造物群	6世紀～8世紀	チャールキヤ朝	ヒンドゥー教
エローラ石窟群	5世紀～10世紀 中心は8世紀後半～10世紀後半	中心はラーシュトラクータ朝 1～12窟（5～7世紀）仏教、13～29窟（7～9世紀）ヒンドゥー教、30～34石窟（9～10世紀）ジャイナ教	
エレファンタ石窟群	8世紀～10世紀	ラーシュトラクータ朝	ヒンドゥー教
大チョーラ朝寺院群	9世紀～13世紀	チョーラ朝	ヒンドゥー教
カジュラーホーの建造物群	10世紀～12世紀	チャンデーラ朝	西グループ：ヒンドゥー教 東グループ：ジャイナ教
テランガーナ州のラマッパ寺院	11世紀～14世紀	カーカティーヤ朝	ヒンドゥー教
ホイサラ様式の寺院群	12世紀～13世紀	ホイサラ朝	ヒンドゥー教
デリーのクトゥブ・ミナールとその建造物群	13世紀初頭	クトゥブッディーン・アイバク	イスラム教
コナークラのスーリヤ寺院	13世紀	東ガンガ朝	ヒンドゥー教
ハンピの建造物群	14世紀～16世紀半ば	ヴテジャナガル王国	ヒンドゥー教
ゴアの教会群と修道院群	16世紀～18世紀		キリスト教

種類・形態、特に特定の宗教に偏らず

しかも〝日本の世界文化遺産〟は先史時代の遺跡、陵墓、聖地とされた文化的景観、多種多様な宗教建築、城郭、集落、産業遺産、戦争遺産、現代建築…と、千差万別です。特定の種類・形態に偏っていません。

特に顕著な例が宗教建築に見られます。祭神・本尊・建築様式が多様な社寺が同時代に併存するに止まらず、神社境内に寺院が、寺院境内に神社が建てられ、という形で信仰が続けられてきました。

このように、**特定の種類・形態、特に特定の宗教に偏らずに〝生きて〟存在している点が〝日本の世界文化遺産〟第三の特徴**です。

これまた、私たちには当たり前の姿ですが、異なる宗教建築が同時代に、いわば平和共存している例は世界的には、そう多くはありません。

例えばインドには三十五の世界文化遺産があり半数が宗教建築物ですが、表に見られるように、十六世紀以前の遺産は、時代と王朝によって仏教、ヒンドゥー教、ジャイナ教に明確に分かれ、十六世紀半ばから十九世紀半ばの遺産はイスラムを国教とするムガル帝国の遺産です。その間、ゴア地域ではキリスト教の教会と修道院が見られましたが、限定的な例に止まっています。また、エローラ石窟群、カジュラーホーの建造物群、ナーランダ僧院では複数宗教の建築ないし学習活動が見られますが、エローラ石窟群では五～七世紀の1～12窟は仏教、七～九世紀の13～29窟はヒンドゥー教、九～十世紀の30～34窟はジャイナ教という形で明確に分かれ、カジュラーホーの建造物群でもヒンドゥー教の西グループとジャイナ教の東グループに二分されています。ナーランダ僧院も後半期は大学として機能し、一一九三年イスラム勢力によって破壊され遺跡となってしまいました。日本のように、神道と仏教の建築物が、同一地域どころか、一つの境内に並び続けるというような例はありません（表24）。

日本では、内乱に翻弄された十二世紀半ばから十七世紀初頭においても、〝京都〟の社寺を核としつつ、それ以前から崇敬されてきた宗像や紀伊山地、富士山や日光山の信仰が充実・拡散してゆく一方で、厳島神社の国家的大社としての創建、平泉での〝現世における浄土〟の創造、もう一つの国家〝琉球王国〟における斎場御嶽（せーふぁうたき）を核とする独自の祭祀・信仰が生み出され、併存・習合を深めてゆきました。

そして、内戦に終止符を打った江戸幕府は、打ち続く兵火で焼失し災害で倒壊した奈良・京都をはじめとする全国の社寺を再建することに全力を注ぎました。全国の諸藩や各層の人々もそれに呼応して、財も心も注ぎ込み続けました。江戸期に活況を呈す巡礼や、各地で進められた参詣のための様々な講の結成は何よりの証拠となります。

再建・修復によってずっと現役

この、兵火・災害による焼失・倒壊に対して**再建・修復を積み重ねることで多くの遺産が価値を維持**している点が**〝日本の世界文化遺産〟第四の特徴**です。

端的な例に、江戸幕府による多くの文化遺産、特に「古都京都の文化財」の再建・修復があります。創建年代は、平安遷都以前から始まり江戸時代初頭まで、ほぼ全時代にわたり、平安時代創建の建造物も半数に上りますが、ほとんどが寛永年間（一六二四〜一六四四）を中心する江戸時代初期の再建ないし造替です。「法隆寺地域の仏教建造物」が〝世界最古の木造建造物群〟となっているのも絶えざる修理の賜物です。

こうした再建・修復による文化遺産の持続性も、世界的には特異です。

例えば中国には四十の文化遺産と四つの複合遺産があり、多くが著名な観光地・行楽地となっていますが、日本の文化遺産と同じ意味で〝生きている〟と言える文化遺産は、創建当初以来の信仰が続いている「ラサのポタラ宮の歴史的遺跡群」「曲阜の孔廟・孔林・孔府」「泰山」「嵩山（「天地の中央」にある登封の史跡群）」「五台山」と、少数民族の独特な生活景観（ナシ族の「麗江旧市街」・ハニ族の「紅河哈尼棚田群の文化的景観」）くらいです。

また、三十五の世界文化遺産を持つインドにおいても、〝生きて〟現代に続いている文化遺産は、一度完全に荒廃したブッダガヤの大菩提寺（マハーボーディー寺院）を含めても七つです。しかも、その大半が十八世紀以降のものです。石造の見事な建造物が多いために、一見持続的に使用されてきたと考えがちですが、特定の時代、特定の宗教による遺跡となっています。

そうした事例と比較してみると、古い建物を可能な限り元の姿に再建し、そこに新たな価値を加えて〝顕著な普遍的価値〟の持続的発展に努めてきた〝日本の世界文化遺産〟のありようは世界的には特異です。

浮かび上がる〝日本という文化的空間〟

こうした特徴は、〝世界文化遺産としての特徴〟を超えて、〝日本という文化的空間〟の核心を浮かび上がらせます。

表25　宗教信者数（文化庁　2020年調査）

神道系	仏教系	キリスト教系	諸教	計
88,959,346	84,835,110	1,909,757	7,403,560	183,107,772

深さが感じられるからです。

社会的慣習にまでなった〝非排他的な宗教性〟

第三の特徴「種類・形態、特に宗教に偏らず」に最初の切り口があります。建築物の特徴に止まらない深さが感じられるからです。

〝神も仏も〟、神聖あるいは畏怖・驚異を感じる聖性なら何でも受け入れ、心や暮らしの中で融合させてしまうという考え方です。一神教こそ宗教と考える人々には理解しがたい〝宗教〟概念、宗教受容かもしれませんが、日本人にとっては自然な姿であることは、文化庁が毎年行っている宗教統計からも証明されます。

国勢調査年の二〇二〇年の数値で、神道系信者八九〇〇万人、仏教系信者八四八〇万人、キリスト教系信者一九〇万人、諸教七四〇万人の信者数が挙げられています。全て合わせれば一億八三一〇万人となります。二〇二〇年国勢調査人口は一億二六一〇万人ですから、総信者数は総人口の一・四五倍にもなります。総人口を大きく超えることなど、他国ではまずありえません。

しかも、そのほとんどが神道系信者と仏教系信者です。合わせて一億七三八〇万人。全信者の九五％を占めます。神道系信者にして仏教系信者。しかも、全てが全て強い信仰を持っているとは到底言えません。それが一般的な日本人像です（表25）。

現に家の中に神棚と仏壇が並ぶのはごく普通の光景です。しかし、日々真剣に手を合わせ信仰表白を行っている人々は少数です。一方で、どの家でも、神棚や仏壇に、氏神や旦那寺とは縁の薄い社寺のお札やお守りが平然と納められています。

それればかりではありません。多くの日本人の一年の過ごし方には、**〝非排他的な宗教性〟**を**〝社会的慣習〟にまで溶かし込んだ**様子がうかがえます。

元旦には氏神や著名な神社・仏閣に初詣に出かけ、一月第二月曜日を小正月（正月望月（十五日））の公家・武家行事だった元服に由来して国民の祝日「成人の日」として祝い、二月三日には中国宮中行事に基づく追儺（ついな）を翻案して豆を撒き、同月十四日にはキリスト教祭事・バレンタインデー（St. Valentine's Day）を女性が男性にチョコレートを贈る日とし、三月三日には中国陰陽五行説（いんようごぎょうせつ）による五節句の一つ上巳（じょうし）の節句を女児の祝い「雛祭り」とし、春分の日を挟む数日を春彼岸と称して旦那寺と祖先の墓地に参り…と、一年が続いてゆきます。仏教も神道も、キリスト教も中国思想も、何でもかんでも受け入れ、頭を下げ、手を合わせ、時に柏手を打ち、讃美歌の一節まで歌う。

境目の曖昧な〝まち〟と〝むら〟

社会的慣習にまでなった〝非排他的な宗教性〟は都市の構造、都市と農村との関係に象徴される日本の地域構造とも照らしあっているようです。

「姫路城」には、世界の城とは異なる大きな特徴が二つあることを強調してきました。木造であることと、石垣と二重の濠は「姫路城」だけを取り囲んでいて、**〝まち〟は城の外**という事実です。ヨーロッパの〝城〟が城郭の中に教会や住民の居住区、商店や工房を持って〝都市〟を成り立たせていることと対照的です。韓国の華城（ファソン）もヨーロッパ型です。中国・北京も元々は城壁で囲まれていました。

そして日本の〝まち〟は、ヨーロッパのような厳格な境目を持たずに、〝むら〟と呼ばれる農村地帯につながり、やがて次の〝まち〟が現れます。その構造は現代に繋がっています。

考えてみれば、唐などの中国王朝の都城が城郭都市であるのに対し、それらを手本にしつつも、平城京も平安京も城壁で囲まれませんでした。それゆえに、「古都奈良の文化財」の中心は平城京の東に大きくはみ出す一方で、平城京の区画内にあった薬師寺や唐招提寺は〝西の京〟と呼ばれて、京域外であるかのような錯覚を人々に与え続けてきました。「古都京都の文化財」構成資産の分布もまたしかりです。

時代が下った江戸もまた城壁では囲まれず、江戸の〝まち〟は江戸城の外に広がるとともに、いつしか〝むら〟に繋がっていました。この〝ゆるやかな繋がり〟の上に街道や舟運路が整備され、神も仏も、無数の聖性を訪ね歩く〝日本的巡礼〟が生み出されてゆきました。

焼失・被災を前提に修復・再建を準備

そうした地域構造の中で、日本の建築が木造であり続けたことを考え直してみましょう。

石造と木造の一番の違いは何かといえば、燃えにくいか燃えやすいかです。燃えにくい石造は残りやすく、燃えやすい木造は残りにくい。誰もが、そう考えます。

しかし、不思議なことに、**燃えやすい木造の〝日本の世界文化遺産〟が、創建時の価値と形をそのままに、それに新しい価値を加えて生き続けている**のに対し、ピラミッド（エジプト）、万里の長城（中国）、マチュ・ピチュ（ペルー）、仏教・ヒンズー教・ジャイナ教・イスラム教の寺院・石窟や各王朝の宮殿・墓廟（インド）、ギリシャ・ローマ文明（ヨーロッパ各国）などの**石造の建造物は、その形を残しながらも、創建時の信仰や用途が持続する〝生きた存在〟ではありません**。遺跡となっています。

これは決して偶然でも皮肉でもありません。**木造建造物は燃えやすいからこそ、常に修復・再建の準備がされてきた**ということです。江戸においては、大火を前提として、延焼を食い止め一時避難の地ともなる〝火除け地（ひよけち）〟や再建のための材木置き場〝木場（きば）〟が設営、拡張されました。延焼防止のためには隣家の取り壊しは当然とみなされ、再建のための公的助成や融資が準備されていたほどです。

災害は火災だけではありません。日本の地球科学的位置を考えれば、地震、噴火、台風などの自然災害に常に直面してきました。だからこそ、**被災を前提とした復旧・復興、修復・再建**が常に意識されてきました。

その根は、我が国最古の世界文化遺産「北海道・北東北の縄文遺跡群」が描く世界に萌しているかもしれません。「北海道・北東北の縄文遺跡群」は、日本における新石器時代が〝狩猟・漁撈・採集〟に基盤を置き続けた定住社会であることを知らせてくれましたが、そこにおける住居や建築物は木と草と土とで出来ていました。〝拠点のムラ〟は生まれても、〝城壁で囲まれた都市〟は生まれませんでした。

〝生きた伝統〟を育んできた庶民の力

では、そうした個性ある風土は誰によって築かれてきたのでしょうか。時々における権力者による力が大きく働いたことは確かですが、**文化遺産を〝生きた存在〟として現代に繋いできた上で民の果たした役割は非常に大きかった**と思われます。

例えば「法隆寺地域の仏教建造物」の場合、その地が京都・奈良から少し離れた地で権力争いや兵乱による焼失等がなかったという僥倖はあったものの、特別な庇護もないなかで、小子院（しょうしいん）での寺僧の営みと庶民の聖徳太子への敬慕・信仰によって〝顕著な普遍的価値〟は維持されました。同じく、唐招提寺や薬師寺、元興寺（がんごうじ）が伽藍を維持し〝生きた信仰〟の場としてあり続けているのは民の力以外の何物でもありません。

庶民の営みは、創建当時の〝顕著な普遍的価値〟を維持したばかりでなく、その内実をさらに拡張させてゆく役割も果たしました。「紀伊山地の霊場と参詣道」に見られる個別参拝から巡礼への展開、「厳島神社」における祭祀から信仰への転換、〝火の山〟への畏敬と鎮めの〝遥拝〟から〝登拝〟へ、〝ご当地富士〟や〝富士見台〟〝富士塚〟などへの拡張に見られる〝富士山信仰〟の広がりなどは分かりやすい例でしょう。

〝日本の歴史〟を振り返る

旅の最後に、改めて、世界文化遺産を通して〝日本の歴史〟を振り返ってみましょう。いわば〝おさらい〟ですが、同時に、なぜ、それぞれの世界文化遺産がその時代を代表できるのかを問い、〝日本の歴史〟が持つ世界史的普遍性と独自性を考え直す時でもあります。

基層に息づく〝狩猟・漁撈・採集〟の社会

「北海道・北東北の縄文遺跡群」に立ち戻って

まずは日本最古の世界文化遺産「北海道・北東北の縄文遺跡群」の地点に立ち戻ってみましょう。

改めて、三つの問いが浮かんできます。

第一は、なぜ、それ以前の世界文化遺産は日本にはないのか。

第二は、なぜ、数多くの縄文遺跡から「北海道・北東北の縄文遺跡群」が選ばれ、縄文時代を代表しうるのか。

第三は、縄文時代は、どのような点で、その後の日本社会の基層を形成してゆくのか。

最初の問いから考えてゆきましょう。「北海道・北東北の縄文遺跡群」は一万五〇〇〇年前まで遡る遺跡群ですが、五万年ほど前にアフリカを出発したヒトは三万八〇〇〇年前頃に日本列島に到達したと考えられています。二万三〇〇〇年もの空白の時間があります。どうしてでしょうか。**大きく二つの理由**がありそうです。

第一の理由は、いささか恥ずかしい理由です。一時期、日本の社会は数万年前から数十万年前とされる遺跡・遺物の発見ラッシュに沸き立ちました。結局は捏造だったことが判明し、日本列島における人類の足跡は後期旧石器時代(Upper Paleolithic)の三万八〇〇〇年前あたりからと落ち着きましたが、当時、政府もお墨付きを与えて史跡に指定し、教科書に事実として掲載し続けました。「旧石器捏造」は実行役個人の問題に還元できない根の深さを持っています。そうした行為に彼を駆り立てた考古学界や、「新発見」を待ち望んだ私たち日本人全体の問題として捉え直す必要があります。「旧石器捏造」に対する国民全体の反省と克服が後期旧石器時代遺跡の世界文化遺産推薦の前提となります。

第二の理由は、二万三〇〇〇年に及ぶ後期旧石器時代を俯瞰できる、少なくとも代表できる遺跡（群）確定の国民的合意はまだできていないという現実です。

〝縄文時代〟が示す普遍性と独自性

こうした後期旧石器時代遺跡の様相と比べると、「北海道・北東北の縄文遺跡群」が世界文化遺産とされた理由ははっきりしています。〝土器の登場と定住〟で幕を開け、一万二〇〇〇年ほど続いた**〝縄文時代〟全体を俯瞰できる遺跡群**だからです。

「北海道・北東北の縄文遺跡群」は、後期旧石器時代末期の石器群と共に出土した**北東アジア最古級の土器**から始まります。土器は重く壊れやすいことから〝定住〟を示唆していると考えられたからです。

〝定住〟とは、ある家族が一定の場所に居続けるということではありません。複数の家族が集まって生活・生業を分かち合い、世代を重ねて暮らし続けることに重点があります。**集落〝ムラ〟の成立**です。そうした展開がはっきりと見られることが「北海道・北東北の縄文遺跡群」選定の第一の理由でしょう。

しかし、その段階で、**世界各地の新石器時代とは異なる様相**が見えてきます。世界史的には新石器革命の核心は〝農耕・牧畜〟の開始にあり、それが今日に続く人類社会の原像だと考えられてきましたが、縄文時代は、それとは異なる形つまり**〝狩猟・漁撈・採集〟を生活の基礎に置いたままでの〝定住生活〟への移行、高度な社会組織と精神性の発揮**という方向に進んでいったからです。

人々は海進・海退に適応して住居や貝塚の立地を変え、淡水域・汽水域・海水域それぞれに棲む魚介類や海獣類、山野の動・植物を計画的に利用するようになります。そこから、〝拠点のムラ〟が出現しますが、世界各地の〝拠点のムラ〟の多くが厳重な壁で閉じられ〝都市国家〟へと発展するのに対し、計画的ではあるが木と草と土で作られた建築物が集中して建てられただけでした。やがて「北海道・北東北の縄文遺跡群」は、高度な社会組織と精神性の発揮を〝祭祀場〟や〝墓地〟のありように見せてゆきます。

このように振り返ると、〝**土器と定住**〟**という新石器時代が持つ世界史的普遍性と、基盤としての〝狩猟・漁撈・採集〟という独自性が縄文時代のキーワード**であることが理解できます。

なぜ、そのような〝独特の新石器時代〟を日本社会は生み出し一万年以上も持続できたのでしょうか。

答えは〝**海の幸・山の幸**〟**という言葉に象徴される日本列島の立地性**にありそうです。

多様な堅果類に富む北方ブナ帯と寒・暖流が交差する豊かな漁場を生活の基盤とした「北海道・北東北の縄文遺跡群」は、その点でも、典型的な姿を見せてくれます。〝japan〟の名で呼ばれる漆器や、〝交流〟・〝交易〟をうかがわせる貝輪・ヒスイ製品などの広範な存在も興味深く、現代に繋がる〝日本社会の基層〟が確かに息づいています。

〝古墳時代〟という独特な時代の展開

続く日本の世界文化遺産は「『神宿る島』宗像・沖ノ島と関連遺跡群」と「百舌鳥・古市古墳群―古代日本の墳墓群」です。「北海道・北東北の縄文遺跡群」から七〇〇年ほどの隔たりがあります。〝第二の空白期〟です。

〝第二の空白期〟

私たちが親しんできた言葉で言えば〝**弥生時代**〟**が丸々空白**となっています。

しかし〝弥生時代〟は注目に値する遺跡も多く、日本が〝倭（国）〟という名で中国史書に記され始め、後漢や魏との交渉記事も見られます。それなのに、どうして空白なのでしょうか。

三つの理由が考えられそうです。

第一の理由は、**縄文時代・古墳時代に対する〝弥生時代〟の位置づけの揺らぎ**です。

縄文時代は長く〝未開〟な社会と考えられてきましたが、「北海道・北東北の縄文遺跡群」に見られるように、高度な社会組織と精神性を発揮した〝独特な新石器時代〟であることがはっきりしました。今や〝弥生時代〟を、〝未開な縄文時代〟に対する〝文明開化の時代〟と単純に位置づけられなくなっています。一方で、古墳時代と〝弥生時代〟の線引きも揺らいでいます。邪馬台国の二人の女王、卑弥呼・台与（壹与）を弥生時代最終末の人と見るか古墳時代最初期の人と見るかは邪馬台国所在地論争以上の重さがあります。

中国大陸で発展し朝鮮半島で独自性を高めた〝定型的な新石器時代から発展した青銅器・鉄器時代〟と〝日本独特の新石器時代〟が出会って〝古墳時代〟という独特な時代を生み出す過程として〝弥生時代〟をどう位置付けるのか。確かにそれは難しい課題です。

第二の理由は**〝弥生時代〟の担い手をどう位置づけるか**です。

後期旧石器時代を引き継ぐ形で生まれた縄文時代の担い手は後期旧石器時代以来日本列島に暮らし続けてきた人々と考えて大過ないでしょう。しかし〝弥生時代〟の開幕を告げる〝水田稲作と金属器〟は明らかに大陸諸地域や朝鮮半島から日本列島に渡来した集団によってもたらされたものです。

安定した〝独特の新石器時代〟と捉えられるようになったとはいえ、縄文時代の人口は最大でも五〇万人と見積もられています。一方、古墳時代の人口は五〇〇万人前後という試算も出されています。十倍です。七〇〇年で十倍になるには、列島外からの大きな流入が不可欠です。

幾重にも重なり様々な方面からやって来た渡来の人々と縄文時代以来日本列島に暮らし続けた人々とがどう関わり合って〝弥生時代〟を作り上げていったのか。その姿に対する国民的合意はまだできていません。

したがって、〝**弥生時代**〟**全体を俯瞰できる遺跡群についての国民的合意はできていない**ということです。これが第三の理由です。

〝古墳時代〟というネーミングの妙

〝第二の空白期〟に続いて、〝**古墳**〟**と呼ばれる独特の墳墓が社会の秩序と変化を物語る時代**が開かれます。その時代を俯瞰できる世界文化遺産が「百舌鳥・古市古墳群—古代日本の墳墓群」です。

〝古墳時代〟というネーミングは、この独特の時代を表すのに実によく合っています。

まず〝古墳〟は、お墓一般ではありません。考古学者が〝前方後円墳〟と命名した独特な形を頂点として階層化された、高い技術と労力が必要な〝幾何学的な墳丘墓〟です。

三世紀半ばに突如、完成した形で現れ、七世紀になると急速に消滅してゆきます。そして、この三五〇年ほどの間に、北海道・北東北と沖縄を除く列島全域に十六万基以上も造られたことが分かっています。現代に置き換えれば最低でも毎年一万基以上が造られ続けたことになります。

〝**古墳**〟が〝**明確に定義できる存在**〟で、〝**登場と消滅の時期が明白**〟かつ〝**列島全域に膨大な数造り続けられた**〟とすれば、その名をもって時代名とすることは理にかなっています。

「百舌鳥・古市古墳群」が描く世界

古墳時代は概ね、三世紀半ばから四世紀前半、四世紀後半から五世紀、六世紀の三つの時期に分けられ、前期・中期・後期と名づけられています。「百舌鳥・古市古墳群」は中期に当ります。

この時期区分は、〝倭国〟と呼ばれた日本列島の政治勢力と東アジア諸地域との関係、そして〝倭国〟の政治勢力がどこを中心地として全国的秩序を形成したのかと対応しています。

古墳時代前期から見てゆきましょう。先に記したように、古墳は三世紀半ば、突如、墳丘長二八〇メートルの巨大な前方後円墳という形で登場します。登場の地は奈良盆地東南部。推定年代から「魏志倭人伝」（『三国志』魏書東夷伝倭人条）正始八年（二四七）記事に続いて記された「卑弥呼以（巳）に死す。大いに冢を作る。径百余歩なり」と関連づけて考える研究者も少なくありません。

続いて奈良盆地東南部から北部にかけて、当代の頂点に立つ、墳丘長二四〇メートルを超える巨大な前方後円墳が次々と築かれました。全国には、それよりは小さい前方後円墳を頂点とする階層化された古墳が拡がってゆきました。

五世紀前半、中国が南北朝時代に入るなか、倭王権は南朝・宋（四二〇～四七九）**や朝鮮半島諸国との交流を再度活発化**させます。いわゆる「**倭の五王**」**の時代**です。「倭の五王」は、代替わり毎に宋から王としての冊封を受け、「軍号」を得て朝鮮半島の政治・軍事に介入しました。そして、宋から与えられる「軍郡」「軍号」を仲介することで国内的地位を高めました。**格付けされた〝古墳〟の築造は、「軍郡」「軍号」**を**〝見える化〟する役割**を果たしたと見られます。大阪平野の「百舌鳥・古市古墳群」を頂点とする**古墳時代中期の日本列島の姿**です。

「百舌鳥・古市古墳群」は、墳丘長四〇〇メートルを超える日本最大の二つの古墳を中核とする四十五基の古墳から成り立っています。こうしたことから、「倭の五王」は、『日本書紀』などに伝えられた、どの天皇（大王）に対応し、その陵は、「百舌鳥・古市古墳群」の、どの古墳に当るのかの議論が、江戸時代以来続いています。

やがて六世紀に入ると、少数の大型前方後円墳と、小規模な古墳が密集する〝群集墳〟とに二分されてゆきます。そして七世紀初頭には全国から前方後円墳は姿を消します。**古墳時代後期**と呼ばれる時代の姿です。少数の比較的大きな円墳・方墳と群集墳は七世紀代にも築かれ終末期古墳と呼ばれますが、**前方後円墳の消滅をもって古墳時代と呼ぶべき時代は終わりを告げた**と見る見方が一般的です。

中国諸王朝との政治的交流は希薄化しましたが、百済（くだら・ペクチェ）との関係は強化されました。王権の中心は奈良盆地南部の飛鳥に移り、百済からの仏教公伝に象徴されるように、**仏教をはじめとする当代東アジア標準への対応に舵が切られます。**古墳の石室も、竪穴式から朝鮮半島由来の横穴式となりました。

〝古墳による階層化〟をどう見てゆくか

このように見てくると、「百舌鳥・古市古墳群」を〝巨大な前方後円墳を頂点とした古墳による階層化〟が社会の安定と変化を表した時代を最も典型的な姿で表している古墳群とみることに得心がゆきます。

〝古墳による階層化〟は、どのような歴史を物語っているのでしょうか。

古墳時代三五〇年を通して、その時々の頂点に立っていたのは奈良盆地か大阪平野の巨大な前方後円墳でした。後に天皇と呼ばれる倭国王の陵であることはまず間違いないでしょう。そして、それらの地で、次ぐ階層の古墳に葬られた人々は、倭国王一族か王権を支えた「貴族」階層でしょう。

問題は、奈良盆地・大阪平野以外の地で見られる比較的高い階層の古墳とそれに列なる〝古墳の階層化〟をどう見てゆくかです。

奈良・大阪を拠点とした倭王権と比べれば勢力は小さいものの、それなりに完結した、倭王権と対抗しうる政治勢力の姿を表すものなのか。倭王権を構成する王家や「貴族」層が列島各地を掌握した形を表しているのか。あるいは、地域の有力氏族が倭王権構成の一角となったことを示しているのか。

これは難題です。「倭王権との深い関係（強い関連）」と称して分かったつもりになりがちですが、この難題に挑戦しなければ、この時代の歴史的位置づけは曖昧なものとなってしまいます。

参考までに私見を述べれば、古墳時代前期においては、倭王権に対抗しうる政治勢力があった可能性が見られます。

〝階層化された古墳秩序〟の頂点に「前方後方墳」と名づけられた特異な古墳が位置する例などです。しかし「前方後方墳」は、少数の地域を除いて、五世紀に入る前後で姿を消しています。少なくとも大きな対抗勢力は前期のうちに消滅したか倭王権に吸収されたと見て良さそうです。

古墳時代中期には岡山県に三五〇メートルの墳丘長を持つ造山（ぞうざん）古墳（全国第四位）、二八二メートルの作山（さくざん）古墳（全国第十位）が造られます。倭王権に対抗しうる勢力の存在を示すようですが、『日本書紀』の記載に従えば、造営に関わったと見られる氏族は、吉備（きび）と呼ばれた岡山周辺の地に勢力を持ちながらも倭王と姻戚関係を持ち倭王権の王位継承に係る反乱に関わって勢力を弱めたことが伺えます。

東国（あづまのくに）と呼ばれた関東地方の中心地であった群馬周辺にも墳丘長二一〇メートルの太田天神山古墳（全国二十八位）をはじめとする大型前方後円墳を頂点とする〝古墳の階層化〟が見られます。独自の王とする解釈もありますが、『日本書紀』は、倭王権から派遣され地域に定着した王族将軍に列なる人々である可能性を記しています。

以上は、あくまでも私見にすぎません。捨て石にすぎません。しかし、〝列島全域における古墳による階層化〟をどう見てゆくかは、〝古墳時代〟を理解する上で避けて通れない課題です。

〝古墳時代〟から続く祭祀

その点、古墳時代以来の祭祀を〝生きた伝統〟として現代に引き継いできた「『神宿る島』宗像・沖ノ島と関連遺跡群」が世界文化遺産とされたことは大きな意味を持っています。

「神宿る島」宗像・沖ノ島は、古墳時代中期が始まる四世紀後半の岩上祭祀として始まり、鏡・装身具・武器・工具などが供えられました。同時代の古墳副葬品とほぼ同じです。五世紀後半から七世紀にかけては祭祀の場が岩陰に移り、朝鮮半島との交流を物語る馬具などが見つかっています。

七世紀後半になると、祭祀は岩陰と露天の両所にまたがって行われるようになり、中国との交流を示す奉献品が供えられました。この頃から、**沖ノ島**（沖津宮）に坐す神を**田心姫神**、**大島**（中津宮）に坐す神を**湍津姫神**、九州本土（**辺津宮**）に坐す神を**市杵島姫神**、合わせて**宗像三女神**と呼ぶようになったと見られています。『古事記』『日本書紀』にも、それら神々の名と伝えが記されるようになります。

八世紀以降は露天祭祀になりますが、「神宿る島」宗像・沖ノ島の祭祀は沖ノ島・大島・九州本土を核に全国に広がり、〝生きた伝統〟として現代に引き継がれています。

全国に展開する主要神社の多くもまた、宗像大社と同じような経緯を経て今日に至っています。

例えば倭王権発祥の地にあって最初の大型前方後円墳築造に係る伝承を持つ大神神社禁足地に列なる山ノ神祭祀遺跡からは古墳時代中期から奈良時代にかけての土器や祭祀具が出土しています（大神神社宝物収蔵庫・東京国立博物館保管）。倭王権の武器庫で物部連との関係が深い石上神宮禁足地出土品も古墳時代遺物です（国宝・重要文化財（美術品）、奈良国立博物館蔵）。

国家〝日本〟の誕生

このように、古墳時代に確立された祭祀の多くが〝生きた伝統〟として現代に繋がっている一方で、古墳時代後期、六世紀半ばに仏教が百済から正式に伝わります。〝仏教公伝〟と呼ばれてきました。

〝仏教公伝〟が開いた世界

「仏教とはこういう教えだ」ということが伝えられただけではありません。仏・法・僧と言われるように、仏像や経典が伝えられ、僧尼や造寺造仏の匠も渡ってきました。

そして敏達天皇十三年（五八四）十一歳の善信尼ら三人の女性が初めて出家します。時に迫害に遭いながらも、百済への留学なども経て、仏教の定着に大きな足跡を残しました。最初の僧侶が女性であったことに一つの焦点を据えた日本遺産が「日本国創成のとき～飛鳥を翔た女性たち～」です。

当然のことながら、百済などからもたらされたものは、仏教に止まりませんでした。**統治領域を合理的に治めると共に東アジアに共通する秩序の体系や最新の暦、様々な先端技術が、それを扱うことのできる人々と共にもたらされた様子が**『日本書紀』などの記載から伺えます。

そうした一連の流れが、**〝古墳時代〟という独特の社会を東アジア標準の〝国家（律令国家）〟へと導いてゆきました。**その様子を知らせてくれる世界文化遺産が「法隆寺地域の仏教建造物」と「古都奈良の文化財」、そして二〇二六年の審査を待つ「飛鳥・藤原の宮都」です。

法隆寺が刻む〝日本〟への一歩

「法隆寺地域の仏教建造物」は、仏教という世界宗教を受け入れて日本的に発展させる母胎となっただけでなく、列島社会を〝日本という国家〟として形作る確かな一歩となった寺院群でもあります。

第一に、法隆寺は、厩戸皇子（聖徳太子）の事蹟として伝わる冠位十二階の制定（六〇三年）、十七条憲法の制定（六〇四年）、遣隋使派遣（六〇七年）と続く、東アジアに共通する国制や宗教を受け入れ、隋を核とする国際秩序に参加する計画的事業の集大成として建てられたと考えられるからです。

第二に、上宮王家断絶、創建法隆寺焼失という危機にあって、法隆寺再建の中心にあったのは、当時の王家や「政府」ではなく、聖徳太子への敬慕の念に突き動かされた人々と思われるからです。法起寺を創建、維持した人々も同様でした。

〝国家〟は支配者の思惑だけで出来上がるものではありません。**思いを共にして、その国の民となることに同意した大多数の民があってこそ〝国家〟は成り立ちます。〝古墳時代の民〟から〝国家の民〟へ。その統合の象徴こそ聖徳太子であり法隆寺であった可能性を法隆寺再建過程は示唆しています。**

だからこそ、当初、さほど積極的ではなかった天皇家や政府も、法隆寺に聖武天皇遺愛品や百萬塔を施入し、奈良の大寺と同格の寺として遇していくことになります。

承認された独立国家〝日本〟

六世紀末から八世紀初めにかけて、隋・唐、朝鮮三国（新羅（しらぎ・シルラ）・百済・高句麗（こうくり・コグリョ））の動向も絡まりながら、複雑極まりない抗争を繰り返す王権・「貴族」階層の動きを中心として〝日本〟という国家が誕生してゆきます。八世紀初頭、最終局面を迎えます。

七〇一年、**元号〝大宝〟を建て、新律令が頒布**されました。世にいう大宝律令です。整った完全な形での律令公布は、この時が最初でした。**国号・元号・法制・官制の整った法治国家〝日本〟の誕生です。〝新益京（あらましのみや）〟と呼ばれた藤原での出来事**でした。

大宝二年（七〇二）**遣唐使が派遣**されます。実に三十三年ぶりのことでした。

翌年、唐（厳密には周）の**長安三年**（七〇三）、則天武后の名で知られる聖神皇帝・武則天は**国号〝日本〟と日本独自の元号〝大宝〟を承認**します。

独自元号の承認は大変なことです。

中国皇帝は空間ばかりか時間も支配することを天から負託された存在でした。〝冊封〟とは、新年祝賀の席に朝貢して、中国皇帝から地域の支配を認められると共に、中国元号の使用を許可され〝暦〟を授かることを意味します。

ですから、中国に朝貢し冊封された諸国は中国の元号、暦を使い続けなければなりませんでした。現に新羅も高麗も朝鮮も、ベトナム諸王朝も中国元号を使い続けました。

そのなかで、**日本が独自の元号の使用を認められたことは**異様です。青天の霹靂と言って良い事実です。日本は、**本来朝貢不要の〝蕃客〟、完全な独立国家**と認められたことになります。

平城遷都―唐の都の形に合わせる

その全てを準備した天皇が**持統天皇**でした。遣唐使派遣の日、彼女は太上天皇として廟堂に立っていました。しかし遣唐使の帰国を待つことなく、その直前に崩御。生きて朗報を聞くことはできませんでした。

そしてまた、彼女そして夫の天武天皇の思惑違いが判明します。**〝都の形〟**です。新益京は、天皇ごとに宮を変える形ではなく〝永久の都〟を求めて造られましたが、中央に政治の場・大極殿(だいごくでん)と天皇の居所・内裏を置く形でした。儒教の経典『周礼考工記(しゅらいこうこうき)』が描く理想の都の形を求めたからです。

しかし遣唐使が見た現実の都・長安は違っていました。太極宮(たいきょくきゅう)を含む宮城は北辺に置かれていました。決断がなされます。**〝唐の都の形〟に合わせる**。都を移す。**和銅三年(七一〇)当代世界標準の都〝平城京〟に遷都**します。飛鳥・藤原にあった薬師寺などの寺社や皇族・貴族・官人の邸宅が移ってゆきました。

アンバランスな都城構造の意味

その奈良の都の姿を伝える世界文化遺産が「古都奈良の文化財」ですが、**いま私たちが古都奈良の中心と思っている場所は平城京の東の外れ、さらに、その外側**です。

このアンバランスな都城構造には二つの大きな意味が見出せます。

第一は、**日本の〝まち〟や〝みやこ〟の持つ本質的な特徴**が如実に出ています。〝城壁なき拠点のムラ〟から出発した日本社会は、都の平面プランは写せても、城壁で囲むことは想像できませんでした。〝**城壁なき都城**〟が、都の中心を、本来の平城京の区割りから東に移すことを可能にしたと見られます。

第二は、**奈良時代の政治構造が〝見える化〟された結果**です。藤原氏の氏神（**春日山原始林と春日大社**）・氏寺（**興福寺**）が立地する、その真ん中に、夭折した皇太子のために建てた山房を、聖武天皇が総国分寺つまり**東大寺**とし、**大仏**を造立したからです。聖武天皇は母も妻も藤原不比等（ふひと）の娘です。夭折した皇太子も姉の孝謙天皇（重祚して称徳天皇）も不比等の娘・安宿媛（あすかべひめ）（光明皇后）の出生でした。

かくして、春日山原始林という〝神宿る山〟を核に、〝東のはずれ〟が〝奈良の都〟の中心となりました。天皇家と藤原氏の崇敬が続くことで平安時代以降もその勢威を維持し続けました。

春日なる三笠の山に出でし月かも

そう考えると、遣唐留学生（るがくしょう）として唐に渡り、唐王朝高官となって、かの地で没した阿倍仲麻呂（六九八〜七七〇）作と伝わる一首「天の原　ふりさけ見れば　春日なる　三笠の山に　出でし月かも」には〝古都奈良〟の成り立ちと展開の妙が歌い込められていることが実感させられます。

〝東のはずれ〟が中心となっていく一方で、**国家の庇護に頼ることなく、民衆の信仰と暮らしの場、奈良らしい都市景観を生み出し今に繋がっているのが元興寺・薬師寺・唐招提寺**です。

元興寺は、衰退の中で、その一角・極楽坊が**浄土信仰の拠点**として庶民の信仰を集めて今に生き続け、広大な元興寺旧境内は「**ならまち**」となって、中世以降の奈良のまちの中心となっています。

また、平城京跡地の大半が田畑か住宅地となっているなか、薬師・唐招提両寺は「**西の京**」**と呼ばれる独特の地域**

景観を生み出しました。唐招提寺は、五重塔を雷火で失った以外は、創建時ないし鎌倉期再建時の伽藍を維持しています。**鑑真和上敬慕の念**に支えられてのことでしょう。薬師寺も、享禄元年（一五二八）の兵火による焼失で甚大な損失を被りましたが、地道な復興の努力が重ねられ、創建時の東塔と調和した完全復興を成し遂げつつあります。

この飛鳥から奈良に至る〝日本という国家〟誕生の様子を東国の民の立場から刻み込んだ超一級の史料が**ユネスコ世界の記憶「上野三碑（こうずけさんぴ）」**です。

富士山に凝縮する日本的宗教性

奈良時代末の**天応元年**（七八一）**から、富士山は、噴火を繰り返す〝火の山〟の顔**を見せ出し、遠くから富士山を拝む〝**遥拝（ようはい）**〟が始まります。永保三年（一〇八三）の噴火後、活動は休止状態となり、修験者たちが浅間（せんげん・あさま）大神の霊力を求めて山中に入るようになります。この頃までには**古来の神祭りと仏教は習合し、日本独特の信仰形態が生まれていました**。富士山山頂は大日如来が神の姿〝浅間大菩薩〟として現れる場所とみなされ、山頂部到達が特別な意味を持つようになります。〝**登拝（とはい）**〟の開始です。

江戸時代に入ると、庶民の富士山登拝は活況を呈します。江戸の街から一際高く見える富士山が民と国とを守っているという感覚に人々は誘われたからです。〝**富士講**〟が各地で組まれ、人々は〝御師（おし）〟に導かれて山頂を目指しました。人々はまた山麓の風穴や溶岩樹形、湖沼・湧水・滝などの巡礼を重ねました。それらは〝生きた信仰〟の場としてあり続けていきます。

しかし富士講で富士山に参れるのは数年に一度のこと。この場で〝遥拝・登拝〟はできないものか。人々は名案を編み出します。第一は富士山に似た近くの山を〝**ご当地富士**〟と呼ぶ案。第二は富士山や〝ご当地富士〟が見える場を〝**富士見〇〇**〟と称して〝**遥拝**〟**の地**とする案。第三は〝**ミニ富士**〟**築造案**。〝**富士塚**〟と呼ばれ、富士山山開きの日に富士講結社が登拝する風習が続いている所もあります。

このように、**富士山信仰の歩みは、社会的慣習にまでなった非排他的な宗教性という日本的宗教性の特質を余すところなく表現**しています。そして、富士にあやかった信仰は日本列島の隅々にまでいきわたっています。それゆえに、富士山は、〝日本〟と〝日本文化〟を象徴する存在として、〝日本〟を表す世界的〝記号〟にまでなっています。また、時代を通して様々な芸術作品の源泉となってきました。

千年の古都と多様な日本

〝永久の都〟を目指した平城京でしたが、七十四年で長岡京（京都府長岡京市）に遷都し、さらに十年後、**平安京に遷都**しました。桓武天皇の**延暦十三年**（七九四）のことです。爾来、平安京は明治元年（一八六八）までの一〇七四年の間、日本の〝首都〟であり続けました。まさに〝**千年の都**〟です。

資産分布が示唆する〝千年の都〟の成り立ち

〝千年の都〟に係る世界文化遺産が、十七の構成資産（上賀茂神社、下鴨神社、清水寺、東寺、延暦寺、醍醐寺、仁和寺、平等院、宇治上神社、高山寺、西芳寺（苔寺）、天龍寺、鹿苑寺（金閣寺）、龍安寺、慈照寺（銀閣寺）、西本願寺、二条城）からなる「古都京都の文化財」です。この僅か十七の資産だけで〝千年の都〟の歴史を語るというのは無謀の極みかもしれませんが、十七の資産を俯瞰すると〝千年の古都〟の歩みが浮かび上がってきます。

鍵となるのは、**創建年代と現存建造物年代の関係及び資産の分布**です。

創建年代は、平安建都以前から江戸時代初頭までほぼ全時代にわたっているのに対し、平安京本来の京域にあるのは東寺・西本願寺・二条城だけで、大半は平安京本来の京域から大きく離れているという事実です。

このアンバランスを時代に沿って整理してみましょう。どのような歴史像が見えてくるでしょうか。

建都以前から、京都盆地の北には上賀茂神社が、東には下鴨神社がありました。「古都京都の文化財」構成資産ではありませんが、南には稲荷神社（伏見稲荷大社）、西には松尾大社がありました。北に船岡山（大山＝玄武）、東に鴨川（大河＝青龍）、南に巨椋池（湖沼＝朱雀）、西に山陰道（大道＝白虎）があることから京都は四神相応の地として選ばれたことが強調されますが、古来続く神々の加護を考えれば、この四つの神社に囲まれ守られる地だったことも建都選定の理由だったと思われます。特に上賀茂・下鴨、両神社が重視されたことは、**京都で「祭り」と言えば、本来、上賀茂・下鴨、両神社の例祭「賀茂祭（葵祭）」**を指すことから明らかです。

清水寺は奈良時代末の草庵に始まり、宝亀十一年（七八〇）伽藍を建立した坂上田村麻呂が霊水・音羽の滝に因んで清水寺と名づけました。坂上田村麻呂が征夷大将軍として名高いことを考えると、鴨川の東、**東国・東北に向かう地に建都以前から建てられ、今に繋がっている**ことに納得がゆきます。

そうした前提を持つ地に都が造られ、羅城門・西寺と並んで**都を鎮護するため京域南端に官寺として建てられたのが東寺の出発**です。東寺が現代に引き継がれているのは**空海に下賜**され真言宗の根本道場となったからでしょう。

天台宗の開祖・最澄により建てられた**延暦寺**は、**近江に生まれ近江国分寺で僧となった最澄が渡唐前から修行の場として選んだのが比叡山**だったことを考えれば、**きわめて自然な立地**です。

京の南、伏見の地に貞観十六年（八七四）に開かれ真言系の修験霊場として産声を上げた**醍醐寺**は、寺名・地名の由来となった**醍醐天皇**（在位八九七～九三〇）の**祈願寺**となることで繁栄の基礎が作られました。

先帝の遺志を継いで仁和四年（八八八）**西山御願寺**を完成させて**仁和寺**と命名した宇多天皇は、出家して法皇となると、御室と呼ぶ僧坊を建て居住の場としました。御室御所と称され、戦国期には一時衰退したものの、**門跡寺院**（皇族が門跡＝住職を務める寺）**の筆頭**として豊臣・徳川の庇護を受け続けます。

平等院は、**皇族・貴族の別荘地だった宇治**の藤原道長の別荘を、息子の頼通が永承七年（一〇五二）末法の世が到来したと受け止めて寺院に改めたもの。翌年、西方極楽浄土をこの世に出現させようと阿弥陀堂（現・鳳凰堂）を建立しました。南北朝の戦火のなか、**阿弥陀堂だけが焼失をまぬがれました**。年輪年代測定調査で一〇六〇年頃の建築と判明した**宇治上神社**は、その建築年代から**平等院との深い関連性**が指摘されています。

愛宕山に続く**栂尾の高山寺**は奈良時代創建の伝えを持ちますが、後鳥羽上皇の庇護のもと、建永元年（一二〇六）明恵上人の中興です。度重なる兵火のなか、**石水院だけが焼失をまぬがれました**。

このように見てくると、京域に残り続けた平安時代・鎌倉時代建造物は東寺だけで、他の社寺は、京域を離れた立地と焼失をまぬがれた僥倖、そして、その後の再建によって現代に継承されていることが分かります。

そして、**平安朝以来の仏教が天台・真言を基礎に**、**天皇家の庇護を受けながら**、**修験や神道との習合**、**浄土思想の受容・定着を図りながら発展してきた**様子が浮かび上がります。

次に**室町期の寺院**として挙げられている西芳寺から慈照寺に至る五つの寺には**三つの共通要素**が感じられます。

第一に、室町期の寺院として挙げられるものの、いずれも前身となる寺院や邸宅があり、多くの場合、江戸時代以降二〇世紀に至るまで再建・修復が行われています。第二に、西芳寺は松尾大社の南、天龍寺は嵯峨、鹿苑寺・龍安寺は仁和寺の北、慈照寺は下鴨神社の東というように、京域を本当に大きく離れています。第三に、禅僧・夢窓疎石（一二七五～一三五一）の設計あるいは影響による傑作として「庭園と建築」の基準となってきています。

つまり、室町期の寺として現代に続いている寺は、**京域を大きく離れた地で「庭園と建築の意匠」の基準となることによって時代を牽引してきた寺々**です。だからこそ修復・再建が続けられました。文化で時代を牽引することで建造物が生き続ける例です。

残された二例が**西本願寺と二条城**です。江戸幕府が、**戦乱で焼失した多くの社寺を再建していく中での京都におけ**

る拠点施設として、京域の真っただ中に建設された象徴的な存在です。

修復・再建が築き上げてきた〝千年の都〟

「古都京都の文化財」を構成する建造物が見せてくれる、こうした様相、つまり、**兵乱や災害で焼失・倒壊しても再建され続けて〝千年の古都〟は維持されてきた**ということです。このこと自体が**日本歴史の最大の特徴の一つ**です。整理してみましょう。

第一に、**焼失・倒壊を受け入れている**、あるいは、その**可能性を前提にした歴史**だということです。日本の建築がことごとく**木造**だから可能だった歴史の積み重ねです。

第二に、**江戸幕府**は、それ以前の価値を否定するのではなく、むしろ、全国の諸勢力に呼びかけて、その**再建に全力を投入**したということです。天下普請（てんかぶしん）と呼ばれました。明治維新以降、特に戦後著しくなった〝スクラップ・アンド・ビルド〟とは真逆の方向です。持続的発展（Sustainable Development）が世界共通の目標となってきた今日、江戸幕府に代表される前近代日本のありようは学び直したい世界です。

〝都〟を支え続けた南に広がる〝霊場〟

こうした形で、京都が〝千年の都〟たりえたことに呼応するように、都の南に広がる〝**紀伊山地**〟は**日本独特の聖なる空間として都と列島全域を支え続けました**。その様子を知らせてくれるのが「紀伊山地の霊場と参詣道」です。

最初に現れるのは〝**吉野**〟です。吉野は、遅くとも七世紀には〝都〟と対をなす〝神聖な場〟と意識され、奈良時代に入ると、修験道の開祖とされる役行者（えんのぎょうじゃ）（役小角（えんのおづぬ））の誓願に応えて日本生まれの仏・蔵王権現が出現した聖地として重要度を増してゆきます。修験者が行きかう大峯奥駈道（おおみねおくがけみち）が吉野の神社群や行場（ぎょうば）を繋ぎ、吉野各地の祭りは「生きた信仰」として多くの人々の魂を奮い起こし続けています。有名な吉野の桜も、役行者ゆかりの木として植樹が続けられてきました。

次の聖地は、さらに南に行った〝**熊野三山**〟です。熊野三山への参詣は十世紀前半から始まり、多数の参詣者が列をなして進んだことから、「蟻の熊野詣」と形容されたほどでした。一時、熊野三山だけを目的とする熊野詣は衰退しますが、民衆の社寺参詣が盛んになる十七世紀以後は、多い年で年間三万人ともいう西国(さいごく)巡礼者が訪れました。単発の参詣から巡礼、つまり多様な宗教性を襷(たすき)渡しでつないでゆく形への展開・拡張は、日本民衆が神仏とどう向き合い、その加護のもと、どう生きてきたかを如実に表しています。

三つめの霊場が〝**高野山**〟です。真言密教の中枢です。大本山金剛峯寺(こんごうぶじ)は弘仁七年（八一六）空海によって開かれましたが、特に、即身成仏(そくしんじょうぶつ)を遂げた空海がなお修行を続けているとされる奥之院において、空海との結縁(けちえん)を願った人々が建てた石塔や経塚の密集には圧倒されます。

日本人の美意識の基準となった「厳島神社」

西に至ると〝厳島神社〟が浮かび上がります。厳島神社は平清盛が十二世紀半ば安芸守(あきのかみ)に就任したことを契機として日本を代表する神社となりましたが、平氏は文治元年（一一八五）壇ノ浦の藻屑と化してしまいます。しかし、平家を打ち滅ぼした源頼朝は、厳島神社を破却するどころか庇護を加え、その後半世紀間の二度の焼失に際しても、朝廷と鎌倉幕府の力で再建が行われました。

その後も多くの権力者の庇護を受け修理・修復が続いてゆきますが、より重要なことは、**庶民信仰が厳島神社を守り続け、日本人の美意識の一基準となっていった**ことです。

室町時代後期にはすでに島内に市(いち)が立ち市街地も発達していましたが、江戸時代に入ると、空海開基と伝わる彌山(みせん)

山頂付近の寺院も民間の信仰を集め、参詣する民衆の往来は頻繁となります。古代の御神体としての神聖な島から一般民衆も参詣する開放的な信仰の島へと徐々に脱皮してゆきました。

庶民による厳島詣が盛んになるにつれ、瀰山の山腹を背景として、海岸から海上へと展開する厳島神社社頭の景観は、わが国出色の景勝地とされ、江戸時代中期には日本三景のひとつに選ばれます。

「平泉」―北の地に浄土を求めて

西の「厳島神社」が十二世紀半ばの平家台頭を契機に姿を整えたように、北の「平泉」は十一世紀末からの奥州藤原氏の躍進で形作られました。

〝仏国土（浄土）〟つまり清らかな理想世界を現世に実現したいと思うのは世の常ですが、十一・十二世紀の人々にとっては差し迫った願いでした。永承七年（一〇五二）をもって〝末法の世〟に入ったと説かれ、それを証明するかのように、里内裏（さとだいり）で火事が相次ぎ、至る所で騒乱・戦乱の芽が吹き始めていたからです。

特に奥州にあっては、前九年合戦（一〇五一～一〇六二）・後三年合戦（一〇八三～一〇八七）を通して中央政府から派遣された源氏によって在地の有力氏族である安倍氏・清原氏が滅ぼされるという事態が生じていました。

混乱の中で台頭してきた奥州藤原氏は、陸奥・出羽の安定を求める一つの方策として〝仏国土（浄土）〟と思われる光景を現世に実現することを求めました。金鶏山山頂の経塚を第一歩として、**初代・清衡（きよひら）は「法華経に基づく現世の仏国土」中尊寺を造営**します。

続いて**二代・基衡（もとひら）は毛越寺（もうつうじ）に「薬師如来の仏国土を表す浄土庭園」を造営**しました。今を生きる人々の心身の病や痛みを救う薬師如来の東方浄瑠璃世界が求められた点は注目に値します。奥州こそ、東方＝日本のさらなる東方、まさに浄瑠璃世界と念じていたのでしょう。中尊寺が伽藍配置で仏国土を表現しようとしたのに対し、京の法勝寺（ほっしょうじ）を範とした毛越寺は「浄土庭園」という形で仏国土を表現した典型となりました。

三代秀衡（ひでひら）は、毛越寺境内に嘉祥寺を造営すると共に、基衡の妻が観自在王院を建て阿弥陀如来の西方極楽浄土を造営しようとしたのに続いて、**金鶏山を阿弥陀如来と諸菩薩が降りて来る山と見立てて西を仰ぐ無量光院を築きます。**範とした宇治の平等院が、立地から山を東に拝さなくてはならないのに対し、金鶏山を西に拝す無量光院は浄土庭園としていっそう完成しています。それだけに消滅が残念です。

「消滅の無念」を思う時、中尊寺金色堂が原初の姿を保ち続けていることの重要性が身に沁みます。

もう一つの〝国家〟—「琉球王国」の誕生と展開

京都を中心に本州から九州に至る列島各地で多彩な文化が展開していた時、沖縄ではもう一つの国家〝琉球王国〟が誕生していました。

後期旧石器時代から縄文時代にかけては、沖縄は列島他地域と同じ歩みを示しましたが、列島他地域が水田稲作や鉄器を受け入れて国家への歩みを進めたのに対し、沖縄では狩猟・漁撈・採集を中心とした生活が続きました。

やがて十二世紀になると、東アジア間の広域交流に琉球列島も組み込まれ、十四世紀にはグスクと呼ばれる城塞が出現し、沖縄本島は北山・中山・南山の三つの勢力にまとまり始めます。

三勢力がそれぞれに明（みん）王朝に朝貢を繰り返すほどでしたが、一四〇六年、佐敷（さしき）（現・南城（なんじょう）市辺）の按司（あじ）（豪族）**尚巴志**（しょうはし）が中山の覇権を獲得し、一四一六年には今帰仁（なきじん）グスクに拠る北山王を滅ぼし、一四二二年即位します。**第一尚氏王統**と言います。一四二九年には南山王も倒して琉球統一を達成しました。

尚巴志は首里グスクの大規模な改修と周辺整備を進めて首里を王都とし、泊（とまり）・那覇港を門戸に中国・福建からの文化人や日本からの仏僧を厚遇・重用して礼制や外交、経済や道路・庭園、寺社の整備を進めました。有名な「万国津（ばんこくしん）

梁（りょう）の鐘」は第二代尚泰久（しょうたいきゅう）が掲げたものです。

しかし十五世紀半ばから王位を争う内紛や護佐丸（ごさまる）・阿麻和利（あまわり）の乱などで第一尚氏王統は力を弱め、一四六九年、王朝内の実力者・金丸（かなまる）によって倒されます。翌一四七〇年、金丸は**尚円**（しょうえん）と称して即位し**第二尚氏王統**が成立します。

七年後の一四七七年、十三歳で即位した**第三代尚真王**（しょうしんおう）の治世は五十年に及び**〝琉球王国の黄金時代〟**を築きます。尚真王は官制と宗教の整備、外港と経済の推進などを進め、王陵・玉陵（たまうどん）（首里）や斎場御嶽（せーふぁうたき）（南城市）の整備を行いました。王府編集の歌集『おもろさうし』も尚真王の発案によると見られています。

しかし十六世紀半ばにはヨーロッパ勢力の東南アジアや中国・日本への進出が本格化し、中継貿易に生きてきた琉球王国にもかげりが見えるようになります。そこにより大きな衝撃が走りました。一六〇九年の**〝薩摩の琉球入り〟**です。**外見上独立国でありながら、政治の内実は薩摩と幕府の厳しい統制を受けている**という状況におかれます。そうした状況が二六〇年も続きましたが、その過程でも**歴史書『中山世鑑（ちゅうざんせがん）』などの編纂、識名園（しきなえん）の造成、組踊（くみおどり）の上演**などが進められ、今日私たちが琉球・沖縄文化と考える多くの文化要素が育まれていきました。

〝万国津梁の国〟の総合的な理解のために

「琉球王国のグスク及び関連遺産群」の世界文化遺産登録は、沖縄と〝琉球王国〟についての日本人全体の理解を格段に高めました。列島社会が数百年にわたって二つの〝国家〟を持っていたことが実感されます。そして〝薩摩の琉球入り〟〝琉球処分〟〝沖縄戦〟〝異民族統治〟などの厳しい状況下を克服して来られた沖縄県民の〝肝高（きむたか）〟の心と行動は私たちの心を突き動かしています。世界文化遺産登録の翌年、二〇〇一年、**「組踊」がユネスコ無形文化遺産に登録された**ことも大きな力となりました。

そこで思うことですが、十五〜十六世紀の「琉球国時代碑」（国宝等二十五基）、正史『中山世鑑』（全六冊）『蔡鐸（さいたく）本中山世譜（ちゅうざんせいふ）』（全七冊）『蔡温（さいおん）本中山世譜』（全十二冊）、『おもろさうし』（全二十二巻）を一体として「ユネスコ世界の記憶」に登録できないでしょうか。「万国津梁の鐘」も候補と思います。

有形物である世界文化遺産、無形物である組踊と多面的な記録物が一体となって〝万国津梁の国・琉球王国〟時代の沖縄の全体像を日本国民だけでなく、人類が共有することができるからです。そして、そのことは、文化を通して日本が全体として万国津梁の国になる一歩ではないでしょうか。

大航海時代を支えた銀の国ジパング

琉球王国にかげりをもたらしたヨーロッパ勢力の東アジア進出の動因に「黄金の国ジパング」の噂があったと言われますが、当時の日本では〝黄金の国〟ならぬ〝**銀（しろがね）の国ジパング**〟が息づいていました。

石見銀山です。古くから知られていた銀山ですが、石見を支配地とする大内氏が博多の商人と結んで日明貿易を行っていたことが〝石見銀山〟の本格的な出発点となりました。博多商人の一人、神谷寿禎（かみやじゅてい）は石見銀山に関心を持ち、大永六年（一五二六）から銀鉱石の採掘を始めます。彼は〝灰吹法（はいふきほう）〟と呼ばれる当時東アジア最先端の銀製錬技術を導入し、石見銀山の名を内外に広めます。

灰吹法は瞬く間に日本全土の鉱山に拡大し、**一六〇〇年前後の日本銀の産出量は二百トン**に達していました。**世界の銀生産量の三分の一**に相当したと言われます。その銀の裏付けで大航海時代の世界経済は動いていましたが、その**中心にあり続けたのが石見銀山**です。

その結果、日本は豊かな銀で中国製の生糸（白糸）や朝鮮製の陶磁器、南蛮貿易の香辛料などの諸物を買うことができ、一方でヨーロッパの商人は鉄砲や弾薬類を日本に売ることができました。

戦国時代後半から安土桃山時代にかけての時代が、絢爛豪華な建造物や繊細優美な美術工芸品と、血なまぐさい内乱とが並行する時代となった経済的要因は、ここに求められます。

しかし、石見銀山の最盛期は十六世紀の第２四半期からの百年ほどの期間でした。寛永元年（一六二四）あたりから銀産出は減少し始め、十七世紀後半には年産一トンを割るまでになりました。軌を一にするように、江戸幕府は寛永十年（一六三三）奉書船(ほうしょせん)以外の海外渡航を禁じ、十二年（一六三五）には海外渡航と在外日本人の帰国を全面的に禁止します。

銀の減産と海外流出の抑制、海外との人的・技術的交流の希薄化は、結果的に鉱山開発の伝統的技術を表す豊富で良好な考古学的遺跡を遺存させることとなりました。

元和偃武・〝日本〟再建

慶長二十年（一六一五）大坂夏の陣をもって**応仁・文明の乱から一五〇年ほど続いた内乱に終止符**が打たれました。元和(げんな)と改元されます。〝**元和偃武(えんぶ)（和を元(もと)とし武を偃(や)む）**〟と称されます。江戸幕府は、国内の全勢力を巻き込んで〝日本〟再建に全力を傾けてゆきました。

世界文化遺産を俯瞰すると、江戸幕府の〝日本〟再建方針は次の四点だったように思われます。

第一は、〝日本〟再建の方向を誰の目にも分かる形で見せること。

第二は、〝日本〟再建が歴史の否定ではなく、内乱以前の世界からの継承であることを鮮明にすること。

第三は、銀の枯渇も契機とした〝海禁〟を積極的に位置づけ、内発的発展を図ること。

第四は、江戸幕府を中核としつつも、地域の相対的な独自性を認め、多様性を確保すること。

〝日本〟再建の核──「日光の社寺」

第一の方針「〝日本〟再建の方向を誰の目にも分かる形で見せること」の答えが「日光の社寺」です。

日光は奈良時代半ばから聖地として盛況を呈していましたが、小田原北条氏への加担を名目に、豊臣秀吉により全所領が没収されてしまいます。この厳しい状況を逆手に取って、江戸幕府は、復興した〝日本〟の永遠の平和と安泰を祈る場として〝日光〟を位置づけ、〝日光〟の新たな聖地化を図ってゆきました。

第一歩は川越・無量寿寺北院（喜多院）住職・**天海の日光山貫主任命**でした。時に慶長十八年（一六一三）。大坂の陣の直前のことです。天海は、家康の遺言に従い元和三年（一六一七）**日光山に霊廟・東照社を創建し家康の遺骸を駿河久能山から移します**。ほどなく二荒山神社本殿・拝殿も造営されます。

寛永十三年（一六三六）には**家光による東照社大造替**が完成します。この年、**日光街道**も整い、**朝鮮通信使の日光参詣**も行われます。寛永二十年の朝鮮通信使訪問の際には、東照社落成祝賀として**朝鮮国王・仁祖**（在位一六二三〜四九）**から鐘と三具足**（花瓶・香炉・燭台）が供えられました。

正保二年（一六四五）には後光明天皇から**東照宮の宮号を下賜**され、翌年からは毎年、家康命日に朝廷から勅使が派遣される**日光例幣使**が始まります。承応二年（一六五三）、二年前に亡くなった家光のために**大猷院廟が落成**し、間もなく日光山門跡には**輪王寺宮の称号が下賜**されます。

爾来二百年以上にわたって、日光は、幕府のみならず、各藩・庶民の崇敬の場となって門前町も活況を呈し、徳川幕藩体制を根源で支える聖地の位置を保ち続けてゆきました。

新たな聖地〝日光〟創建の戦略性

そうした流れを顧みた時、江戸幕府による新たな聖地〝日光〟創建には見事な戦略性が浮かび上がります。

第一は、戦乱状態に〝**和戦両面で終止符を打つ**〟という課題への対処です。戦闘の終結だけでは永続的な平和は訪れません。**復興と平安の核**を作り出さなくてはなりません。江戸から近く、長い信仰の歴史を持つ一方で、秀吉によって所領を没収されていた日光山内は最適の地でした。

第二は、江戸を核とした〝**新しい日本づくりの要**〟としての位置づけです。日光は江戸の真北に位置します。東アジア世界においては、世界は北極星（北辰と呼ばれます）を中心に回っていると考えられてきました。日光は、江戸の人々にとって**現世の「北辰」**となりました。

第三は、**天皇・朝廷と将軍・幕府との関係を目に見える形にする**ことです。ポイントとなるのは〝**東照大権現**（とうしょうだいごんげん）〟という家康の神号です。皇祖神〝天照大御神（あまてらすおおみかみ）〟に対する〝東照（あづまてらす）〟。見事です。**皇祖神は日本全土、さらには地上全てを「あまてらす」**。それに対して**神となった家康は東（あづま）を照らす**。あるいは東から照らす。天皇・朝廷を奉りながら、実権を確実なものとする見事な戦略です。「あづまてらす」中心は〝日光〟であり〝江戸〟でした。

そのことを具体的な姿で見せてくれるのが**二つの例幣使**（れいへいし）です。

〝例幣〟つまり有力な神への朝廷からの定期的な奉幣は途切れていましたが、家康が東照大権現として祀られ東照社が東照宮へと格上げされたことに伴い、正保三年（一六四六）から、家康命日に勅使が東照宮に幣帛を納める**日光例幣使が制度化**されます。それに伴って、翌年からの**伊勢例幣使復活に幕府も同意**します。しかし、それ以外の例幣使は復活されませんでした。**日光と伊勢の特別視**が鮮明になります。

第四は、**朝鮮王朝との国交回復を象徴する場**としての位置づけです。

家康は秀吉の朝鮮侵略に対して積極的に加担することなく、秀吉御元を守ると称して徳川軍を朝鮮半島に出兵させませんでした。そして関ケ原の戦いの後、「侵略を詫び、捕虜などを帰すように」と迫った朝鮮からの使いに対して、侵略者・秀吉一派を倒した徳川として朝鮮王朝との修交を回復したいと提案します。その結果が**朝鮮通信使の復活**でしたが、**日光参詣**を組み込み、日光を国交回復象徴の場としてゆきました。

朝鮮通信使が日光を訪れたのは寛永十三年（一六三六）・二十年（一六四三）の二回だけでしたが、世界文化遺産「日光の社寺」と二〇一七年、日韓両国共同で登録されたユネスコ世界の記憶「朝鮮通信使に関する記録：一七世紀～一九世紀の日韓の平和構築と文化交流の歴史」とを重ねて捉えた時、朝鮮国王・仁祖から東照宮に供えられた鐘と三具足の重みが伝わってきます。

「姫路城」にも見られる歴史の継承

第二の方針「〝日本〟再建が歴史の否定ではなく、内乱以前の世界からの継承であることを鮮明にすること」は「古都京都の文化財」に端的に表れていましたが、「姫路城」にも、その方針を確認することができそうです。「姫路城」は、世界各地の〝城〟と比べると、二つの際立った特徴を鮮明にしているからです。第一に**木造の建物群**です。第二に、**「姫路城」の石垣（城壁）と二重の濠は「姫路城」だけを取り囲んでいます。〝まち〟は城の外**です。

〝まち〟が〝城壁〟に囲まれていないという特徴は、飛鳥・藤原・奈良・京都の都以来の、あるいは縄文時代の〝拠点のムラ〟以来の**日本的伝統、日本文化の本源的な特性**でした。それが**維持**されています。

改めて、このことを意識したいのは、日本の城あるいは都がヨーロッパや中国型に造り直される可能性が直前まであったからです。秀吉による〝御土居（おどい）〟です。石垣ではなく土塁ですが、秀吉は京都を土塁で囲み、土塁の内側を洛中、外側を洛外と呼び、そこに大きな境界を造りました。

江戸時代に入ると、〝御土居〟は無用の存在となって次々と取り壊されていきました。日本の都や城下町が本来城壁に囲まれてこなかった伝統に戻っています。「姫路城下」を範として江戸時代に確立された日本全国の城下町も、用水を兼ねた濠が二重、三重に回ることはあっても、城壁では囲まれませんでした。

「佐渡島の金山」に象徴される内発的発展

第三の方針「銀の枯渇も契機とした〝海禁〟を積極的に位置づけ、内発的発展を図ること」の一つの姿を「佐渡島の金山」に見ることができます。

「佐渡島の金山」は**国家の海禁政策により近代的な機械化採掘技術の輸入が制限されたという条件下で達成された伝統的手工業による金生産技術改善の集大成**を表しているからです。

特に、鉱石から金銀を生産するだけでなく、そこで**小判の製造**までが行われていました。島という隔絶された地理的条件と、奉行所による一元的な管理体制によって可能となったものでしたが、**鉱石の採掘から小判の製造までを一貫して採掘地で行うという事例は、世界的にも極めて珍しい**ことでした。

〝海禁〟を積極的に受け入れて、一貫した内発的発展を求めた好事例と言えましょう。

なお、日本遺産一〇四例中、少なくとも三分の一が江戸時代の〝まち〟や〝むら〟の独特な産業や暮らし、ネットワークをストーリーの核としていることも、江戸時代という社会が地域ごとの内発的発展とそのネットワークによって国家全体の持続的発展を支えていたことを示しています。

「白川郷・五箇山の合掌造り集落」の教示

第四の方針「江戸幕府を中核としつつも、地域の相対的な独自性を認め、多様性を確保すること」は第三の方針と一体的に捉えることができますが、「白川郷・五箇山の合掌造り集落」は典型例の一つです。

「白川郷・五箇山の合掌造り集落」は重要な軍用物資である**火薬原料・焔硝生産**が生み出した集落と考えられてい

ます。**生産を秘匿し管理**するためには、**床下の地面を深く掘り下げた穴の中での土壌分解が必要**となります。その用途に、**規模が大きく床部分の多い合掌造り家屋は適して**います。

合掌造り集落が白川郷・五箇山だけに見られ、江戸時代を通して白川郷は幕府の直轄地、五箇山は加賀百万石の藩領とされたのは、厳重に秘匿される必要があったからです。しかし焔硝製造は、臭気だけでも厳しいものがあったと思われます。まして、それが暮らしの場と一緒だったことを考えると、白川郷・五箇山の人々の労苦と責任感は極めて高かったと推測されます。

硝石輸入によって焔硝生産が停止に追い込まれた一方で、大きな空間を必要とする養蚕農家に合掌造りは適していました。その糞尿が焔硝生産材の一部となることでも育てられていた蚕が白川郷・五箇山の人々の生活を支えることになります。焔硝・養蚕複合経営から大規模養蚕に舵を切ることで合掌造り集落は維持・発展していったと考えられます。

このように、変化を前向きに受け止めて合掌造り集落を発展させていった白川郷・五箇山も、戦後の社会構造の変化によって集団離村が始まり合掌造り家屋も減少が著しくなるという大変な危機に直面しました。

そうした危機に対して、**五箇山**では、相倉・菅沼両集落の国史跡指定を受けて昭和四十二年（一九六七）**両史跡の保存顕彰会**が発足し、**白川郷**では、村の行く末をどう考えるか、真剣な議論を重ねた結果、昭和四十六年（一九七一）**「売らない・貸さない・壊さない」**を掲げて**白川郷荻町集落の自然環境を守る会**が設立され住民憲章が定められました。そして、それを理念に留めず実践し続けています。

内外の人々が〝白川郷・五箇山〟を目指すのは「珍しい」からではありません。そこに、〝世界文化遺産〟としての価値を超えた、あるいは〝世界文化遺産〟登録の本来の意義を感じているからです。

潜伏キリシタンが示す独特な宗教性

ここまで見てきた江戸時代の中に「長崎と天草地方の潜伏キリシタン関連遺産」をどう位置づけ、どう考えてゆくかは難問です。しかし、「長崎と天草地方の潜伏キリシタン関連遺産」が、その副題を「日本独自の宗教的伝統」としているなかに答えがありそうです。

『世界遺産一覧表記載推薦書』は「資産の説明」の中で見事な見解を提示しています。「日本のカトリック信仰に関する見解　十六世紀に世界に宣教されたキリスト教と日本の特異性」と題する論説です。〝潜伏キリシタン〟に象徴される形で〝日本という文化的空間〟の十六世紀以降現代に至る要点を描き出しています。（強調＝引用者）

大航海時代の列強諸国の植民地とはならなかった日本では、**キリスト教が主体的に受容された後**に、キリスト教を植民地化の脅威と見なしてその排除を行う中央政権の政策の下に**民衆の間で密かに継続**した点で、植民地となった他の地域におけるキリスト教受容の在り方と大きく異なっている。とりわけ日本の禁教期における潜伏キリシタンの信仰の継続に関わる伝統は、**信仰が発覚しないよう秘匿することを基本としてきた**のが特徴であり、地域に固有の文化との融合（シンクレティズム）を生み出した植民地におけるキリスト教とは、その性質が全く異なっている。

潜伏キリシタンの歴史は、元治二年（一八六五）浦上の潜伏キリシタンが大浦天主堂で宣教師に信仰を告白した「**信徒発見**」で一つの〝**終幕**〟を迎えましたが、長崎・天草地方では、最初にキリスト教が広まった地にちなんだ様々な行事が続けられています。こうした事業の継続こそ「潜伏キリシタン」が現代に繋いだ最高の遺産かもしれません。

開国—新しい世界へ

嘉永六年（一八五三）浦賀沖に現れた四隻の黒船は日本を〝開国〟へと導きました。五年後の安政五年（一八五八）

アメリカなど五ヶ国との間で修好通商条約が結ばれ、翌年、横浜・長崎の港が開かれます。海外渡航と日本人の帰国が完全に禁止されてから二百年余りの時が経っていました。

その間、国内の安定と内発的発展に注力してきた日本は、高品質の生活文化を築き上げていました。

近代産業と女性の自立を促した「富岡製糸場と絹産業遺産群

中でも欧米人の目を引いたのは生糸でした。当時、ヨーロッパではカイコガの幼虫がかかる病気・微粒子病が蔓延し、蚕糸業が壊滅状態にあったからです。同レベルの生糸を産出し、しかも微粒子病に侵されていない日本の生糸と蚕種（さんしゅ）（蚕の卵）は垂涎の的となります。生糸も蚕種も暴騰し、生糸は全輸出量の三割以上を占めました。

しかし、それだけに、粗製乱造が横行し、日本産生糸・蚕種は警戒されるようになります。欧米各国は現地調査、欧米資本による近代的な製糸機械の導入と製造管理を要求してきました。

そうした圧力に抗して、伊藤博文・渋沢栄一らは**日本人による近代製糸工場の建設を決定**します。横浜で生糸の検査人をしていたフランス人ポール・ブリュナーを指導者に、彼の計画書に従って、渋沢栄一の義兄ともなる尾高惇忠（おだかじゅんちゅう（あつただ））らが調査・建設に着手します。

明治五年（一八七二）尾高惇忠を工場長、娘の勇（ゆう）を工女第一号に**官営模範工場・富岡製糸場が開場**します。工女には、全国から武家や名主の娘たちが選ばれて参加しました。

しかし製糸工場の開場だけでは高品質な生糸の大量生産は持続しません。高品質な繭が大量・安定に提供され続けなければなりません。その全体像を示す資産群が「富岡製糸場と絹産業遺産群」です。

加えて富岡製糸場には、西欧が生み出した近代就労制度（一日八時間労働、日曜休日制、年休制、能力給、医師・看護師常駐の診療所設置等）が導入されました。雇用契約に基づき働く者の権利を保障する労働形態が近代的であることを工女たちに体得させることも富岡製糸場の役割でした。工女たちは、技術だけでなく近代的な雇用関係や工場経営を体得し、製糸工場を全国に普及させる役割を負った学徒でもありました。修習を終えた後、彼女たちは郷土に帰り、各地の機械製糸場の創業・経営に関わり、指導的な役割を果たし続けました。

このように、「富岡製糸場と絹産業遺産群」は、技術交流・技術改良の連鎖によって蚕糸業の近代化を実現し、高品質の生糸を大量・安価に世界に提供することで日本の経済力を大きく成長させた様子を見せてくれますが、日本から大量に輸出された高品質で安価な生糸は、**絹を日用品とする衣料革命**を引き起こしました。特に、主としてアメリカに輸出された生糸はストッキング材料となり、女性の衣服を活動的なものとし、**幅広い分野での女性の社会参加、社会進出**を支える力となりました。

現代に繋がる「明治日本の産業革命遺産」

富岡製糸場をハブとして列島全域に広がる一つの産業基盤が形成され、女性の自立と衣料革命が促される一方で、十九世紀後半から二十世紀の初頭にかけ、後に日本の基幹産業となる重工業分野において急速な産業化が成し遂げられました。「明治日本の産業革命遺産―製鉄・製鋼、造船、石炭産業」が描き出している世界です。構成資産は二十三にも及び、南は鹿児島県から北は岩手県までの広域に分布していますが、構成資産は三つの段階から成り立っています。

第一**段階は海禁体制下での製鉄及び造船の試行錯誤期**です。西洋の技術本や洋式船を情報源に、伝統的な手工業の技をもって近代的な製鉄・造船が試されました。「この挑戦はほぼ失敗に終わった。しかしながら、この取り組みにより、日本は江戸時代の鎖国から大きく一歩を踏みだし、明治維新へと向かう。」と「顕著な普遍的価値の言明」は記しています。

明治維新後の**第二段階**においては、明治新政府によって**西洋の科学技術が導入**され、技術の運用のために専門家が招かれ、専門知識の習得が行われました。

明治二十三年（一八九〇）からの二十年間が**第三段階**にあたります。「顕著な普遍的価値の言明」は「国内に専門知識を有した人材が育ち、積極的に導入した西洋の科学技術を、**国内需要や社会的伝統に適合するように現場で改善・改良**を加え、**日本の流儀で産業化**を成就した。」と評価しています。

全体を見通すと、**製鉄・製鋼、造船は現在に引き継がれているものが多く、日本経済の基底を支え続けている**ことが理解されます。他方、石炭産業は、主要な燃料源が石油・天然ガスに変わって海外依存が高まる一方で、国内産出が激減したことで現在に引き継がれているものが少ないことが分かります。それだけに、石炭産業の実態は分かりにくくなっていることも確かです。そのことを埋めてくれる貴重な遺産に**世界の記憶**「**山本作兵衛コレクション**（**山本作兵衛炭坑記録画**）」があります。

核兵器廃絶と世界恒久平和を訴える歴史の証人「原爆ドーム」

「原爆ドーム」は**昭和二十年**（一九四五）**八月六日広島市に投下された原子爆弾によって破壊された旧広島県産業奨励館の残骸**です。登録時の『日本政府推薦書』は、次のように記しています。

「原爆ドーム」に対する人々の思いは様々でした。しかし、それらをまとめて「原爆ドーム」の保存を進め、世界文化遺産に登録し、それらをも一つの足場とした、広島を中心とする人々の核兵器廃絶と世界恒久平和を求める活動は、人類と地球の〝いま〟と〝あす〟を照らし続ける灯となっています。

二〇二四年十二月、「核兵器のない世界の実現に向けた努力」が評価され、**被団協**（**日本原水爆被害者団体協議会**）**にノーベル平和賞が授与**されました。被団協の日々の地道で堅実な活動に心から敬意を表すとともに、「**原爆ドーム**」を有

し被団協の本部を持つ日本と日本人の責務の重大性を改めて噛み締めさせられます。

本項の最後を、一九八二年六月、第二回国連軍縮特別総会での代表委員、故・山口仙二（やまぐちせんじ）さんの次の演説で締め括りたいものです。

　私の顔や手をよく見てください。よく見てください。世界の人々、そしてこれから生まれてくる人々、子どもたちに、私たちのようにこのような被爆者に、核兵器による死と苦しみをたとえ一人たりとも許してはならないのであります。核兵器による死と苦しみは私たちを最後にするよう、国連が厳粛に誓約してくださるよう心からお願いをいたします。私ども被爆者は訴えます。命のある限り私は訴え続けます。**ノーモア ヒロシマ、ノーモア ナガサキ、ノーモア ウォー、ノーモア ヒバクシャ**、ありがとうございました。

この言葉を私たち一人一人が自らの心として共有、継承して「核兵器のない世界の実現」に向かわなければならないことの切迫した現実性を思わずにはいられません。

原爆ドームと共に必ず訪れたい施設群

「原爆ドーム」保存、世界文化遺産登録、被団協のノーベル賞受賞の意義とあり方に照らせば、私たちは、「原爆ドーム」と共に、少なくとも次の施設を訪れ学び、日本人として世界に発信し続けたいものです。

【広島平和記念資料館・国立広島原爆死没者追悼平和祈念館】　広島平和記念資料館・国立広島原爆死没者追悼平和祈念館は、原爆ドームに隣接する**広島平和記念公園**内の主要施設です。

広島平和記念資料館は地質学者で最初の館長となった長岡省吾（ながおかしょうご）の収集品などの展示を目的に昭和三十年（一九五五）開館しました。三度の大改修を経て、東館（導入展示・核兵器の危険性・広島の歩みを三ゾーンで展示・解説）・本館（被爆の実相を八月六日の惨状・被爆者の二ゾーンで展示・解説）の二施設体制となっています。

国立広島原爆死没者追悼平和祈念館は、原爆被爆者の登録・被爆体験記の収集・企画展・被爆体験記の朗読会・被爆体験伝承者などの派遣・被爆体験記の執筆補助・被爆者証言ビデオの制作・外国語への翻訳・平和学習セミナー・紹介ムービーなどの事業を行っています。

【長崎原爆資料館】 少なくとも七万四千人の命を一瞬にして奪い、同数の重軽傷者をもたらした、もう一つの被爆地・長崎の長崎原爆資料館は、被爆の惨状をはじめ、原爆が投下されるに至った経過、および核兵器開発の歴史、平和希求などストーリー性のある展示を行っています。大型の原爆被災資料や被爆した浦上天主堂の側壁（再現造型）の展示により、被爆直後の長崎の惨状を再現することに力を入れ、映像資料の利用、日本語・英語・中国語・韓国語の四ヶ国語によるキャプション表示（QRコード利用により十二ヶ国語に対応）、十二ヶ国語の音声ガイド貸し出しなど、わかりやすい解説に注力されています。

【沖縄県営平和祈念公園】 唯一の地上戦が戦われ、県民を中心に二十万人の命が奪われた沖縄では、本島南部の「沖縄戦終焉の地」糸満市摩文仁（まぶに）の丘を南に望む台地上に琉球政府時代から整備が進められてきた沖縄県営平和祈念公園に、沖縄戦の写真や遺品などを展示した**平和祈念資料館**、沖縄戦で亡くなられたすべての人々の氏名を刻んだ**平和の礎**（いしじ）、戦没者の鎮魂と永遠の平和を祈る**平和祈念像**、そして摩文仁の丘の上には**国立沖縄戦没者墓苑や府県、団体の慰霊塔・碑が五十基**建立されています。

【千鳥（ちどり）ヶ淵（ふち）戦没者墓苑】 当然のことながら、戦場においては多くの兵士が亡くなり傷つきます。海外の戦地で亡くなられ戦友等により持ち帰られた遺骨、政府が昭和二十八年（一九五三）から始めた海外の遺骨収集で持ち帰られた遺骨、名前のわからない戦没者の遺骨が納められた「**無名戦没者の墓**」を中心に、先の大戦で亡くなられた全戦没者の慰霊追悼のために政府が築いた墓苑が千鳥ヶ淵戦没者墓苑です。凡そ三十七万柱の遺骨が奉安されています。

国際社会における名誉ある地位を

一番新しい時代の日本の世界文化遺産は「国立西洋美術館」（東京都台東区）です。四大陸七か国十七にも及ぶ資産群の一つとしての登録です。正式登録名は「ル・コルビュジエの建築作品―近代建築運動への顕著な貢献」。パリを拠点に活躍した建築家ル・コルビュジエ（一八八七～一九六五）の作品群の一つです。

「国立西洋美術館」は、第二次世界大戦後にフランス政府に押収された実業家・**松方幸次郎の美術品コレクション（絵画、彫刻等）**が日本国政府に寄贈されたことを受けて建設された美術館です。設計者に選ばれたのがル・コルビュジエです。ル・コルビュジエの設計思想の核心の一つである**「無限発展美術館」の構想をよく現した作品**であり、また、ル・コルビュジエに特徴的な設計要素を随所に見せていると評価されています。そして、それが**東京というヨーロッパから最も遠い地域に建てられた**ことから世界文化遺産に選ばれたと言って良いでしょう。

開国からほぼ百年。近代国家としての着実な歩みを示す一方で、アジア・太平洋地域への侵略戦争を展開した結果、連合国軍の前に敗れ去り、その深い反省から「平和を維持し、専制と隷従、圧迫と偏狭を地上から永遠に除去しようと努めてゐる国際社会において、名誉ある地位を占めたいと思ふ」（日本国憲法前文）と誓った我らの進むべき方向を改めて確認し、自信をもって次の一歩を踏み出したいものです。

あとがきに代えて

「うーん、なるほど」、「いや、他の解釈もあるのではないか」。それぞれの世界文化遺産についても、全体を通しても、様々な感慨、場合によれば違和感を持たれた方もあろうかと思います。現代を生き、子孫や地域の人々に未来への襷をつなぎたいと願う日本中の全ての人々に、そうした思いを持って、自分事として世界文化遺産を生かし続けていただきたい。それが、世界文化遺産に関わる一人として、皆様方にお伝えしたかった核心です。この小さな粗削りな一書から、日本の世界文化遺産を、その所在地に関わらず、自分事として生かし続ける意見交換や行動が生まれることを念願しています。

度々書いてきたように、日本の世界文化遺産は現在、二十一もあります。関係する市区町村等の数は六十六にも上っています。北は北海道から南は沖縄まで、日本全土に普く分布し、縄文時代から二〇世紀の後半まで、ほぼ全時代にわたって存在しています。そして、それらは度重なる修復、再建によって現代に受け継がれてきた〝生きた存在〟です。それを支えてきたのは、当代の権力以上に、私たち民の力でした。この力と普遍性をどう継承し高めてゆくか。私たちは問われています。

最大の当事者として責任を負い続けてきた六十六の市区町村等は、「世界文化遺産地域連携会議」という組織を生み出しました。世界文化遺産に登録されたものの、どう保全し活用し続けてゆくか。悩みに悩む自治体同士が手を携えて難局を乗り越え、生き続ける存在として世界文化遺産を未来に繋ぐ知恵と行動を模索しています。世界文化遺産地域連携会議は、理念・ノウハウ・情報の共有と相互活用、広範な支援の獲得、様々な共同事業を核とした地域の活性化を具体的な行動目標としていますが、「無理のないゆるやかな連携」を基本精神としています。それは、まさに日本という文化的空間が縄文時代以来蓄積し継承してきた姿そのものです。その輪に皆様方にも加わっていただきたいと念じています。

こうした思いを書籍という形で確かな一歩にしてくださった雄山閣様、特に私の我が儘をお聞きいただき対応し続けてくださった編集部の羽佐田真一様・八木崇様に深甚なる謝意を表して擱筆とします。

執筆責任者・熊倉浩靖

図・写真出典一覧

図1：世界遺産地域連携会議原図より作図
図2：新たに作図
図3：北海道・北東北の縄文遺跡群公式サイト内「縄文遺跡群へ行く」
（https://jomon-japan.jp/visit/visiting-jomon-sites）から作図
図4・5・6・7：「百舌鳥・古市古墳群」推薦書より転載
図8：「古都奈良の文化財」世界遺産一覧表記載推薦書参考資料（位置図）に加筆
図9：元興寺公式サイト内「元興寺について　元興寺とならまち―ならまちのおこり」
（https://gangoji-tera.or.jp/about/naramachi.html）より転載
図10：「富士山―信仰の対象と芸術の源泉」推薦書参考資料（位置図）より転載
図11：京都市公式サイト「京都市情報館」内「世界遺産「古都京都の文化財（京都市、宇治市、大津市）」」（https://www.city.kyoto.lg.jp/bunshi/page/0000005538.html）より転載
図12：和歌山県世界遺産センター公式サイト内「紀伊山地の霊場と参詣道概要」
（https://www.sekaiisan-wakayama.jp/know/outline/）より転載
図13：広島県教育委員会副読本『郷土ひろしまの歴史1』より転載
図14：「平泉―仏国土（浄土）を表す建築・庭園及び考古学的遺跡群―」世界遺産一覧表記載推薦書参考資料（位置図）に加筆
図15：島根県公式サイト内「石見銀山遺跡の概要―石見銀山遺跡の範囲（世界遺産に登録された資産）」（https://www.pref.shimane.lg.jp/life/bunka/bunkazai/ginzan/outline/outline.html）より転載
図16：新たに作図
図17：画像提供姫路市立城郭研究室（個人蔵）
図18：「長崎と天草地方の潜伏キリシタン関連遺産」推薦書より転載
図19：富岡製糸場と絹産業遺産群　群馬県公式サイト内「富岡製糸場と絹産業遺産群の概要～世界を変えた日本の技術革新～」（https://worldheritage.pref.gunma.jp/tomikinu/）から転載
図20：長崎市公式サイト内「明治日本の産業革命遺産」
（https://www.city.nagasaki.lg.jp/kanko/840000/843000/p030626.html）を元に作図
図21・22・23・24：新たに作図
写真1・2：北海道・北東北の縄文遺跡群公式サイト内「JOMON ARCHIVES」
（https://jomon-japan.jp/archives#/）より転載
写真3：鹿角市教育委員会縄文遺跡群保存活用協議会刊行パンフレット
『特別史跡　大湯環状列石』より転載
写真4・5：「『神宿る島』宗像・沖ノ島と関連遺産群」推薦書より転載
写真6：天川村観光ページ内「世界文化遺産「紀伊山地の霊場と参詣道」」
（https://www.vill.tenkawa.nara.jp/tourism/world_heritage/）より転載
写真7・8：フリー画像
写真9：岩手県立博物館提供
写真10：平泉町世界遺産推進室提供
平泉の文化遺産公式サイト内「平泉の文化財　建造物―平泉の文化を伝える」
（https://www.town.hiraizumi.iwate.jp/heritage/property/kenzou.html）に紹介あり
写真11：勝連城跡公式サイト内「勝連城について」（https://www.katsuren-jo.jp/）より転載
写真12：那覇市提供
写真13：岐阜県飛騨郡白川村提供
写真14・15：フリー画像
写真16：画像提供富岡市
写真17：フリー画像

■著者略歴

熊倉 浩靖（くまくら ひろやす）

1953年　群馬県高崎市に生まれる。
1971年　京都大学理学部入学。全学連・全共闘運動に参加し中退。
　　　　京都大学在学中から上田正昭教授に師事。
1975年　井上房一郎氏の指導のもと、高崎哲学堂設立運動に参画。
その後、シンクタンク勤務、群馬県立女子大学教授・群馬学センター副センター長を経て、現在、高崎商科大学特任教授。一般社団法人世界文化遺産地域連携会議理事ほか。

著　書　『古代東国の王者―上毛野氏の研究―』（2008年）雄山閣
　　　　『日本語誕生の時代―上野三碑からのアプローチ』（2014年）雄山閣
　　　　『群馬県謎解き散歩』（2013年）新人物往来社
　　　　『「日本」誕生　東国から見る建国のかたち』（2020年）現代書館
　　　　『ユネスコ世界の記憶「上野三碑」を読んでみましょう
　　　　～あなたも読める日本最古の石碑群～』（2024年）雄山閣
　　　　その他、編著・共著書多数。

連絡先　hiro-kumakura@npogunma.net

2025年3月21日　初版第一刷発行　《検印省略》

世界文化遺産でたどる日本の歴史（せかいぶんかいさんでたどるにほんのれきし）

監　修　世界文化遺産地域連携会議
著　者　熊倉浩靖
発行者　宮田哲男
発行所　株式会社 雄山閣
〒102-0071　東京都千代田区富士見２－６－９
TEL 03-3262-3231㈹／FAX 03-3262-6938
振 替 00130-5-1685
https://www.yuzankaku.co.jp

印刷・製本　株式会社 ティーケー出版印刷

ISBN978-4-639-03026-3　C0021
N.D.C.210　208p　21㎝